国家社科基金后期资助项目
出版说明

后期资助项目是国家社科基金设立的一类重要项目,旨在鼓励广大社科研究者潜心治学,支持基础研究多出优秀成果。它是经过严格评审,从接近完成的科研成果中遴选立项的。为扩大后期资助项目的影响,更好地推动学术发展,促进成果转化,全国哲学社会科学工作办公室按照"统一设计、统一标识、统一版式、形成系列"的总体要求,组织出版国家社科基金后期资助项目成果。

全国哲学社会科学工作办公室

税务行政争议的预防与解决路径研究

Research on the Prevention and Resolution of Administrative Disputes over Taxation

廖仕梅 著

图书在版编目（CIP）数据

税务行政争议的预防与解决路径研究 / 廖仕梅著.
北京：法律出版社，2025. -- ISBN 978-7-5244-0071-4
Ⅰ. D925.304

中国国家版本馆 CIP 数据核字第 2025WV5576 号

税务行政争议的预防与解决路径研究　　　　廖仕梅　著
SHUIWU XINGZHENG ZHENGYI DE YUFANG YU
JIEJUE LUJING YANJIU

策划编辑　常　锋
责任编辑　常　锋
装帧设计　李　瞻

出版发行　法律出版社	开本　710 毫米×1000 毫米　1/16
编辑统筹　法治与经济出版分社	印张　16.25　　字数　296 千
责任校对　晁明慧	版本　2025 年 8 月第 1 版
责任印制　吕亚莉	印次　2025 年 8 月第 1 次印刷
经　　销　新华书店	印刷　河北虎彩印刷有限公司

地址：北京市丰台区莲花池西里 7 号（100073）
网址：www.lawpress.com.cn　　　　　　　　销售电话：010-83938349
投稿邮箱：info@lawpress.com.cn　　　　　　客服电话：010-83938350
举报盗版邮箱：jbwq@lawpress.com.cn　　　　咨询电话：010-63939796
版权所有·侵权必究

书号：ISBN 978-7-5244-0071-4　　　　　　　　定价：96.00 元

凡购买本社图书，如有印装错误，我社负责退换。电话：010-83938349

基金项目
国家社会科学基金后期资助项目，项目批准号：22FFXB038

目 录 Contents

导 论 / 1

第一章 税务行政争议预防及解决机制的法理分析 / 5
第一节 税务争议 / 5
一、纳税人与国家之间的宪法性税收争议 / 5
二、国与国之间的国际税收争端 / 8
第二节 税务行政争议的定义及特点 / 9
一、当事人的法律地位有平等化趋势 / 9
二、税务行政争议具有复杂性 / 10
三、税务行政争议的解决程序具有特殊性 / 12
第三节 多元税务行政争议预防及解决机制 / 13
一、多元争议解决机制 / 13
二、多元税务行政争议预防及解决机制 / 13
三、完善多元税务行政争议化解机制的意义 / 15

第二章 税务行政争议成因分析 / 20
第一节 税务规范性文件不合法或不合理 / 22
一、超越法定权限的税务规范性文件 / 23
二、转授权制定的税务规范性文件 / 24
三、增加纳税人义务或者减损纳税人合法权益的税务规范性文件 / 25
四、与上位法冲突的税务规范性文件 / 26
五、合理性被质疑的税务规范性文件 / 27
第二节 税收立法不完善 / 27
一、税收立法不足 / 28
二、不够合理的税收立法 / 29
三、滞后的税收立法 / 30
四、与其他部门法存在冲突的税法规定 / 31
第三节 税收执法不规范 / 34

一、缺乏合法依据 / 34
　　二、对法定程序重视不够 / 37
　　三、对法规理解错误 / 38
　　四、法治意识不足 / 39
　第四节　纳税人对税法的遵从度不高 / 40
　　一、缺乏税法遵从意愿 / 40
　　二、税制复杂 / 44
　　三、税收违法成本低 / 45
　　四、税收违法行为缺乏道德约束 / 46

第三章　税务行政争议当事人：税务机关 / 47
　第一节　拥有广义上的"立法"权 / 47
　　一、税务行政立法具有必要性 / 47
　　二、税务机关"立法"权存在的问题 / 49
　　三、对税务机关"立法"权的监管不力 / 50
　第二节　拥有准司法权 / 55
　　一、税务机关拥有准司法权 / 56
　　二、税务机关自己做自己的"法官" / 57
　第三节　拥有行政强制权 / 58
　　一、税务行政强制权大于一般行政强制权 / 58
　　二、未明确催告程序为税务行政强制执行的前提 / 59
　　三、有权申请人民法院强制执行 / 59
　第四节　拥有自由裁量权 / 59
　　一、核定征收中的自由裁量权 / 60
　　二、行政处罚中的自由裁量权 / 63
　　三、案件移送中的自由裁量权 / 64
　　四、加处罚款的自由裁量权 / 65

第四章　税务行政争议当事人：纳税人 / 67
　第一节　无处安放的陈述权与申辩权 / 67
　　一、陈述权和申辩权的立法缺失 / 68
　　二、附条件的陈述权和申辩权 / 70
　第二节　障碍重重的税收法律救济权 / 71
　　一、附条件的行政复议权和行政诉讼权 / 72

二、易守难攻的自由裁量权 / 72
三、立法漏洞增加维权难度 / 73
第三节 纳税人不愿意行使税收法律救济权 / 75
一、对维权缺乏信心 / 76
二、对彻查其他税收违法行为的担心 / 77
三、对税务机关报复行为的担心 / 78
第四节 纳税人很少行使税收法律救济权 / 78

第五章 税务行政争议预防机制：税务约谈 / 81

第一节 税务约谈的理论定位 / 82
一、税务约谈不是纠纷解决机制 / 82
二、税务约谈属于争议预防机制 / 82
三、税收约谈属于非强制性行政行为 / 83
四、税务约谈不同于和解及调解 / 83
五、税务约谈不同于询问 / 84
第二节 税务约谈的功能定位 / 84
一、创建公平对话平台 / 84
二、对纳税人违法预警 / 85
三、避免税务机关执法错误 / 86
四、达成口头协议 / 86
第三节 税务约谈的立法缺失 / 86
一、税务约谈缺乏法律依据 / 86
二、税务约谈的适用范围过窄 / 87
三、对约谈中有欺诈行为的纳税人缺乏惩戒措施 / 88
四、对纳税人的权益保护不够 / 88
第四节 比较法视野下的税务约谈制度 / 89
一、美国的税务约谈制度 / 89
二、澳大利亚的税务约谈制度 / 91
第五节 完善税务约谈机制的建议 / 92
一、以法律形式规范约谈 / 92
二、扩大税务约谈的适用范围 / 92
三、立法应当宽严相济 / 93
四、注重对纳税人权益的保护 / 94

第六章　税务行政争议预防机制：处罚听证 / 95

第一节　税务行政处罚听证的理论定位 / 95
一、处罚听证不是纠纷解决机制 / 95
二、税务行政处罚听证是税务行政争议预防机制 / 96

第二节　税务行政处罚听证的功能定位 / 96
一、有利于纳税人行使陈述权、申辩权 / 96
二、有利于税务机关采纳纳税人的意见 / 96
三、有利于纳税人接受税务机关作出的处理、处罚决定 / 97
四、有利于提升处罚决定的正确性 / 97

第三节　税务行政处罚听证范围 / 97

第四节　税务行政处罚听证机制的不足及完善建议 / 99
一、处罚听证范围太小、部分标准不明确及完善建议 / 99
二、纳税人的听证权未得到充分保障及完善建议 / 102
三、关于听证主持人制度不完善的问题及建议 / 103
四、处罚事项告知书送达规则不明确的问题及建议 / 104
五、听证公开制度不完善及建议 / 105

第七章　畅通救济渠道：废除清税前置条件 / 106

第一节　立法目的视阈下的清税前置条件 / 106
一、清税前置条件与规范税收征收和缴纳行为 / 107
二、清税前置条件与保障国家税收收入 / 108
三、清税前置条件与保护纳税人的合法权益 / 109

第二节　宪法视阈下的清税前置条件 / 114
一、清税前置条件与法律面前一律平等 / 114
二、清税前置条件与尊重和保障人权 / 115
三、清税前置条件与纳税人的财产权 / 115
四、清税前置条件与依法治国 / 116

第三节　行政程序法视阈下的清税前置条件 / 116
一、《行政复议法》视阈下的清税前置条件 / 117
二、《行政诉讼法》视阈下的清税前置条件 / 117
三、《行政强制法》视阈下的清税前置条件 / 118

第四节　清税前置条件的废止与案件数量增长 / 118

第八章 行政复议:化解税务行政争议的主渠道 / 121

第一节 行政复议发挥化解税务行政争议主渠道作用的学理分析 / 121
一、税务行政复议人员的专业化 / 121
二、税务行政复议机关的审理范围 / 122
三、税务行政复议机关的审理权限 / 123
四、税务行政复议在其他国家的作用 / 123

第二节 行政复议化解税务行政争议面临的制度困境 / 125
一、税务行政复议机关的独立性 / 126
二、书面审理方式 / 126
三、税务行政复议人员的职业化 / 127
四、税务行政复议决定的公信力 / 128
五、税务机关的自行纠错机制 / 129

第三节 促进行政复议成为化解税务行政争议主渠道的制度设想 / 130
一、在省级司法行政部门设立税务行政复议处 / 130
二、建设职业化及专业化的税务行政复议人才队伍 / 133
三、完善税务行政复议委员会制度 / 134
四、以听证审理为原则 / 135

第九章 税务行政诉讼:税务司法专业化 / 137

第一节 税务审判队伍专业化建设 / 137
一、普通法院审理税务行政案件面临的挑战 / 138
二、税务法官队伍的组建 / 141

第二节 设立税务法院 / 144
一、设立税务法院的必要性 / 144
二、域外税务法院 / 149
三、税务法院的制度构建 / 152

第三节 促进税务司法专业化的其他措施 / 155
一、对税务行政案件实行立案登记制 / 155
二、落实行政正职负责人出庭应诉制度 / 156
三、将行政复议机关排除在被告名单之外 / 158

第十章 税务行政争议非诉解决机制:调解 / 161

第一节 调解机制的优势 / 162
一、调解能满足审理机关的需求 / 162

二、调解有利于避免立法差异带来的困扰 / 162

三、调解能满足纳税人的需求 / 163

四、调解能满足税务机关的需求 / 163

第二节 适用调解处理税务行政争议的困境 / 164

一、清税前置条件阻碍调解作用的发挥 / 164

二、税务行政调解程序制度不完善 / 164

三、缺少合格的税务行政案件调解员 / 164

四、可以适用调解方式处理的税务行政争议很少 / 165

第三节 域外税务行政争议中的调解 / 168

一、美国的调解制度 / 168

二、澳大利亚的调解制度 / 170

三、不允许采用调解方式解决税务行政争议的国家及地区 / 171

第四节 税务行政争议调解制度的完善建议 / 171

一、保障纳税人的税收法律救济权 / 171

二、培训税务行政争议调解员 / 172

三、完善行政复议阶段的调解程序 / 172

四、扩大调解的适用范围 / 173

第十一章 税务行政争议非诉解决机制：和解 / 183

第一节 适用和解机制处理税务行政争议存在的问题 / 183

第二节 国外税务行政争议中的和解机制 / 184

一、对和解机制适用范围作出适当限制的国家 / 184

二、法律未提及税务行政争议和解机制的国家 / 185

三、对和解方式"禁而不止"的国家 / 186

第三节 税务行政争议和解制度完善建议 / 186

一、《行政诉讼法》认可和解机制 / 186

二、扩大和解适用范围 / 188

三、赋予和解协议强制执行力 / 188

第十二章 多元税务行政争议解决机制的衔接与协调 / 190

第一节 税务行政复议与税务行政诉讼的衔接及协调 / 191

一、赋予纳税人提起行政复议或行政诉讼的选择权 / 191

二、统一行政复议与行政诉讼的审查标准 / 193

第二节 调解与行政复议的衔接与协调 / 195

一、行政复议前调解与行政复议的衔接与协调 / 195
二、行政复议中调解与行政复议的衔接与协调 / 197
第三节 调解与税务行政诉讼的衔接及协调 / 197
一、经过复议的税务行政争议更适合诉中调解 / 198
二、加大法院在诉前调解中的引导、促进及监督作用 / 199
三、特邀专业调解员以促成税务行政争议调解 / 199
四、法院与税务行政复议机关可以联合设立调解中心 / 200
第四节 和解与税务行政复议及行政诉讼的衔接及协调 / 201
一、保障行政复议听证权以提升和解成功率 / 201
二、赋予税务行政和解协议强制执行力 / 201
三、将和解贯穿于税务行政诉讼全过程 / 201
四、法院应当引导和监督税务行政争议和解 / 202

第十三章 纳税人在税务行政争议中的应对策略分析 / 203

第一节 税务行为合规 / 203
一、故意违法者需要树立正确的税收观念 / 204
二、"被逼无奈"型纳税人需要税务合规计划 / 204
三、"无知"型纳税人需要合规咨询 / 205
第二节 勇于维权 / 206
第三节 寻求专业帮助 / 207
第四节 清税前置条件的应对 / 210
一、提前做好清税准备 / 210
二、充分利用从非纳税争议中获得的法律救济权 / 211
三、突破清税前置屏障 / 212
四、争取行政复议前调解 / 213
第五节 正确面对维权难点 / 214
一、税务规范性文件的合法性审查 / 214
二、税务机关的程序违法行为 / 215
三、税务机关执法明显不当 / 217

第十四章 税务机关预防及减少税务行政争议的可行性分析 / 219

第一节 正确认识执法风险 / 219
一、税务人员的执法风险 / 219
二、税务人员对执法风险的误解 / 219

三、错误的执法风险认知给纳税人带来的危害 / 221
　　四、税务人员规避执法风险的措施 / 223
第二节　依法征管 / 224
　　一、统一公开规章与税务规范性文件 / 225
　　二、税务人员守法 / 225
　　三、公平公正执法 / 227
　　四、保护纳税人的合法权益 / 227
第三节　保障纳税人的法律救济权 / 232
　　一、依法配合纳税人办理纳税担保手续 / 232
　　二、保障延期内清税者的法律救济权 / 233
　　三、保护被限制法律救济权的纳税人 / 233

结　语 / 235

参考文献 / 238

导　　论

　　纳税人财产权的实现需要国家予以保障,国家的正常运行需要向纳税人征收税款,国家的征税权应当如何控制,纳税人的权益应当如何保障,国家征税权与纳税人财产权冲突时纳税人如何寻求救济,一直是人们关注的焦点问题。我国的纳税人过亿,在税务征管过程中难免会与税务机关发生争议,这些争议能否得到公正、快速的解决,从小处讲关系到纳税人的权利保障、税务机关的依法征管,从大处讲关系到法治国家的建设。[1] 依法治税是依法治国的重要组成部分,依法行政是依法治国的重要环节,公正司法是全面依法治国的重点任务和关键环节。

　　随着全面依法治国深入推进,建设法治政府、保护行政相对人权益等观念日益深入人心,行政相对人的维权意识也日益增强,仅仅依靠行政复议、行政诉讼已难以满足日益复杂的现实需求。党的十八届四中全会通过的《中共中央关于全面推进依法治国若干重大问题的决定》明确提出,要健全社会矛盾纠纷预防化解机制,完善调解、仲裁、行政裁决、行政复议、诉讼等有机衔接、相互协调的多元化纠纷解决机制;最高人民法院《关于进一步推进行政争议多元化解工作的意见》(法发〔2021〕36号)要求"把非诉讼纠纷解决机制挺在前面,从源头上预防、化解行政争议,促进行政争议诉源治理"。

　　理论界对此展开了系列研究,如:如何完善行政复议体制;如何发挥行政复议主渠道作用;如何使行政复议从内部监督功能向实质性解决争议功能转化;如何充分发挥调解、和解等非诉争议解决机制的功能,以节约司法成本、提高办案效率;如何衔接和协调好多元纠纷解决机制;等等。

　　立法也进行了相应完善。2014年修改的《行政诉讼法》规定了立案登记制。2020年2月,中央全面依法治国委员会第三次会议审议通过了《行政复议体制改革方案》,规定"县级以上地方人民政府司法行政部门依法办理本级人民政府行政复议事项",以期提高行政复议机关的独立性、公正性。2023年修订的《行政复议法》第1条规定,"发挥行政复议化解行政争

---

[1] 2006年,中共中央办公厅和国务院办公厅《关于预防和化解行政争议　健全行政争议解决机制的意见》指出,能否有效预防和化解行政争议,关系到群众的切身利益、社会的和谐稳定,关系到巩固党的执政地位。

议的主渠道作用"。

然而,这些政策、立法与理论上的进步,不能完全满足税务行政争议化解需要。比如,《中共中央关于全面推进依法治国若干重大问题的决定》提及的争议解决机制并不完全适用于税务行政争议的预防与解决。因为仲裁适用于解决民事合同及经济纠纷、劳动合同纠纷和农村土地承包经营纠纷,行政裁决适用于解决与行政管理密切相关的民事纠纷。而前述决定未列举的约谈、处罚听证却在预防税务行政争议方面发挥着积极作用。

因税务行政争议不同于一般行政争议,故国家在《行政诉讼法》《行政复议法》的基础上,根据税务行政案件的特殊性制定了一系列程序法规,比如《税收征收管理法》《税务行政复议规则》《税务行政处罚听证程序实施办法(试行)》《纳税担保试行办法》《重大税务案件审理办法》《税务稽查案件办理程序规定》等。

在纳税人与税务机关的纳税担保关系中,《民法典》的效力有时无法有效发挥。比如2005年出台的《纳税担保试行办法》在一定程度上不认可最高额抵押制度,[1]也不认可动产浮动抵押制度;《民法典》认可的传统担保物,比如土地使用权、应收账款等,均被《纳税担保试行办法》排除在外或者未纳入纳税担保范围。这些特殊规定极大制约了纳税人的担保能力,部分纳税人因无法提供《纳税担保试行办法》认可的担保物而无法行使法律救济权。

目前,我国理论界对税务行政争议领域的研究,多数停留在是否要无条件赋予纳税人行政复议权和行政诉讼权的探讨中,税务行政争议的预防机制、和解及调解机制等问题尚未被深入研究。

《税收征收管理法》第88条规定的清税前置条件使部分纳税人难以获得法律救济权,未取得法律救济权的纳税人与税务机关的矛盾因缺乏化解途径,将一直存在于税收征纳关系中。即便纳税人取得了法律救济权,其对复议决定、司法判决的认可度也不高,即部分争议历经行政复议、行政诉讼后仍未得到实质性化解。国家提倡适用调解机制实质化解矛盾,但在税务行政诉讼阶段,调解成功率不足1%,[2]而被认为是最佳争议解决方式的和解机制,尚未被《行政诉讼法》确立。

因此,如何有效预防及实质化解税务行政争议是一个亟待深入研究的课题。比如,应该如何定位税务约谈和税务行政处罚听证制度?如何更好

---

[1] 参见杨宗平:《论最高额抵押的效力》,载《比较法研究》2004年第2期。
[2] 参见2010~2016年《全国法院司法统计公报》,载最高人民法院公报网,http://gongbao.court.gov.cn/ArticleList.html?serial_no=sftj,2024年12月2日最后访问。

地发挥税务约谈的预防作用？税务行政处罚听证制度的不足是什么？清税前置条件的弊端何在？废止清税前置条件的后果是什么？不能充分发挥和解及调解机制实质化解税务行政争议作用的阻碍在哪里？相关制度应该从何处着手完善？争议未能得到实质化解除了立法不完善之外背后还隐藏了什么原因？等等。

本书从剖析税务行政争议产生的原因入手，介绍了争议双方当事人的基本情况，为争议的预防与解决做了前期铺垫，有利于读者更好地理解不同税务行政争议预防及解决机制的优点与不足，有助于纳税人与税务机关找到更有效的争议解决途径，并对税务行政争议预防及解决机制的完善提出建设性意见。

适合预防税务行政争议的机制主要有税务约谈、处罚听证。适用于解决税务行政争议的机制主要有税务行政复议、税务行政诉讼、调解与和解。这些预防及解决争议机制是有机联系的统一体，研究这些机制之间的衔接及协调有利于减少税务行政纠纷、维护纳税人合法权益、助力税务机关依法履职。

本书为了深入剖析具体观点、揭示具体现象，主要采用经验实证研究方法，从中国裁判文书网选取相关案例进行论证。这些案例可能让读者感觉个别税务机关执法不够规范，但并不能由此得出税务机关执法水平普遍不高的结论。实际上，税务机关的执法理念一直在进步，执法行为也日益规范。税务机关执法规范、说理到位，纳税人因此认识到自己的错误并服从处理、接受处罚的情形所在多有，但这不是本书的关注点，因而没能在书中得以呈现。

本书引用的案例所跨年度较长。争议较大、具有研究价值的案例，历时往往都比较长，自纳税人发生违法行为，至税务机关发现，到作出处理处罚决定，历时短则三五年，长则十来年，再经历行政复议、行政诉讼一审、二审甚至再审，通常三五年又过去了。因此，有些案例得从十几年前谈起，虽然这些案件发生距今已有较长时间，但所涉及的是今天依然存在且亟须解决的问题。在分析过程中，笔者会依据目前有效的法律法规进行分析。

笔者对本书所引用的法律法规都一一进行了查核，虽自以为严谨细致，但仍可能存在以下问题：一是有可能漏掉或者错用了税务规范性文件。税务规范性文件修改频繁，自本书写作、出版至最终到达读者手里这段时间内，浩如烟海的税务规范性文件中，难免有些条文被废止或宣布失效且有未被发现的可能。且在本书出版的年度里，税收法规仍有频繁被修改的可能，笔者将尽可能及时更新内容。二是百密一疏，有可能没有找到更贴切的规范性文件。若因疏漏之处给读者造成困惑,还请读者海涵并提出宝贵意见。

为了突出重点,减轻读者阅读过程中的负担,文中作了一些简化处理:(1)由中华人民共和国制定的法律,不再标注"中华人民共和国"字样,即只要没有注明是某某国家的法律,指的就是中华人民共和国法律;(2)规范性文件的名字过长且不便于识别、记忆的,除第一次出现时用全名外,之后提及可能只用文件号;(3)案例中的涉税金额巨大且精确到小数点后两位的数字简化为整万或者整亿。

第一章 税务行政争议预防及解决机制的法理分析

第一节 税务争议

争议是特定主体基于利益冲突而产生的一种双边或多边的对抗行为,其本质可归为利益冲突,即有限的利益在社会主体间分配时因出现不公平或不合理而产生的一种对立不和谐状态。[①] 税务争议则指发生于税收法律关系主体之间因税收利益分配不公或者不合理而产生的不和谐状态。

税收法律关系的主体包括国家、税务机关、海关、纳税人、扣缴义务人等,不同主体之间产生的法律关系不一样。国家与纳税人之间是一种宪法关系,依据来自《宪法》第56条规定的"中华人民共和国公民有依照法律纳税的义务"。国家是抽象主体,不能直接向纳税人征税,由税务机关、海关代表国家行使税收征管权。海关与纳税人之间、税务机关与纳税人之间形成的是税收征纳关系。此外,当人才、资本、货物等跨国流动时,国家与国家之间还就如何避免双重征税、税基侵蚀等达成国际税收协定。国际税收协定成员国之间形成的是国际税收分配法律关系。

在上述三种法律关系中,因税收利益冲突产生三种不同类型的争议:纳税人与国家之间的宪法性税收争议,国与国之间的国际税收争端,纳税人与税务机关之间的税务行政争议。下面着重介绍前两种争议。

一、纳税人与国家之间的宪法性税收争议

虽然由税务机关征管税收,但征收的税款最终会进入国库,成为"现代国家赖以生存的血液"[②]。从税收国家的角度看,整个国家的行政活动都是围绕着如何征管和使用税收而进行的。[③] 因此,国家是实质意义上的征

---

① 参见徐昕:《迈向社会和谐的纠纷解决》,中国检察出版社2008年版,第18页。
② 刘剑文、熊伟:《税法基础理论》,北京大学出版社2004年版,第36页。
③ 参见刘剑文、熊伟:《税法基础理论》,北京大学出版社2004年版,第54页。

税主体,税收随着国家的诞生而出现。

由于国家是抽象主体,不直接参与税收的征管,国家与纳税人的关系,仅规定在宪法性法律规范中,因此,纳税人与国家产生的争议,属于宪法性税收争议。

虽不同的历史时期税收的表现形式不同,但有一点始终是一样的,即国家通过法律的手段,在警察、法庭等暴力工具的保障下,无偿地将纳税人的部分财产收归其所有。因此,纳税人与国家之间的税收争议,是所有税收争议中最难以调和的。

现代国家通过法律,以稍显温和、文明的方式向人民征税,但纳税人与国家之间的税收争议依旧存在。一方面,纳税人努力倡导并促进"无代表则无税"的税收法定主义,力求限制国家在税收上的欲望,并期望通过预算监督政府对财政的支出,以确保税收收入被真正用于教育、卫生、养老、环保、国防等领域;另一方面,国家以"税收是文明的对价"为理由力求扩大税权。即使在法治程度、社会福利较高的国家,纳税人仍然会认为税负过高,国家对私人财产权、人权及政治权利的保护不够,从而在国家与纳税人之间产生争议。

我国税收制度日趋完善,但纳税人与国家之间也同样会因税收问题发生争议,原因如下:

首先,部分税收征管依据是税务规范性文件。《立法法》规定,税种的设立、税率的确定和税收征收管理等税收基本制度只能制定为法律。但是目前我国部分税种还未立法,如增值税、土地增值税、消费税的征管依据是国务院制定的暂行条例。为适应市场经济的发展及严格执法的需要,财政部、国家税务总局颁布了数千份税务规范性文件,规范性文件虽能暂时弥补法律制度缺失的不足,但无法替代法律。因税务规范性文件在制定过程中往往未广泛征求纳税人及社会各界的意见,通常也未经专家充分论证,其科学性、前瞻性方面不如法律。文件的内容有可能对纳税人权益的保护不够,也有可能用词不严谨导致纳税人与税务机关在理解上产生分歧。

其次,国家财政支出存在不合理现象。"取之于民,用之于民"是国家获得征税权最正当的理由。但纳税人缴纳的税款最终能否被用于民众福利,取决于是否有完善的行政执法与监督管理机制。2015年1月1日实施的《预算法》有一个重要改变,即从"制民"转向"制官",目的是改进预算管理工作,建立"全面规范、公开透明"的预算制度。但目前部分地区的预算存在的问题仍然是公开不透明、全面不规范,支出公开的仅是一个数字,至于具体支出的项目、金额等内容并未公开。因此,纳税人对于国务院及其领导下的各部委、各级人民政府是否按预算支出财税收入、支出是否合理等问题,既缺乏了解渠道,也难以行使监督权。

最后,纳税人的高税负与享受的社会福利不相匹配。2016 年至 2022 年,我国实施了一系列减税降费政策,小口径宏观税负(税收收入占 GDP 比重)逐年下降,分别为 17.4%、17.35%、17.01%、16.02% 和 15.2%、15.1%、13.8%;①中口径宏观税负(一般公共预算收入占 GDP 的比重)与大口径宏观税负(政府收入占 GDP 的比重)也逐年走低;2022 年的大口径宏观税负却有所上升,高达 32.1%,这使得需要自己承担教育、医疗、住房支出的纳税人负担较重。详见图 1-1。

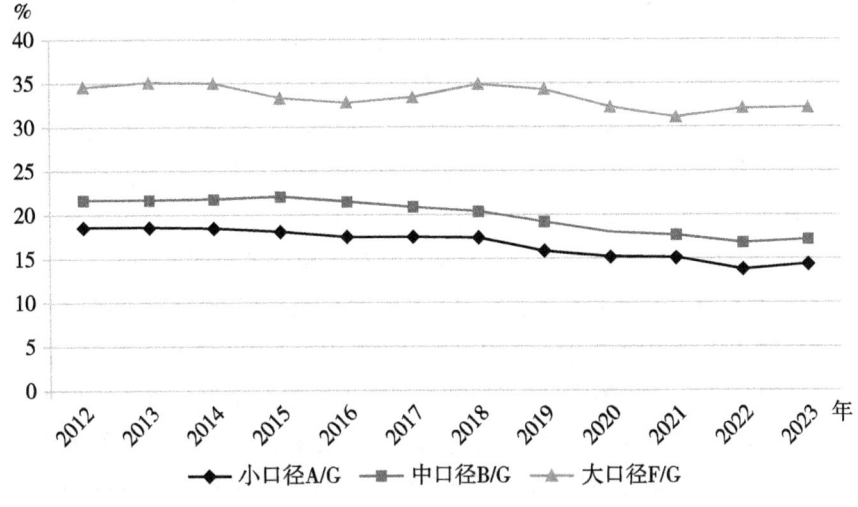

图 1-1　小、中、大口径下宏观税负变化趋势

注:2013~2018 年社会保险基金收入扣除财政补贴收入,仅为社会保险费收入;参见郭晋辉:《四年翻一倍,2019 年财政拟补贴社保 2 万亿｜2019 年两会》,载第一财经网 2019 年 3 月 6 日,https://www.yicai.com/news/100132457.html;《2020 年全国社会保障基金理事会社保基金年度报告》,载社会保障基金理事会网 2021 年 8 月 18 日;https://www.ssf.gov.cn/portal/xxgk/fdzdgknr/cwbg/sbjjndbg/A0010030801index_1.htm;《关于 2021 年中央和地方预算执行情况与 2022 年中央和地方预算草案的报告》,载共产党员网,https://www.12371.cn/2022/03/13/ARTI1647176405971723.shtml;《关于 2022 年中央和地方预算执行情况与 2023 年中央和地方预算草案的报告》,载财政部官网,http://www.mof.gov.cn/gkml/caizhengshuju/202303/t20230316_3872867.htm;《关于 2023 年中央和地方预算执行情况与 2024 年中央和地方预算草案的报告》,载财政部官网,http://www.mof.gov.cn/zhengwuxinxi/caizhengxinwen/202403/t20240314_3930581.htm。

---

① 参见《"十三五"时期宏观税负逐年下降　支持科技创新减税累计超 2.5 万亿元》,载《人民日报》2021 年 3 月 18 日,第 11 版;《十年来,中国财政支出从 12.6 万亿元增至 24.63 万亿元,宏观税负明显降低》,载《人民日报》2022 年 5 月 18 日,第 3 版。

对于纳税人与国家就税收立法、财政支出、社会福利等方面产生的争议,不能通过法律救济途径解决。在适用违宪审查制度的国家,税收法规违宪,或者税收下位法违反上位法,其他国家纳税人可以向普通法院、宪法法院或者宪法委员会等机关提出违宪审查请求。① 我国《立法法》虽然规定了备案审查的内容,但纳税人没有直接提出审查的权利,只有审查建议权。对于政府不合理的开支,纳税人也没有起诉权。加之我国的主要税种比如增值税、消费税等为间接税,消费者虽然实际承担了税款,但其身份为负税人而非纳税人,无权以纳税人的身份通过法律途径寻求救济。②

二、国与国之间的国际税收争端

国家是国际税收分配的主体,双重及多重征税是跨国公司和国际人才共同面临的问题。根据属地原则,收入来源国有权征税,而根据属人原则,居住国有权就纳税人源于境外的收入征税。比如,外国人及外国企业只要有源于中国的所得,就应该向中国政府纳税,同时还需就该笔收入向其居住国纳税,这样就造成双重或者多重征税问题。为促进货物、资本、人才的流通,国家之间通过签订双边及多边税收协定的方式来确定征税权,一方面避免双重征税,另一方面有利于打击跨国避逃税行为。

截至 2024 年 5 月,我国已与 111 个国家(地区)正式签署了避免双重征税及防止偷漏税协定,其中与 105 个国家(地区)的协定已生效。③ 在履行这些税收协定的过程中,国家与国家之间也会发生争议。这些争议主要通过双边协商程序解决,也可以选择强制性仲裁程序,比如,美国就分别与加拿大、法国、德国、比利时签订了强制性仲裁程序解决预约定价问题的补充协议。④ 但我国在签订的所有双边及多边税收协定中,都选择采用协商程序解决与协定国的税务争议,没有选择强制性仲裁程序。

---

① 目前世界各国违宪审查制度主要有三种模式:第一种模式是以司法机关即法院行使宪法监督权,典型代表是美国,任何普通法院都可以通过受理公民的诉讼来行使违宪审查权;第二种模式是立法机关行使违宪审查权,如英国;第三种模式是由专门的机关行使违宪审查权,如法国的宪法委员会,俄罗斯、意大利、韩国等国的宪法法院。
② 湖南农民以"财政局超预算、超编制购买豪华轿车"为由,将常宁市财政局告上法庭。常宁市人民法院以原告不是纳税人为由驳回诉讼请求。详情参见易其洋:《农民不是纳税人?》,载《宁波日报》2006 年 4 月 7 日,第 5 版。
③ 参见《我国签订的多边税收条约》,载国家税务总局官网,最后访问日期 2024 年 6 月 12 日,http://www.chinatax.gov.cn/chinatax/n810341/n810770/common_list_ssty.html。
④ Mandatory Arbitration by Treaty Pantner,载美国联邦税务总局官网 2024 年 5 月 3 日,https://www.irs.gov/businesses/international-businesses/mandatory-arbitration。

第二节　税务行政争议的定义及特点

国家是一个抽象主体,无法直接行使税权,故将税权分设于不同的机关。税收立法权由全国人民代表大会及其常务委员会行使,税收收入的所有权由国务院代为行使,税收司法权由司法机关行使,税收征收管理权由征税机关行使。征税机关是形式意义上的征税主体。

税务行政争议是指发生在征税机关与纳税人、扣缴义务人、纳税担保人之间因税收征管而发生的争议。纳税人是指法律、行政法规规定负有纳税义务的单位和个人。扣缴义务人是指法律、行政法规规定负有代扣代缴、代收代缴税款义务的单位和个人。根据《税务行政复议规则》第27条的规定,扣缴义务人与纳税人因代扣代缴发生争议的,行政复议的被申请人是扣缴义务人的主管税务机关。因为扣缴义务人只是税务机关的代理人,代扣代缴税款的后果由税务机关承担。纳税担保人包括以保证方式为纳税人提供纳税担保的纳税保证人,以及其他以未设置或者未全部设置担保物权的财产为纳税人提供纳税担保的第三人。

我国目前有两个征税机关,即税务机关、海关。海关代征进口环节的增值税和消费税,负责征收和管理船舶吨税、关税、行李及邮递物品进口税;除此之外的税收征收和管理由税务机关负责。因此,纳税人与征税机关之间的争议主要发生在纳税人与税务机关之间。本书为聚焦关键问题并进行深入分析,研究范围仅限于纳税人与税务机关之间发生的税务行政争议。

税务行政争议主要涉及征税行为、行政处罚、信息公开、行政不作为、行政强制措施、行政确认、行政许可等事项。其中,征税行为和行政处罚引发的争议占全部税务行政争议的绝大多数,比如2014年的占比为70.45%。[①]

相对于一般行政争议,税务行政争议具有以下特点。

一、当事人的法律地位有平等化趋势

税务机关与纳税人之间是一种行政法律关系,两者的地位是不平等

[①] 参见廖仕梅:《论税务行政争议和解机制》《税务行政复议和税务行政应诉案件统计报告制度及相关材料报送制度实施办法》(国税函〔2001〕533号)第2条规定,各级税务机关应认真对本机关及辖区内发生的税务行政复议、行政应诉案件进行统计,并依照《关于完善税务行政复议和行政应诉案件统计报告制度的通知》的规定,全面、准确及时地报告上一级税务机关。但是,国家税务总局并未将每年税务行政复议和税务行政诉讼的详细情况对外公布。

的。立法虽赋予了纳税人权利,但这种权利与国家赋予税务机关作为税收征管机关的权力不一样。权力是指对社会民众或其他主体的权利进行权衡、协调和确认之权。权力超然权利之上,税务机关拥有权力,也享有权利。① 而纳税人没有权力,其权利在很大程度上需要得到税务机关的确认。

在税收征管过程中,税务机关在很多情况下能单方面决定税收法律关系的发生、变更和消灭,并能决定税收法律关系的走向。比如,《行政处罚法》第33条规定,初次违法且危害后果轻微并及时改正的,可以不予行政处罚。也就是说,某些情况下是否对纳税人进行处罚的决定权在税务机关,税务机关选择不处罚,则不会与纳税人产生争议;反之,则有可能产生争议。再如,《行政处罚法》第34条规定,行政机关可以依法制定行政处罚裁量基准,规范行使行政处罚裁量权。也就是说,在法律规定的范围内给纳税人多重的行政处罚,决定权在税务机关,同一个违法行为,不同地区的税务机关确定的处罚裁量基准不一样,纳税人受到的处罚自然不同。一旦纳税人与税务机关发生争议,是否平息争议的主动权也掌握在税务机关手中,执法错误的税务机关有权决定是否自行纠错。一般情况下,只要税务机关自行纠错,纳税人即会撤回起诉。

税务机关与纳税人之间的不平等关系,在近代有了平等化趋势。1919年德国制定的《帝国税收通则》首次提出"税收债务"概念。日本学者金子宏认为,从实体法的角度来看,税收法律关系为公法上的债权债务关系;从程序法的角度来看,税收法律关系为权力服从关系。② 主张税收法律关系为公法上的债权债务关系,主要是想强调税务机关与纳税人的地位平等,应该注意保护纳税人的权益。③ 我国税务机关主动创新工作思路,设立纳税服务部门,为纳税人依法纳税提供全方位服务。

二、税务行政争议具有复杂性

首先,争议的问题具有税收专业性。纳税人与税务机关的争议主要是纳税争议。我国目前的18个税种均有各自的征税对象、计算方法、优惠措施、征管方式,即使在一个税种内部,也因税种目的不同而适用不同的税率、计算公式。以增值税为例,纳税人分为一般纳税人和小规模纳税人,两类纳税人的认定标准、应纳税额的计算、有权开具的发票、适用的税率(征

---

① 参见漆多俊:《论权力》,载《法学研究》2001年第1期。
② 参见刘剑文、熊伟:《税法基础理论》,北京大学出版社2004年版,第65页。
③ 参见关保英:《论行政相对人的陈述权》,载《环球法律评论》2010年第2期。

收率)等都不一样。对于没有经过系统性税法学习的律师及法官、检察官,很难辨别、判断纳税人是否有纳税义务,有什么样的纳税义务,这使得他们在处理税务行政争议的过程中很难作出独立判断。

其次,税务行政争议是一个法律争议。税法与民法以同一法律事实为其规范对象,①国家征税的前提是对民事法律关系的认可,即在对纳税人提供商品及应纳税服务取得的收入、交易、财产权属等予以认可的前提下,纳税义务才得以产生。以为某一般纳税人提供服务为例,纳税人认为其提供的是与专利技术转让有关的技术服务,若税务机关认为两者之间没有关系,则会发生争议,因为不同事实的认定,对应的增值税税率,以及是否应该缴纳增值税是不一样的。假如纳税人提供的是与专利技术转让有关的技术服务,可以免缴增值税;假如纳税人提供的是与专利技术无关的技术服务,则需要按6%的税率缴纳增值税;假如税务机关认为纳税人提供的不是技术服务,而是修理修配劳务,则其不但要缴纳增值税,而且增值税税率将高达13%。因此,这个税务行政争议首先需要明确的是纳税人提供的是技术服务还是修理修配劳务。而纳税人是否提供了服务、提供了什么服务、是否取得了收入、是否享有财产所有权、交易是否完成等,需要依据民商法进行判断。

在处理税务行政争议的过程中,除了需要考虑税法、民商法之外,还应该综合考虑行政法、刑法以及程序法等。比如,税务机关是否具有作出某项行政行为的执法资格、执法过程中是否严格遵守行政法规、对于触犯刑法的案件是否及时依法移交公安机关等都是争议焦点。而这些法律相互之间有时存在冲突现象,因此,税务行政复议机关及法院在处理税务行政争议过程中需要综合考虑法律的适用问题。

最后,争议的问题具有综合性。税务行政案件不仅会涉及税收、法律上的争议,还会涉及财务、评估等其他方面的争议。因为有时候市场主体自认为没有从事交易行为,未取得货币、实物等收入,但税法将其行为视同销售予以征税,这种视同销售行为需要通过评估来确认收入;有的是税务机关认为交易价格过低且没有正当理由,也会对交易财产的价值进行评估。以纳税人采用房地产投资为例,投资时需要按视同销售行为缴纳土地增值税、企业所得税等。因纳税人在投资过程中并未实际收到货币,故其收入额的确定来自评估公司的评估。评估公司是否有相应的资质,评估的方法是否正确,据以评估的材料是否合法等都会成为争议焦点。确定成本

---

① 参见黄茂荣:《法学方法与现代税法》,北京大学出版社2011年版,第296页。

扣除项目时,税法认可的利息支出额不同于会计准则认定的利息支出额。会计准则要求财务人员按实际支出如实记账,而企业所得税汇算清缴时则需要将利息区别对待,首先要区分哪些利息可以在当期扣除、哪些利息需要资本化,对于在当期扣除的利息,要考虑其是否符合债资比要求、利率是否低于金融企业同期同类贷款利率;进入土地增值税汇算清缴阶段,按财务费用扣除时要关注这些利息支出是否已全部从开发成本中剔除,对于未超过商业银行同期同类贷款利率按实际支出扣除的,需要关注房地产开发企业能否提供金融机构证明,能否按转让房地产项目计算分摊;此外,还要关注是否超过贷款期限等问题。

三、税务行政争议的解决程序具有特殊性

(一)行政复议前置

公民、法人或者其他组织认为行政行为侵犯其合法权益的,可以向行政机关申请行政复议,也可以向法院提起行政诉讼。即行政复议是行政相对人可以选择的一项法律救济权。但是,纳税人与税务机关因征税行为发生争议时,纳税人只能申请行政复议,不能直接选择行政诉讼,只有对行政复议结果不服时,才可以提起诉讼。

(二)清税前置条件

根据《行政复议法》第20条第1款的规定,公民、法人或者其他组织认为行政行为侵犯其合法权益的,可以自知道或者应当知道该行政行为之日起60日内提出行政复议申请。该条文包括两层含义:一是申请行政复议的期限是60日,60日内不提起行政复议申请的,才丧失行政复议权;二是公民、法人或其他组织只要认为行政行为侵犯其合法权益,就可以在法律规定的期限内提起行政复议。对于与税务机关发生纳税争议的纳税人,根据《税收征收管理法》第88条的规定,行政复议权的取得是有条件的,即纳税人在税务机关指定的时间缴纳税款、滞纳金或者提供相应担保的(以下简称清税前置条件),才有权申请行政复议。根据《税收征收管理法实施细则》第73条的规定,税务机关发出限期缴纳税款通知书,责令缴纳税款的最长期限不得超过15日。也就是说,虽然《行政复议法》赋予了行政相对人60日的行政复议申请期限,但纳税人在收到处理决定书的次日起15日内不能要求缴纳税款、滞纳金或者不能提供相应担保的,即丧失申请行政复议的权利。由此可见,税务行政争议的解决以税收及时足额入库为前提,案结事了、化解矛盾是处理一般民事争议和行政争议所追求的理想境界,但不是处理税务行政争议的唯一目标。

(三) 不适用行政诉讼的立案登记制

行政案件立案难曾经受到社会各界的广泛关注,为了保障行政相对人的诉讼权利,解决"立案难"问题,2014年《行政诉讼法》确立了"立案登记"制。但纳税人与税务机关在纳税上发生争议的,必须先行政复议,不能直接向人民法院提起诉讼。

对于无力在税务机关指定期限内缴纳税款及滞纳金或者提供相应担保,不能行使税务行政复议权的,或者提起行政复议申请后撤回的,都会丧失提起税务行政诉讼的资格。因此,行政案件立案登记制对于纳税人来讲,发挥作用的空间有限,只有当纳税人与税务机关发生非纳税争议时,才能适用立案登记制。

第三节 多元税务行政争议预防及解决机制

一、多元争议解决机制

根据《现代汉语词典》的解释,机制泛指一个工作系统的组织或部分之间相互作用的过程和方式。争议解决机制是为了解决当事人之间的争议而建立的一个由法律规定、程序规则、操作措施、相关机构组成的综合体系,各争议解决方式之间既各行其是,又相互补充,构成一个统一协调的治理系统。[1] 根据《中共中央关于全面推进依法治国若干重大问题的决定》,解决争议的机制包括调解、仲裁、行政裁决、行政复议、诉讼等,然而,这些争议解决机制并不都适用于税务行政争议的解决。仲裁分为商事仲裁、劳动仲裁、农村土地承包经营仲裁等,商事仲裁解决平等主体的公民、法人和其他组织之间发生的合同纠纷和其他财产权益纠纷;劳动仲裁解决用人单位与劳动者在履行劳动合同过程中产生的纠纷;农村土地承包经营仲裁解决因农村土地承包经营发生的争议。行政裁决是行政机关根据当事人申请,依照法律法规授权,居中对与行政管理活动密切相关的民事纠纷进行裁处的行为,即行政裁决解决的是民事纠纷,不是行政争议。

二、多元税务行政争议预防及解决机制

市场经济活动的多样化及税收制度的复杂化决定了税务行政争议较

---

[1] 参见付本超:《多元争议解决机制对营商环境法治化的保障》,载《政法论丛》2022年第2期。

一般行政争议更加复杂,对争议解决方式、手段的丰富性提出了更高的要求。针对不同的争议,适用不同的解决机制,不同的争议解决机制之间互相配合、协调,有利于更好地解决税务行政争议。

英国危机管理专家迈克尔·里杰斯特有一句名言:"预防是解决危机的最好方法。"①这句话同样适用于税务行政争议。预防税务行政争议的方法很多,其中税务约谈、税务行政处罚听证是较好的预防机制。

税务约谈,又称质疑约谈,是税务机关在税务检查或税务稽查前,发现纳税人的纳税申报资料及其他有关资料存在异常或者疑点,主动与纳税人沟通相关信息、宣传和辅导税收政策、要求纳税人解释和说明涉税问题、促使纳税人主动自查自纠的税务行政管理活动。由于我国对税务约谈缺乏统一规范,各地对税务约谈的定位、适用对象、适用情形的把握都不一样,但各种类型的税务约谈都能起到预防税务行政争议的作用。

税务行政处罚听证,是指纳税人根据《行政处罚法》以及《税务行政处罚听证程序实施办法(试行)》的规定,在税务机关作出税务行政处罚决定之前有权申请听证,在听证过程中就税务机关拟作出的处罚决定的法律依据、证据等陈述不同意见,对相关证据进行质证、辩论的活动。处罚听证机制一方面有利于减少税务机关的执法错误,另一方面有利于及时保护纳税人的合法权益。

税务行政复议是指纳税人不服税务机关作出的行政行为,依法向上一级税务机关提出申请,请求重新审核并纠正原行政行为,上一级税务机关据此对原行政行为是否合法及适当进行审查并作出决定的法律制度。相对于法官,税务人员对税收法律制度更加了解,由税务机关作为复议机关有利于充分发挥税务机关的专业特长,更高效地解决税务行政争议。同时,税务行政复议制度赋予了税务机关一次自我纠错的机会,可以降低其在税务行政诉讼中的败诉率。

税务行政诉讼是人民法院依据法律的授权,根据《行政诉讼法》所确定的程序,解决一定范围内的税务行政争议的活动。② 税务行政诉讼程序规范、有强大的强制执行能力、判决结果具有终局性,③因此,对于案情复杂且争议较大的案件,由法院作出裁判,有利于保护纳税人的合法权益,平

---

① 张旭光:《落差与纠偏:从风险思维视角探解校园欺凌治理之难》,载《内蒙古师范大学学报(教育科学版)》2024年第4期。
② 参见江必新、梁凤云:《行政诉讼法理论与实务》(第3版),法律出版社2016年版,第11页。
③ 参见李少平:《努力构建具有中国特色的多元化纠纷解决体系》,载《人民法院报》2016年7月6日,第5版。

衡税务机关与纳税人之间的关系。

调解与和解为非诉讼纠纷解决机制。调解是指在第三方的主持下,纳税人与税务机关通过自愿协商,达成协议、解决争议的活动和结案方式。和解是指在没有第三方主持的情况下,纳税人与税务机关为解决争议自愿达成妥协或者协议的结案方式。有的案件系由证据事实不清、争议双方在关键事实上僵持不下引起,有的案件系由税收立法的不完善导致税务机关的执法依据欠缺合理性引起,调解与和解机制对法规、证据规则的要求较行政复议、行政诉讼低,有利于更加快捷地化解税务行政争议。

三、完善多元税务行政争议化解机制的意义

自2015年以来,国务院、最高人民法院相继发布完善、深化多元纠纷化解机制的意见,救济渠道得到拓展,调解、和解等非诉争议解决机制得到重视,争议解决机制之间的协调、相互衔接等问题也得到了关注。完善多元税务行政争议化解机制具有以下意义。

(一)有利于推动税收法治的进程

习近平总书记于2012年指出,"法治是治国理政的基本方式,要更加注重发挥法治在国家治理和社会管理中的重要作用,全面推进依法治国,加快建设社会主义法治国家"。[①] 习近平总书记还强调:"推进全面依法治国,法治政府建设是重点任务和主体工程。"[②]税收法治是依法治国的重要组成部分,完善税务行政争议解决机制有利于推动税收法治的进程。

法治是指依据法律治理国家与社会,[③]任何单位和个人都不能凌驾于法律之上。因此,税收法治要求纳税人遵守税法,一旦纳税人有逃税、虚开发票、骗税等税收违法行为,税务机关有权要求纳税人改正错误行为,补缴税款和滞纳金,并依法对纳税义务人的违法行为予以处罚。通过精准打击税收违法行为,提高纳税人的税法遵从度。同时,税收法治也要求税务机关依法进行税收征管,法律赋予纳税人法律救济权,就是为了规范税务机关的征管行为。通过纳税人对税务机关的不规范执法行为提起行政复议和行政诉讼,对税务机关的不规范行为造成的损失提请国家赔偿等,促使

[①] 习近平:《在首都各界纪念现行宪法公布施行30周年大会上的讲话》,人民出版社2012年版,第5页。
[②] 习近平:《坚定不移走中国特色社会主义法治道路,为全面建设社会主义现代化国家提供有力法治保障》,载《求是》2021年第5期。
[③] 参见中国社会科学院语言研究所词典编辑室编:《现代汉语词典》(第7版),商务印书馆2016年版,第355页。

税务机关规范执法、依法征管,早日实现税收法治。

(二)有利于实质化解税务行政争议

由于争议当事人对法规的理解不一致,有的案件当事人不愿意在法庭上作激烈争议,有的案件当事人想在短期内解决纠纷……总之,产生争议的原因各异,当事人的需求也不一样。行政复议与诉讼有规范的案件受理、审理、宣判程序,明确的证据要求,严格的裁判依据。加之税务行政案件的复杂性决定了立法不可能涵盖所有细枝末节,导致行政复议、行政诉讼在高效、公平、实质解决所有税务行政争议方面略有欠缺。适用调解、和解机制解决争议时,无须当事人提供符合真实性、合法性、关联性要求的证据,当事人无须进行激烈抗辩,行政复议机关与法院无须查找精准的判案依据,可以从合法合理合情、相互谅解的角度出发,实质性化解矛盾,有利于和谐税收征纳关系的实现。

(三)有利于优化税收营商环境

营商环境,是指企业等市场主体在市场经济活动中所涉及的体制机制性因素和条件。2001年,世界银行首次提出"营商环境",2003年开始发布《全球营商环境报告》(Doing Business Report, DB),通过指标打分的形式来评估一个国家的营商环境。2021年9月,世界银行集团(WBG)决定中止《全球营商环境报告》(DB)及相关数据的发布。2023年5月,世界银行发布新版《营商环境成熟度方法论手册》(The Business Ready Methodology Handbook),①取代了之前的评估体系。新营商环境评估体系关注10个主题,税收(taxation)是其中之一。② 详见图1-2。

---

① 参见 Business Ready (B-Ready),载世界银行官网,https://www.worldbank.org/en/businessready。
② 世界银行评价营商环境的指标共有10个,分别为:市场准入(business entry)、获得经营场所(business location)、公共服务设施接入(utility services)、雇佣劳工(labor)、金融服务(financial services)、国际贸易(international trade)、税收(taxation)、解决纠纷(dispute resolution)、市场竞争(market)、企业破产(business insolvency)。参见张培等:《世界银行新版营商环境评估体系指标解读》,载《中国海关》2023年第6期。

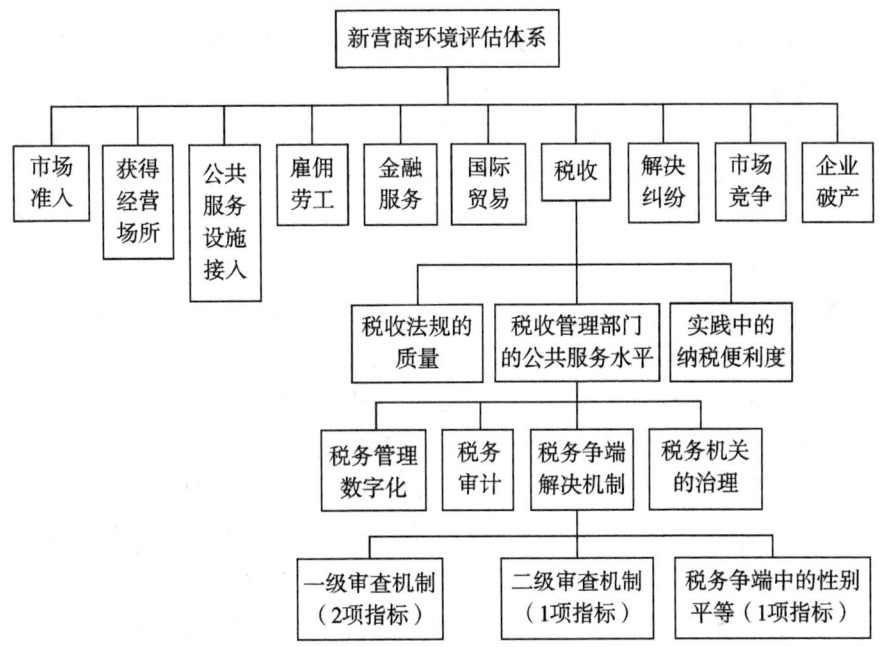

图 1-2 《营商环境成熟度方法论手册》规定的新营商环境评估体系

世界银行从三个维度评价税收指标：税收法规的质量、税收管理部门的公共服务水平、实践中的纳税便利度。每个评价维度被划分为不同的类别，比如，评价维度Ⅱ——税收管理部门的公共服务水平有四个类别，分别为税务管理数字化、税务审计、税务争端解决机制、税务机关的治理。每个类别又被进一步划分为不同的子类别。

税务争端解决机制主要考察一个国家是否存在及有效利用多元纠纷解决机制解决税务行政争议，其被划分为三个子类别：一级审查机制、二级审查机制、税务争端中的性别平等；每个子类别由若干指标组成，每项指标包含若干评估角度。比如一级审查机制包含 2 项指标，具体评估可以复议的税务行政争议类型、是否能为所有纳税人提供独立的行政复议机制。二级审查机制包含 1 项指标，具体评估是否可以顺利进入税务行政诉讼程序，以及是否有阶梯式投诉机制。税务争端中的性别平等包含 1 项指标，具体评估女性在税务相关争端中是否拥有与男性相同的权利。这些指标在调查问卷中一共对应 8 个问题，总计 8 分。①

---

① 参见 World Bank, Business Ready Methology Handbook, May 2023, chapter 8, 载世界银行官网, https://thedocs.worldbank.org/en/doc/357a611e3406288528cb1e05b3c7dfda-0540012023/original/B-READY-Methodology-Handbook.pdf。

根据世界银行每年发布的全球营商环境报告,在全球190个经济体中,我国营商环境的排名逐年提升,2018~2020年分别为第78、46、31名,①与这种逐年进步趋势不协调的是税收指标,2020年我国的税收指标排名为第105名。② 之所以排名如此靠后,源于《税收征收管理法》第88条规定的清税前置条件,纳税人与税务机关因纳税发生争议的,只有按税务机关的要求进行清税之后,才能取得行政复议资格,对行政复议不服的,才能提起行政诉讼。

清税前置条件导致我国在一级审查机制与二级审查机制中都难以得分。调查问卷中一级审查机制的第一个问题是,纳税人是否可以就税务稽查评估向独立的投诉审查机构提出复议?因清税前置条件阻碍绝大部分纳税人就纳税争议提请行政复议,故这个答案为"否"。第二个问题是,假如上一个题目的答案为"否",在大多数情况下由哪家机构对税务稽查评估复议申请进行审查?答案仍然为"否"。因为处于纳税争议中的纳税人丧失行政复议权的,也会丧失行政诉讼权以及调解、和解的机会。二级审查机制的两道评价题是基于一级审查机制的第二道题提出,因一级审查机制第二道题的答案为"否",故二级审查机制两道题的答案也是"否"。无论世界银行采用专家咨询还是企业调查的方式,我国因清税前置条件在一级审查机制和二级审查机制上都难以得分。

清税前置条件影响的不仅仅是税务争端解决机制这一评价指标,还会影响评价维度Ⅲ——"实践中的纳税便利度"的评估。实践中的纳税便利度中有一个子类别"税务争端",其包含1项指标,主要评估处理税务争端所需要的总时间。在行政复议机关以未满足清税前置条件为由拒绝受理纳税人的复议申请时,纳税人会起诉至法院,请求法院判令行政复议机关受理其复议申请,导致纳税人耗费一年甚至更多时间,取得法律救济权,这严重影响纳税便利度。以某奥公司逃税案为例,该公司为取得法律救济权,于2016年5月开始提供纳税担保,至2023年5月终审判决,经历行政复议、行政诉讼一审、二审、再审及再次一审、二审,共历时整

---

① 参见World Bank, Doing Business 2020, p. 4,载世界银行官网,https://documents1.worldbank.org/curated/en/688761571934946384/pdf/Doing-Business-2020-Comparing-Business-Regulation-in-190-Economies.pdf;罗培新:《世界银行营商环境评估:方法·规则·案例》,译林出版社2020年版,第1~2页。

② 参见《跻身前40!中国营商环境全球排名再度提升》,载财政部官网,http://www.mof.gov.cn/zhengwuxinxi/caijingshidian/xinhuanet/201910/t20191025_3409571.htm。

整 8 年才取得行政复议资格。①

"营商环境法治化建设已成为新时代完整、准确、全面贯彻新发展理念,构建新发展格局,推动高质量发展的内在要求。"②为优化我国营商环境,党的二十大报告指出,要"营造市场化、法治化、国际化一流营商环境。推动共建'一带一路'高质量发展"。国务院于 2019 年颁布《优化营商环境条例》,要求国家根据优化营商环境的需要,及时修改、废止有关法规,完善调解、行政复议、诉讼等有机衔接机制,为市场主体提供高效、便捷的纠纷解决途径。功能互补、相互衔接、科学系统的税务行政争议解决机制将更能提升纳税人对营商环境的认可度,更好地激发市场主体的活力,帮助企业发展壮大。

---

① 参见安徽省合肥市包河区人民法院行政判决书,(2018)皖 0111 行初 172 号;安徽省合肥市中级人民法院行政判决书,(2019)皖 01 行终 599 号;安徽省高级人民法院行政裁定书,(2020)皖行申 1 号;安徽省合肥市包河区人民法院行政判决书,(2020)皖 0111 行初 83 号;安徽省合肥市中级人民法院行政判决书,(2023)皖 01 行终 191 号。
② 郭海蓝:《论营商法治环境评价的理路与指标体系》,载《财经理论与实践》2023 年第 6 期。

第二章　税务行政争议成因分析

虽然纳税人知道税收"取之于民，用之于民"，是国家治理的基础和重要支柱，现代国家若缺少税收将难以运行，理性的纳税人会尽量避免与税务机关发生争议。纳税人不愿意与税务机关产生争议的原因主要有五点。

一是纳税人因清税前置条件较难寻求法律救济，比如《税收征收管理法》第88条规定的清税前置条件使大部分纳税人难以取得法律救济权。

二是纳税人不能确保自己所有的行为完全合法。我国税制复杂，纳税人的经营行为往往涉及多个税种，很难确保会计凭据齐全、会计核算健全、纳税申报行为合法，没有漏税行为。因此，即使某一合法税收行为被税务稽查误认为违法，为了避免税务机关对企业全面稽查，部分纳税人也会选择隐忍。

三是税务机关有较大的自由裁量权，在税务处理决定书认定的事实不存在异议或者异议难以被税务机关接受的情况下，部分纳税人自知难以通过法律途径降低被处罚金额，也会选择接受税务机关作出的处理处罚决定。

四是在中国人"以和为贵"的传统观念中，普遍认为打官司会破坏和谐关系，为了能在和谐氛围中经营，企业往往不愿意与税务机关对簿公堂。

五是维权成本高。维权即意味着不愿意接受税务机关的处理处罚决定，拒绝补税或者做进项税转出。对于拒绝补税的企业，个别税务机关会威胁暂停供应发票。对于收到走逃企业开具的增值税专用发票的出口企业，拒绝进项税转出会被暂停出口退税。企业一旦开不出发票或者不能办理出口退税，会立即陷入瘫痪状态，无法继续经营。即使历经数年打赢官司，企业也难"起死回生"。

纳税人从申请行政复议到行政诉讼结束，通常历时少则一年，多则数年才有结果。具体过程如下：纳税人收到处理决定书次日起60天内提起行政复议，行政复议机关自收到申请书之日起60日内作出复议决定，按理行政复议程序最长期限计算应该在120日内结束，但实务中很多因素导致行政复议机关不能在60日内作出复议决定。比如纳税人认为行政机关的行政行为所依据的规定不合法，要求行政复议机关就这些规定附带审查，行政复议机关审查的时间是30日内；行政复议机关无权处理的，转送有权处理的机关处理，有权处理机关的处理时间是60日内；规范性文件合法性审查的时间不计算在行政复议期限之内；对于案情复杂的，行政复议机关还可以申请延长30日办案时间。即使行政复议机关60日内能顺利作出复议决定，复议程序也不一定结束。比如复议机关以税务机关违反法定程序为由撤销被申请人的行政行为，被申请人可以重新作出与原处理内容一致的处理决定，纳税人不服的还得再次申请行政复议，行政复议期间又得重新计算。

一旦纳税人对复议决定不服，提起税务行政诉讼，复议决定的效力即处于待定状态。纳税人提起诉讼的时间是收到复议决定书之日起15日内，法院收到起诉书之日起7日内决定是否立案，适用普通程序审理的行政案件，自立案之日起6个月内作出一审判决，有特殊情况可以申请延长审理期限，纳税人对一审判决不服的，收到判决书之日起15日内提起上诉，二审法院在收到上诉状之日起3个月内作出终审判决，有特殊情况的可以申请延长审理期限。

诉讼过程中实际所花费的时间远比上述时间长，一是公告期间、鉴定期间、调解期间、审理当事人提出的管辖异议以及处理人民法院之间的管辖争议期间不计算在审理期限之内；二是诉讼中止，比如案件涉及法律适用问题，需要送请有权机关作出解释或者确认的，或者出现其他应当中止的情形；三是特别情况下可以延长审理期限，至于何为特别情况，《行政诉讼法》及其解释未予以明确，法院有灵活把握的权力。基于上述因素，纳税人为避免维权导致的经营长期处于停滞状态，往往会隐忍，选择接受税务机关作出的处理处罚决定，以维持企业的正常经营。

税务机关同样不愿与纳税人发生争议，原因主要有两点：一是与纳税人产生争议可能引发行政复议、行政诉讼等，应对行政复议和行政诉讼会增加税务人员的工作负担，且税务人员不会因为这些工作量的增加而得到单位嘉奖。二是有可能在税务行政诉讼中败诉。一旦败诉，税务机关或税收执法人员可能承担以下不利后果：

一是税务机关承担行政赔偿责任。根据《国家赔偿法》第4条的规定，税务机关及其工作人员在税收征管过程中违法实施罚款、没收财产等行政处罚，违法对财产采取查封、扣押、冻结等行政强制措施等，造成纳税人财产损失的，纳税人有权获得赔偿。

二是影响税务机关绩效考核。根据《税务系统依法行政示范单位创建评价标准框架(试行)》(税总发〔2013〕21号)附件中第2条的规定，税收征管合法高效占15分，税务行政处罚规范占8分，积极预防和化解税务行政争议及切实保障行政相对人的救济权占分由省级税务局确定。因此,一旦税务机关作出的处理处罚决定被法院撤销、变更、确认违法的,会影响税务机关的行政绩效考核结果。

三是税务人员承担执法过错责任。根据国家税务总局《关于印发税收执法责任制"两个办法"和"两个范本"的通知》(国税发〔2005〕42号)附件2《税收执法过错责任追究办法》的规定,税务机关在税务行政诉讼中败诉的,执法人员可能会被责令作出书面检查、通报批评、责令待岗、取消执法资格等。

虽然税务机关和纳税人都不愿意产生争议,但争议从未消失过。通过对中国裁判文书网部分公开案例的研究,发现引发税务行政争议的原因有税务规范性文件不合法或不合理、税收立法不完善、税务机关执法不规范、纳税人对税法的遵从度不高等。

第一节 税务规范性文件不合法或不合理

之所以将税务规范性文件与税法分开讨论,一方面是因为规范性文件不属于法律的范畴,另一方面是因为税务人员在征管税收过程中倾向于适用税务规范性文件。我国共有18个税种,应该有18部税种法。但目前只有14个税种完成立法,分别是企业所得税法、个人所得税法、车船税法、环境保护税法、烟叶税法、船舶吨税法、耕地占用税法、车辆购置税法、资源税法、契税法、城市维护建设税法、印花税法、关税法、增值税法。其中,车船税法、契税法、城市维护建设税法、印花税法在原暂行条例的基础上未作大的修改与完善,规定的内容仍然很简单,可操作性不强。连同还未立法的土地增值税、消费税、房产税、城镇土地使用税,主要征管依据是税务规范性文件。

本书所称税务规范性文件是指由县级以上税务机关依照法定职权和规定程序制定并发布的、影响税务行政相对人权利义务,在本辖区内具有普遍约束力并在一定期限内反复适用的文件。不包括国务院制定的税收行政法规,财政部、国家税务总局及国务院其他部委制定的部门规章以及地方政府规章。

财政部、国家税务总局以及各省、自治区、直辖市和设区的市、自治州的人民政府有权制定规章,也有权制定规范性文件。规章属于广义法的范畴,可以作为法院判案的法律依据,规范性文件不属于法律的范畴,当税务机关以规范性文件作为行政处理处罚依据时,纳税人在行政复议和行政诉讼过程中可以申请对规范性文件的合法性进行审查,因此,有必要辨别有权制定规章的政府机构制定的是规章还是规范性文件。

财政部及国家税务总局制定的规章应当符合以下条件:一是由部务会议或局务会议审议通过;二是由部门首长签署命令予以公布。比如,由国家税务总局2015年度第2次局务会议审议通过、时任局长以国家税务总局令39号发布的《关于修改〈税务行政复议规则〉的决定》即为规章。① 地方规章应该符合以下条件:一是经政府常务会议或者全体会议决定;二是由省长、自治区主席、市长或者自治州州长签署命令予以公布。比如,2022年10月25日经江苏省人民政府第117次常务会议通过、省长签署发布的《江苏省税费征管保障办法》即为规章。

但需要注意的是,有些文件虽然由设区的市人民政府制定,但不是规章,如葫芦岛市人民政府2014年制定的《葫芦岛市涉税信息交换管理办法》,因为葫芦岛市人民政府在2015年《立法法》修改之后,才取得规章制定权。

法律的制定需要经历法律草案的提出、审议、表决、公布四个程序。一般情况下,法律草案会向社会公布,向各界广泛征求意见,经过三次以上的审议。而税务规范性文件无须这么严格的制定程序。虽然国家税务总局规定,税务规范性文件的起草部门应当深入调查研究、听取基层税务机关、行政相对人代表和行业协会的意见,对涉及税务行政相对人切身利益或对其权利义务可能产生重大影响的税务规范性文件,应当向社会公开征求意见,但这个要求是2019年11月第一次修改《税务规范性文件制定管理办法》时才提出的,在这之前制定的税务规范性文件无此程序性要求。

国家税务总局每年都会对税务规范性文件进行清理,废除其中不合法的部分,但这种清理和废除皆以新的法律法规出台为前提。因此,在税收法定原则未得到完全落实之前,依然会存在部分不合法、不合理的税务规范性文件。

一、超越法定权限的税务规范性文件

越权制定税务规范性文件包括两种情况。一种是指超越制定机关的法定职权制定税务规范性文件。比如县级税务机关制定税务规范性文件必须有法律、法规、规章或者省级以上税务机关制定的规范性文件的明确

---

① 参见《关于修改〈税务行政复议规则〉的决定》(国家税务总局令第39号),载国家税务总局官网,最后访问日期2024年6月12日,http://www.chinatax.gov.cn/chinatax/n810341/n810765/n1990035/201601/c2185201/content.html。

授权。假如县级税务机关在没有法定授权的情况下制定税务规范性文件，则属于超越职权。另一种是指税务规范性文件的内容超越法定授权范围。税种的设立、税率的确定和税收征收管理等税收基本制度只能制定法律，规范性文件不能设定行政处罚、行政强制措施、行政强制执行。若税务规范性文件设定税收开征、停征、减税、免税、退税、补税事项，或者设立行政处罚、行政强制等，则属于内容上超越了法律规定的授权范围。

越权立法是严重的违法行为，被列为可改变或者可撤销法律、行政法规、地方性法规、自治条例和单行条例、规章五种情形之首。因此政策法规部门在对税务规范性文件进行审查时，首先要审查的是该文件是否超越法定授权。

但是，为了应对立法的滞后性，在一段时间内不得不先行制定税务规范性文件。以骗取出口退税为例，《增值税暂行条例》第25条规定，纳税人出口货物适用退（免）税规定的，应当向海关办理出口手续，凭出口报关单等有关凭证，在规定的出口退（免）税申报期限内按月向主管税务机关申报办理出口货物的退（免）税。具体办法由国务院财政、税务主管部门制定。根据该条规定，国家税务总局相继制定了一系列规范性文件。根据这些文件的规定，申请出口退税的企业需要提供出口企业的购销合同、出口货物的运输单据、出口企业委托其他单位报关的单据等。若其中有一个虚假单证，即有可能被认定为骗取出口退税，涉及的出口货物不能享受出口退税优惠，甚至会被停止出口退税权。出口退税权事关出口企业的生存，停止出口退税权属于行政处罚，应当由法律规定。因此，该类案件的纳税人往往会质疑这些规范性文件的合法性，认为其内容超出法定授权范围，因为《增值税暂行条例》第25条只规定了出口报关单，并未要求纳税人提供运输单据，也没有规定具体需要什么运输单据。①

二、转授权制定的税务规范性文件

我国允许在一定条件下授权立法。授权立法是指一个立法主体将立法权授予另一个能够承担立法责任的机关，该机关根据授权要求所进行的立法活动。② 但被授权机关不得将被授予的权力转授权给其他机关。据此，上级税务机关需要下级税务机关对规章和税务规范性文件细化具体操作规定的，可以授权下级税务机关制定具体的实施办法，被授权税务机关

---

① 参见安徽省巢湖市人民法院行政判决书，（2017）皖0181行初3号。
② 参见陈伯礼：《授权立法研究》，法律出版社2000年版，第13页。

不得将被授予的权力转授给其他机关。但是,转授权制定税务规范性文件的现象依然存在。比如,《税收征收管理法实施细则》第9条授权国家税务总局明确划分税务局和稽查局的职责、避免职责交叉。国家税务总局《关于进一步加强税收征管基础工作若干问题的意见》(国税发〔2003〕124号)再转授权地方税务机关制定具体的检查管理办法,划清日常检查与税务稽查的业务边界。

国家税务总局未明确划分税务局与稽查局的稽查权限,各地税务机关也未能划清日常检查与税务稽查的业务边界,从而导致实务中税务局与稽查局的职责权限问题争议不断。比如,在晨阳公司案中,晨阳公司认为其对股东未履行代扣代缴义务,不属于《税收征收管理法实施细则》第9条规定的"偷税、逃避追缴欠税、骗税、抗税"行为,长丰县稽查局没有对其作出行政处罚的权力。① 在广州德发公司案中,德发公司认为其税收行为合法,稽查局没有权力以计税依据偏低且没有合法理由对其交易进行核定征收。② 在第肆极公司案中,第肆极公司认为经开区税务局没有认定偷税的主体资格,认定第肆极公司逃税并作出《税务处理决定书》的应该是稽查局,而不是经开区税务局。③

三、增加纳税人义务或者减损纳税人合法权益的税务规范性文件

《立法法》之所以规定税种的设立、税率的确定和税收征收管理等税收基本制度只能制定法律,源于税收法定原则。"无代表,不纳税",非经立法,不能增加纳税人的义务或者减损纳税人的权益。即使是规章,也不得设立减损纳税人权利或者增加其义务的规范,税务规范性文件更该如此。但是,少部分税务规范性文件中存在此类问题。

在某诚公司案中,④某诚公司认为《关于明确营改增后若干业务问题的通知》(鄂地税发〔2016〕117号)第2条第2款增加了纳税人的义务,减损了纳税人的权益。因为《营业税改征增值税试点过渡政策的规定》第1条第37款免增值税的规定未要求纳税人提供土地储备中心出具的收回土

---

① 参见安徽省合肥市中级人民法院行政判决书,(2014)合行终字第00164号;安徽省合肥市中级人民法院行政裁定书,(2015)合行监字第00020号;安徽省合肥市中级人民法院行政判决书,(2015)合行再终字第00002号。
② 参见最高人民法院行政判决书,(2015)行提字第13号;广州市中级人民法院行政判决书,(2010)穗中法行终字第564号。
③ 参见南昌铁路运输中级法院行政判决书,(2020)赣71行终189号。
④ 参见湖北省武汉市江汉区人民法院行政判决书,(2020)鄂0103行初10号;湖北省武汉市中级人民法院行政判决书,(2021)鄂01行终148号。

地使用权证明书。土地储备中心由人民政府批准成立,其职责即为国家储备土地,政府只能通过土地储备中心收回土地,土地储备中心与纳税人签订的合同也会被命名为"收回"协议、"收购"协议。因此,某诚公司认为只要纳税人能提供与土地储备中心签订的土地使用权收回协议或者收购协议,即应该免除纳税人的增值税。

四、与上位法冲突的税务规范性文件

法律经过全国人民代表大会或者全国人民代表大会常务委员会审议并表决通过,体现的是人民的意志。为维护法律的权威,下位法不能与上位法相突,否则无效。因此,税务规范性文件与法规相冲突的,应当无效。但是,此种情况在实践中并不罕见。

以个人转让股权为例,部分税务机关会依据国家税务总局公告2014年第67号《股权转让所得个人所得税管理办法(试行)》(已被修改)第20条的规定,要求纳税人在股权转让协议签订生效的次月15日内按协议约定转让价全额计算缴纳税款,纳税人不能按此要求缴纳税款的,自协议签订日次月的第16日开始计算滞纳金。税务机关一旦执行这个条款,纳税人即有可能与税务机关产生争议,[1]因为该条款与《个人所得税法》第12条相冲突。这个冲突体现在三个方面:一是《个人所得税法》规定纳税人可以按次或者按月申报缴纳税款,并没有要求纳税人在协议签订生效日的次月15日内申报纳税;二是在有代扣代缴义务人的情况下,《个人所得税法》仅要求代扣代缴义务人按月或者按次代扣代缴个人所得税,并没有要求纳税人自行申报纳税;三是履行代扣代缴义务的前提是股权受让方已向股权转让方支付了股权转让款,假如合同约定分期付款,或者受让方未依约履行付款义务,协议生效的次月15日内自然无款可扣,也无税可代缴。

再比如,财政部、国家税务总局《关于出口货物劳务增值税和消费税政策的通知》(财税〔2012〕39号)(部分失效)第7条第1款第4、第5目规定,出口企业提供虚假备案单证的货物,或者出口企业增值税退(免)税凭证有伪造或内容不实的货物,则不适用增值税退(免)税和免税政策,并视同内销征收增值税。这个规定被质疑与上位法相冲突,根据《增值税暂行条例》第1条的规定,销售货物、服务、劳务或者不动产才会产生纳税义务。备案单证虚假或者伪造,无外乎两种可能:一种是没有货物出口,凭空伪造出备案单证;另一种是可能有货物出口,但是出口货物与备案单证记载不

---

[1] 参见山东省五莲县人民法院行政判决书,(2018)鲁1121行初40号。

符。假如是前一种情况,视同内销征收增值税则与上位法相冲突,因为没有货物销售,缺乏产生增值税纳税义务的基础。

五、合理性被质疑的税务规范性文件

法律、法规、规章及税务规范性文件都应该以合理性为基础。法规的合理性既包括内容合理,也包括形式合理。内容合理是指所设定的权利义务具有正当性与可行性;形式合理是指在逻辑结构上具有协调性与完备性。[1] 对于合理的税收法规,纳税人更愿意自觉遵守,但是部分税务规范性文件在内容或者形式上欠缺合理性。

以国家税务总局《关于纳税人虚开增值税专用发票征补税款问题的公告》(国家税务总局公告2012年第33号)为例,该公告规定,纳税人虚开增值税专用发票,未就其虚开金额申报并缴纳增值税的,应按照其虚开金额补缴增值税。这里的纳税人是指虚开增值税专用发票的开票方,因为该公告就虚开增值税专用发票的受票方另外作了规定。这个规定的合法性与合理性都面临质疑。

一是与《增值税暂行条例》第1条冲突。该条规定,只有在中国境内销售货物或者加工、修理修配劳务、销售服务、无形资产、不动产以及进口货物的单位和个人,才是增值税纳税义务人。增值税专用发票被认定为虚开的前提是纳税人没有前述销售行为,或者发票记载的内容与实际经营情况不符。让没有销售行为的人缴纳增值税,显然与《增值税暂行条例》第1条相冲突。

二是欠缺可行性。增值税是对货物、劳务、无形资产、不动产等在流通环节的增值额征税,增值税专用发票的开票方没有货物、无形资产、不动产等销售,没有增值额,缺乏履行增值税纳税义务的能力,开票方很难按税务机关要求补税。对于虚开增值税专用发票的开票方,法规对其惩处的重点应该偏重于"虚开"行为,对于虚开行为,金额不大、情节不严重的,可以没收其违法所得,并处50万元以下的罚款,符合虚开增值税专用发票罪立案标准的,应当移送公安机关追究刑事责任。

第二节 税收立法不完善

税收立法应该具有前瞻性、可行性、合理性,调整范围和主要内容明

---

[1] 参见李永根、徐梦秋:《法律规范的合理性》,载《天津社会科学》2009年第2期。

确,能合理地规范纳税人的权利义务与税务机关的权力责任,但个别税法条款还有待完善。

一、税收立法不足

税收法定原则要求税收要素法定和明确,即纳税义务人、征税对象、税基、税率等要素既要由法律规定,又必须是明确的,但我国个别税种法未达到这个标准。以城镇土地使用税为例,《城镇土地使用税暂行条例》第2条规定,在城市、县城、建制镇、工矿区范围内使用土地的单位和个人,为城镇土地使用税的纳税义务人。随着撤乡并镇政策的实施,我国绝大部分乡、民族乡改为建制镇。城镇土地使用税的征税范围包括建制镇管辖区域内的所有土地,还是镇政府所在地的土地? 假如适用于包括农村集体经济组织在内的所有土地,则与"城镇"二字不符。因此,财政部、国家税务总局《关于城镇土地使用税若干具体问题的解释和暂行规定》(〔1988〕国税地字第15号)(部分失效)第2条、第3条规定,建制镇是指经省、自治区、直辖市人民政府批准设立的建制镇,城镇土地使用税在建制镇的征税范围限于镇人民政府所在地。这个条款说明,城镇土地使用税的征税范围不包括建制镇辖区内的农村集体经济组织所有的土地。但是,国家税务总局《关于调整房产税和土地使用税具体征税范围解释规定的通知》(国税发〔1999〕44号)(已修改)将建制镇内具体征税范围的决定权交由省、自治区、直辖市人民政府。自此城镇土地使用税的征税范围不再明确,因为〔1988〕国税地字第15号第2条、第3条未明令作废。部分省级人民政府出台的文件无视《城镇土地使用税暂行条例》第1条关于合理利用城镇土地的立法目的,将建制镇辖区内的农村建设用地纳入征税范围。比如,《江苏省〈中华人民共和国城镇土地使用税暂行条例〉实施办法》(苏政发〔2008〕26号)第4条第3、4款规定,建制镇是指经省人民政府批准设立的城镇,建制镇的范围,依行政区划确定。类似思维的还有辽宁省人民政府,在德某焦化厂案中,德某焦化厂主张其使用的土地位于农村,不属于城镇土地使用税的征税范围,鞍山市税务局某稽查局辩称,根据辽宁省人民政府《关于调整建制镇房产税和城镇土地使用税征税范围的批复》(辽政〔2000〕23号),凡在该省建制镇所辖行政区域内拥有或者使用非农林牧渔的生产经营用土地的单位和个人,都应当缴纳城镇土地使用税。①

---

① 参见辽宁省海城市人民法院行政判决书,(2021)辽0381行初6号。

除个别税种法存在立法不足外,《税收征收管理法》也存在立法不足。以偷税为例,《税收征收管理法》对是否需要以纳税人具有偷税故意作为偷税构成要件没有规定,对如何认定偷税故意也没有规定。在卓某英案中,卓某英主张,其转让股权的个人所得税已部分由股权受让方代扣代缴,且股权受让方书面承诺代其缴纳个人所得税,依据最高人民法院《关于审理偷税抗税刑事案件具体应用法律若干问题的解释》(法释〔2002〕33号)(已失效)第1条第2款规定的"扣缴义务人书面承诺代纳税人支付税款的,应当认定扣缴义务人'已扣、已收税款'"[①]。卓某英这一主张的目的是想说明其主观上没有偷税故意,税务机关不应认定其为偷税。该案审理法院认为,"该《解释》条款为司法机关在办理偷税、抗税刑事案件具体应用法律的指导意见,不适用于税务行政管理行为"[②]。从法释〔2002〕33号适用的范围来看,法院的判决好像没有问题。但是,税务机关执法时完全忽略法释〔2002〕33号的相关规定,则会出现这种情形:同一个不缴或者少缴税行为,税务机关执法时认定纳税人主观上有偷税故意,处以行政罚款。当纳税人因涉嫌逃税罪被移送公安机关后,法院依据司法解释认为纳税人主观上没有逃税故意,不构成犯罪,不追究刑事责任。难道纳税人主观上是否有逃税故意取决于不同的执法、司法机关?这显然是不符合逻辑的。实际情况是国家税务总局曾以国税发〔2002〕146号文通知各级税务机关学习贯彻法释〔2002〕33号司法解释,在上文提到的德某焦化厂案中,德某焦化厂认为自己没有《税收征收管理法》第63条所列的偷税行为,主观上没有偷税故意,法院即以法释〔2002〕33号第2条为依据,认定德某焦化厂已依法办理了税务登记,未按时申报纳税就属于"经税务机关通知申报而拒不申报纳税"的情形。

二、不够合理的税收立法

德国学者马克斯·韦伯认为,"合理性"即合乎"理性"或合乎"事物的本质与规律"。[③] 从这个角度来看,《税收征收管理法》第51条关于纳税人自结算缴纳税款之日起3年内未发现多缴税则税务机关不退税的规定不具有合理性。

[①] 法释〔2002〕33号已于2024年4月作废,《关于办理危害税收征管刑事案件适用法律若干问题的解释》(法释〔2024〕4号)的规定与其类似,"扣缴义务人承诺为纳税人代付税款,在其向纳税人支付税后所得时,应当认定扣缴义务人'已扣、已收税款'"。
[②] 海南省琼海市人民法院行政判决书,(2014)琼海行初字第8号。
[③] 参见汪全胜:《立法的合理性评估》,载《上海行政学院学报》2008年第4期。

首先，纳税人缴纳的税款之所以超过应纳税额，是因为在申报缴纳税款时对一个或者几个税收要素出现认知错误，或者事后交易被解除、撤销，卖方未取得收入，买方未取得财产。这些情形只要出现，税务机关即应当退还纳税人之前已缴纳的税款，因为欠缺任何一个税收要素，税务机关都会丧失征税的基础。因此，关于纳税人自结算缴纳税款之日起超过3年才发现多缴税的，税务机关即应当拒绝退税的规定，显然与税收的固定性相违背，违反税收法定原则，对纳税人极不公平。固定性是税收的本质特征之一，是指税收要素由法律规定，政府只能依法征税。

其次，纳税人3年内未发现多缴税即丧失退税权的规定过于严苛。法律给权利人规定一个行使权利期限，主要目的是督促其及时行使权利，"法律不保护躺在权利上睡觉的人"，以防证据因年久丢失，确保执法机关、司法机关能提取到足够证据。但立法在确定期限时，都规定期限的起算点自权利人知道或者应当知道权利存在之日开始计算。比如《民法典》规定的诉讼时效、撤销权及解除权、追回遗失物的期间，出租人对承租人转租行为提出异议的期间等，以及《行政诉讼法》规定的纳税人直接向人民法院提起诉讼的期限等。

纳税人未能在3年内发现多缴税源于以下几种情形：一是税制复杂，纳税人一时难以发现多缴了税款；二是纳税人缴纳税款后较长一段时间才与交易方发生纠纷，纠纷的最终解决需要一个漫长的时间；三是因为不可抗力无法办理退税手续，比如疫情、地震等。前两种情形下，纳税人可能在3年内不知道自己多缴了税款，申请退税的期限应该自其知道或者应当知道时开始计算，第三种情形应该中止计算期限。但《税收征收管理法》第51条未考虑这些情形，从而在实务中引发许多争议。

比前述更不合理的是《税收征收管理法》第88条规定的清税前置，对纳税人的法律救济权设置了不适当的限制和干预。笔者将在之后章节中对这个条款的不合理进行详细分析。

三、滞后的税收立法

有些交易模式虽然已在市场经济活动中存在，但民法、税法未对其作出特别规定。以让与担保为例，让与担保的债务人或者第三人为了担保债权人债权的实现，在债务履行期限届满前，将担保物的权属（通常是所有权）整体让渡给债权人。让与担保是一种常见的债权担保方式，但《民法典》没有对其作出规定。可当事人一旦产生纠纷并诉诸法院，法院不能以《民法典》及其他民事法规没有相关规定而拒绝审判案件。司法实务中,假如让与担保合同约定,债务人到期未能履行债务,担保物即归债权人所有,法院就会根据《民法典》第401条、第428条的规定判决该约定无效,债权人不能直接享有担保物的所有权,即担保物即使登记在债权人名下,债权人也不能就担保物享有所有权,债权人只能在债务人未能及时清偿债务时从担保物拍卖、变卖的价款中优先受偿。

让与担保涉及税收时,税务机关会认定担保物所有权人为债权人(让与担保权人)。一旦作为担保物的不动产被拍卖或变卖,税务机关就会向债权人征收所得税、增值税、土地增值税等,理由是该不动产登记在债权人名下,即使纳税人以"物权变更登记仅为担保债权实现,非系财产转让行为"为由抗辩,在税法没有专门就让与担保作出特别规定的情况下,税务机关也不会考虑让与担保的实际情况而免除债权人的纳税义务。

四、与其他部门法存在冲突的税法规定

由于税法的专业性强,税收立法者不一定精通所有的部门法,加之各部门法之间的立法目的、所要遵循的基本原则不一样,且随着政治、经济、社会、文化的发展变化,法律也在不断修改完善之中,有的法规已经完善了,有的还滞后于社会的发展,从而导致税收法规与其他部门法之间存在一定的冲突。

(一)税法与民法的规定不尽一致

税收机关征税需要基于民法对民事法律关系的认定,在民事行为的性质、交易金额的大小、财产归属等民事法律关系被《民法典》及其他民事法律规范作出明确认定的基础上,才能作出是否应该征税、向谁征税、应该征多少税、什么时候征税等判断,也就是说,民法是税法的基础,民事法律关系是确定税收法律关系的前提。但是,民法与税法的完善程度不一样,基本原则、立法目的等均存在差异,导致实务中经常产生争议。

物权法以公示公信为原则,只有办理产权登记,才能发生不动产物权变动的效果。税法以及时足额征税、方便征管为宗旨,在不动产物权变更登记前即要求纳税人缴纳增值税、土地增值税、契税等。

物权法定是物权法的另一个基本原则,即物权种类法定和物权内容法定。《营业税改征增值税试点实施办法》的附件《销售服务、无形资产、不动产注释》第3条规定的建筑物有限产权、建筑物永久使用权与物权法定原则相冲突,因为《民法典》物权编中没有规定这两种物权。物权法定原则也不允许将一种物权类型解释成另外一种物权,建筑物上能设定的他物权(有限物权)只有抵押权,抵押权不能单独转让;与建筑物永久使用权类似的只有居住权,居住权属于人役权,是特定人使用他人建筑物用来居住的权利,依法不能转让。有人认为房地产开发商对高层住宅的地下人防工程享有永久使用权,房地产开发商作为地下人防工程的投资者在和平时期确实有使用人防工程的权利。笔者认为,《民法典》没有就地下人防工程设定一个永久使用权,不能违反物权法定原则给地下人防工程解释出一个永久使用权。

在宁某诉南京市某税务分局案中,魏某与金地公司签订房屋买卖合同,办理了预告登记,随后该房屋因魏某欠银行债务而被拍卖,由宁某以220万元竞拍成功。南京市某税务分局要求魏某缴纳增值税10万余元,该税款依据《拍卖成交确认书》的约定由竞拍者宁某承担,①理由如下:通过预告登记,魏某与孙某已取得涉案房屋的有限产权或者永久使用权,房屋已从魏某名下转移到了宁某名下,宁某应该根据《销售服务、无形资产、不动产注释》第3条的规定缴纳增值税。宁某认为,魏某并未取得涉案房屋的所有权,其取得的仅是要求金地公司依约交付房屋的债权请求权。宁某从魏某处取得的也只是债权。预告登记不是产权过户登记,其登记的作用仅为防止金地公司一房多卖或者未经房屋购买方同意而在该房屋上设立抵押权。也就是说,预告登记的作用只是更好地保障购房者债权的实现。《销售服务、无形资产、不动产注释》为《营业税改征增值税试点实施办法》的附件,不是法律,不能创设物权种类,不能以转让《民法典》未规定的永久使用权、有限产权为由征收增值税。

(二)《税收征收管理法》与《行政强制法》的规定存在冲突之处

为保障国家税收、规范税收征管行为、保护纳税人的合法权益,《税收征收管理法》针对纳税人不履行纳税义务、不履行税务行政决定等违法行为,赋予税务机关实施税收保全、行政强制执行或者申请人民法院强制执行的权力。《行政强制法》主要规范行政强制措施与行政强制执行。税务机关是行政机关,税收征管属于行政执法,因此,税务机关在执法时也应当受《行政强制法》的约束。但是,《税收征收管理法》与《行政强制法》存在一些冲突。

以争议较多的滞纳金为例,2012年1月1日起施行的《行政强制法》与《税收征收管理法》对它的规范有四处不同。一是对滞纳金是否封顶的规定不一样。《行政强制法》第45条规定,滞纳金的数额不得超出金钱给付义务的数额;《税收征收管理法》第32条规定,滞纳金按日以万分之五的

---

① 参见江苏省高级人民法院行政裁定书,(2020)苏行申425号。

比例加收,相当于每年加收的滞纳金为未缴税款的18.25%,不到6年就会超过滞纳税款,没有"滞纳金的数额不得超出金钱给付义务的数额"的规定。二是救济途径不一样。《税收征收管理法》第88条规定,纳税人只有缴纳滞纳金与税款后,才能提起行政复议,对行政复议不服的,才能提起行政诉讼;《行政强制法》第12条规定,滞纳金是行政强制执行方式,当事人对加收滞纳金不服的,可以依据《行政强制法》第8条的规定提起行政复议,也可以提起行政诉讼,没有先缴纳滞纳金的要求。三是滞纳金的起算时间不一样。根据《税收征收管理法》第32条的规定,滞纳金的起算日期是滞纳税款之日;根据《行政强制法》第45条的规定,滞纳金是向逾期不履行行政机关作出的金钱给付义务决定的行政相对人收取,即滞纳金的起算日期为行政机关指定的履行期限届满的次日。四是能否分期支付及减免不一样。《行政强制法》第42条规定,行政机关有权与当事人达成分阶段履行协议,也可以减免滞纳金;《税收征收管理法》及其实施细则没有相关规定。税收滞纳金应该适用哪部法律,是按新法优先于旧法原则适用《行政强制法》,还是按特别法优先于普通法原则适用《税收征收管理法》？十余年过去了,至今未有定论,导致实务中有的适用《行政强制法》,[①]有的适用《税收征收管理法》。

(三)税法与个别司法解释的规定存在一些冲突

2016年最高人民法院《关于人民法院网络司法拍卖若干问题的规定》第6条第3项规定,人民法院在网络司法拍卖中应当确定税费负担。因为这个规定,纳税人与税务机关发生许多争议。之所以发生争议,源于以下三个方面的原因:首先,这个规定违反了税收法定原则。谁是纳税义务人应当由法律规定,法院无权指定税费负担者。其次,这个规定违反了公平原则。法定纳税人所承担的纳税义务,与其获得的收入、享有的财富是成正比的。网络司法拍卖中,法院往往指定竞买者承担所有税费,竞买者在拍卖过程中非但没有取得收入,反而支付了大笔资金,再要求其承担卖方应该承担的纳税义务,显然不公平。最后,这个规定不明确,人民法院应该确定拍卖环节的税费由竞买方负担,还是包括拍卖物上的欠税也由竞买方负担？假如人民法院为了确保拍卖物所有权顺利过户,将不能办理过户的风险都推到竞买方,显然超出了正常人所能承受的范围。

[①] 参见河北省石家庄市中级人民法院行政判决书,(2020)冀01行终476号。某业公司1997年11月申报了11月1~30日的增值税共计240余万元,多次承诺缴纳而未缴,最终被列入呆账税金。2020年1月,南甸税务分局要求某业公司缴纳滞纳金共计1400余万元。一审法院依据《行政强制法》认为,滞纳金计算明显不当,应予纠正,二审法院维持原判。

根据《关于人民法院网络司法拍卖若干问题的规定》第30条规定，只有当法律对纳税义务人及应纳税额没有规定或者规定不明确时，人民法院才需要确定税费的承担主体及数额。这个规定存在以下两个问题：首先，违反税收法定原则，纳税主体、应纳税额应当由法律规定，在法律没有明确规定的情况下，交易双方即没有纳税义务，法院无权因此指定纳税主体，也无权确定交易双方的应纳税额；其次，与该规定第6条相冲突。就目前的税收立法来讲，并不存在税法对纳税主体规定不明确、应纳税额不明确的情形，因而无须要求人民法院"应当"确定税费负担。

《关于人民法院网络司法拍卖若干问题的规定》第6条与税收法定原则、税收公平原则相冲突，导致司法拍卖的税负问题引发争议，加之法院在裁判这类案件时误判、同案不同判等现象时有发生，使纳税人与税务机关产生更多纠纷。[1]

第三节 税收执法不规范

为了贯彻落实中共中央办公厅、国务院办公厅《关于进一步深化税收征管改革的意见》，完善税务稽查执法制度、优化税收执法方式、促进税务机关依法行政，国家税务总局于2021年制定了《税务稽查案件办理程序规定》，修改了《重大税务案件审理办法》，出台了《重大税收违法失信主体信息公布管理办法》。这些法规的出台，对于规范税务机关的执法行为有一定的积极作用，但未能杜绝税收执法不规范现象，税务机关的不规范执法行为主要表现在如下几个方面。

一、缺乏合法依据

税收法治及税收法定原则都要求税务机关依法进行税收征管，但实务中仍然存在征管依据不合法现象。

（一）个别税务人员将国家税务总局的个案批复、领导讲话、内部操作指引等作为税收征管依据

个案批复是指税务机关针对特定税务行政相对人的特定事项如何适用税收法律、法规、规章或规范性文件所作的批复。由于批复针对个案作出，因此不具有普遍适用性。《税收个案批复工作规程（试行）》第4条规

---

[1] 参见廖仕梅：《关于不动产司法拍卖"纳税义务人"认定争议的分析》，载《税务研究》2020年第10期。

定,税收个案拟明确的事项需要普遍适用的,应当按照《税收规范性文件制定管理办法》制定税收规范性文件。但是部分税务人员在执法过程中更喜欢适用批复,比如,2023年1月4日有人咨询,个人取得的彩票供销业务所得,如何计征个人所得税？工作人员在国家税务总局官网上回复,"根据《国家税务总局关于个人所得税若干政策问题的批复》(国税函〔2002〕629号)第3条规定:个人因从事彩票代销业务而取得所有,应按照'个体工商户的生产、经营所得'项目计征个人所得税"①。从这个回复就能看出税务人员对批复的"偏爱",因为个人从事彩票代销服务属于《个人所得税法实施条例》第6条第1款第5项第2目规定的有偿服务。

为了指导税务人员工作,国家税务总局及地方税务局制定了大量工作指引,这些指引有利于税务人员快速掌握工作流程、统一执法行为,但是,不利于税务人员根据具体案件分析问题、灵活执法,而且有小部分指引缺乏法律依据。在大力提倡税收法治的背景下,依据指引作出的执法行为容易引发纳税人质疑。

在某利物资案中,某利物资已于2018年3月9日注销,营口市税务局某稽查局发现其涉嫌虚开发票,要求其提供账本核实情况。某利物资的经营者陆某凯在递交材料时询问稽查局局长张某冶,稽查某利物资的法律依据是什么,张某冶说是内部文件,不能给其查看。这些对话都被陆某凯录音。② 内部文件不能成为征管依据,稽查局局长声称依据内部文件执法,自然会引发纳税人对其执法合法性的质疑。

(二)适用法律错误

错误适用法律主要源于三个原因:一是对法律事实认定错误,比如把买卖关系认定为承包关系,把出租认定为出卖;二是对法律理解错误,不能联系上下条文、立法目的等对法条进行解释,断章取义;三是所适用的法律与所认定的事实之间不匹配。

在昆山市张浦镇某精密模具厂税务处理决定书(某税二稽处〔2023〕73号)中,③模具厂的上游企业所在地的税务机关向模具厂所在地的税务局发送《已证实虚开通知单》,某第二稽查局认定无证据证明模具厂虚开增值税专用发票或取得第三方开具的专用发票,理由是未发现资金回

---

① 参见《个人取得的彩票代销业务所得,如何计征个人所得税？》,载税务总局官网2023年1月4日,http://www.chinatax.gov.cn/chinatax/n810356/n3255681/c5183493/content.html。
② 参见辽宁省营口市中级人民法院行政判决书,(2018)辽08行终266号。
③ 参见《国家税务总局苏州市税务局第二稽查局关于送达〈税务处理决定书〉的公告》,载江苏省税务局官网,https://jiangsu.chinatax.gov.cn/art/2023/5/17/art_9363_421905.html。

流,且无法联系到实际经营负责人及法定代表人,在注册地址未找到该企业。可紧接着即根据《增值税暂行条例》第9条及国家税务总局《关于纳税人虚开增值税专用发票征补税款问题的公告》(国家税务总局公告2012年第33号),认定模具厂少缴增值税18万余元,依法应予追缴。然后又根据《税收征收管理法》第52条的规定,认定模具厂存在以上少缴纳增值税及附加税费等问题已经超过5年,本次检查不再追缴上述税款。该处理决定书存在以下几个方面的问题。

首先,认定模具厂取得的发票不属于虚开的证据存疑。从行政法的角度来判定是否虚开,无须考虑纳税人是否有骗抵增值税的目的,也无须考虑是否对增值税造成损失,根据《发票管理办法》第22条的规定,只要开具的发票与实际经营业务情况不符,即为虚开。没有资金回流、联系不上经营负责人及法定代表人、找不到纳税人的实际经营地址并不是否定虚开的法定理由。

其次,某第二稽查局自认为没有证据证明模具厂虚开或取得第三方开具的专用发票,却以虚开为由拒绝认可模具厂的进项税抵扣。属于事实认定与适用法律不匹配。

最后,适用法律错误。无论模具厂的涉案发票是否虚开,都不应该以《税收征收管理法》第52条作为不再追缴税款的依据。第52条有3款,第1款适用于税务机关的过错导致纳税人未缴或者少缴税款情形,第2款适用于因纳税人计算错误等失误而未缴或者少缴税款情形,第3款适用于纳税人偷税、骗税、抗税情形。未缴或者少缴税款超过5年不再追缴的规定适用于第二种情形,而从处理决定书来看,无法得出模具厂存在计算错误等失误的结论。

有税务人员私下跟笔者交流,认为这个处理决定书没有问题,实务中大部分案件都是这样处理的,依据是国家税务总局《关于未申报税款追缴期限问题的批复》(国税函〔2009〕326号),这种理解也是有待商榷的。首先,前文已释明,答复针对的是个案,不能作为通用的税收征管依据;其次,模具厂已将案涉发票抵扣了进项税,不属于《税收征收管理法》第64条第2款规定的纳税人不进行纳税申报造成不缴或少缴应纳税款的情形。

(三)法律依据不足,存在没有可供适用的法律依据的情形

比如信某亿公司案中,大连市某税务局以信某亿公司涉嫌虚开增值税专用发票为由将案件移送公安机关后,在法院未作出最终审判前,对信某亿公司案的同一事实以偷税为由进行了行政处罚,一审、二审及再审法院认为,根据中共中央办公厅、国务院办公厅《关于加强行政执法与刑事司法

衔接工作的意见》(中办发〔2011〕8号)的相关规定,大连市某税务局在将案件移送公安机关之前未作行政处罚的,移送公安机关后,法院未作出有效审判结果之前,原则上不应该对信某亿公司进行处罚,因此裁定大连市某税务局的行政处罚缺乏法律依据。①

二、对法定程序重视不够

正当程序原则是程序法的基本原则,也是税务机关依法征管的基本要求。税收征管行为不仅应当实体合法,同时应当做到程序合法。② 程序不合法会在一定程度上影响实体的合法性,因此,违反法定程序的,人民法院有权判决撤销或者部分撤销,并可以判决被告重新作出行政行为。以税务行政处罚为例,假如税务机关在作出行政处罚之前未在法定时间内告知纳税人享有处罚听证的权利,或者未书面告知处罚听证的时间、地址,则作出的处罚决定将有可能被撤销。但是,部分税务人员在税收征管过程中仍然存在违反程序法的行为。

在第某极公司诉南昌某税务局行政强制一案中,南昌某税务局认为第某极公司纳税申报有误,于2019年1月18日向第某极公司发出税务事项通知书,要求其更正2018年12月的消费税申报表。同日,南昌某税务局冻结了第某极公司的三个银行账户共计800多万元。南昌某税务局在冻结银行账户之前,没有证据证明第某极公司存在《税收征收管理法》第38条规定的明显转移、隐匿应纳税商品、货物以及其他财产或者应纳税收入的迹象;税务事项告知书告知复议机关为"南昌市国家税务局",而"南昌市国家税务局"是不存在的主体;告知"收到本通知之日起3个月内向人民法院起诉",根据《行政诉讼法》的规定,起诉期限应该是6个月。③

在某泰公司诉宁波市某稽查局案中,某泰公司与某鑫公司于2010年10月签订2份《委托代理出口协议》,同时又分别签订119份《工矿产品购销合同》。多份《工矿产品购销合同》中均约定"仅供商检",2份《委托代理出口协议》也约定"所有甲方和乙方签订的货物购销合同仅供商检用"。从合同履行、发票、资金流等可以确定,某泰公司与某鑫公司之间是委托代理关系。但是,某泰公司以与某鑫公司之间为买卖关系申请出口退税。宁波市某稽查局认为某泰公司与某鑫公司既签订代理合同又签订购货合同,其外贸出口是"真代理、假销售"的违规操作,依据国家税务总局、商务

---

① 参见辽宁省高级人民法院行政裁定书,(2020)辽行申490号。
② 参见胡建淼:《如何理解和避免程序违法?》,载《学习时报》2021年12月1日,第3版。
③ 参见南昌铁路运输法院行政判决书,(2019)赣7101行初405号。

部《关于进一步规范外贸出口经营秩序切实加强出口货物退(免)税管理的通知》(国税发〔2006〕24号)第2条第3项的规定作出甬国税稽三处〔2014〕5号税务处理决定书,要求某泰公司退还出口退税款2500余万元。①

宁波市某稽查局在一审、再审中均被判败诉,原因均为程序违法。一是该税务处理决定书于2014年2月21日作出,时隔9个月后才于2014年11月28日采取留置送达的方式向某泰公司送达;二是该案涉及金额2500余万元,对纳税人某泰公司影响重大,未保障其在决定作出过程中的程序参与、陈述申辩的权利;三是宁波市某稽查局在一审庭审结束后另提交几份拟证明其已保障某泰公司陈述权的证据,但因未在行政复议和一审庭审时提交,未被法院采信。

三、对法规理解错误

税务人员执法时对法条有一个理解过程,需要结合条款文义、上下文、立法目的以及其他部门法的相关规定等方面进行全面、综合理解,比如,表述法律规范的语言可以从多方面理解,代表立法者原意的是哪种?成文法具有滞后性,会出现旧法律与新问题的矛盾,如何处理这些矛盾?等等。但部分税务人员缺乏系统学习法学、税收学知识的经历,对法规的了解不全面,很多争议源于税务人员对法规的理解不到位。

比如,在某合伙人申请税务局公开合伙企业增值税申报缴纳情况一案中,某税务局认为其中涉及第三方经营信息,属于第三方的商业秘密,根据《国家税务总局机关政府信息公开工作规程(试行)》第10条决定不予公开。② 税务局的这个决定存在对法律与事实的错误理解。

首先,合伙企业相对于合伙人来讲并非第三方。从民法角度来看,合伙企业不是法人,不能独立承担民事责任,其所欠债务由合伙人承担无限连带责任。从行政法角度来看,一旦合伙企业在个别合伙人的操控下有虚开增值税专用发票等税收违法行为,税务机关要求其补税、缴纳滞纳金或者对其进行处罚,合伙人都是行政责任的实际承担者。合伙企业一旦因虚开增值税专用发票等被追究刑事责任,即有可能被列入联合惩戒名单,导致无法继续经营。即使某合伙人未被追究刑事责任,其投资也无法收回,而且还有可能需要用个人财产补缴税款,缴纳滞纳金、罚款或者罚金。

---

① 参见浙江省高级人民法院行政判决书:(2020)浙行再6号。
② 参见北京市第二中级人民法院行政判决书,(2016)京02行终822号。

因此，无论从哪个角度来看，合伙企业相对于合伙人来讲都不是第三方。

其次，合伙企业的纳税情况相对于合伙人来讲也不属于商业秘密。合伙人依法有权了解合伙企业的经营和财务状况，有权查阅合伙企业会计账簿等财务资料。个别合伙事务执行人无理拒绝合伙人行使此项权利的，并不能成为税务机关拒绝信息公开的理由。

四、法治意识不足

税法被戏称为"碎法"，即税收法规的内容过于琐碎。税务人员掌握琐碎的税收法规不容易，执行这些法规更需要细心与耐心，稍有不慎，即会出现失误。因此，纳税人在纳税过程中或者税务人员在税收征管过程中偶尔出点小错误，情有可原。但个别执法人员法治意识不足，对依法征管缺乏足够认识，作出的处理处罚决定存在漏洞，超出纳税人忍受范围的，则可能引发争议。

以某星公司案为例，处罚决定书将"自收到本决定书之日起六个月内依法向人民法院起诉"误写为"自收到本决定书之日起三个月内依法向人民法院起诉"，①在违法事实部分将2008年公布的《增值税暂行条例》的国务院令"第538号"误引为"第134号"，将《消费税暂行条例》的国务院令"第539号"误引为"第135号"。认定某星公司应补缴2013年增值税、消费税的金额共计2160余万元，诉讼中途又自行核定，认为某星公司少缴税款共计1580余万元，最后二审法院判决，纳税人实际少缴税款为800余万元。② 一份处罚决定书，出现如此多处错误，显然是工作态度不认真造成的。

从德某御公司案亦能看出这种问题。某税务局作出2018年2号税务事项通知书，通知德某御公司于某年某月某日到该局办理备案手续，随后又作出4号税务事项通知书，通知德某御公司对2017年的企业所得税年度申报进行更正。德某御公司对这两份税务事项通知书申请行政复议，复议决定书认定，2号税务事项通知书的送达日期晚于该局对德某御公司所要求的最后备案日期，4号税务事项通知书的送达日期晚于该局对德某御公司所要求的更正申报日期，违反法定程序，故予以撤销。于是，该税务局作出6号税务事项通知书，责令德某御公司缴纳税款3100余万元。半年后，该税务局发现6号税务事项通知书有错误，故作出11号税务事项通知

---

① 在某龙公司案中，某宝区税务局告知某龙公司也是"3个月起诉期限"。参见辽宁省高级人民法院行政判决书，(2020)辽行再12号。
② 参见贵州省安顺市中级人民法院行政判决书，(2017)黔04行终27号。

书,通知德某御公司作废2号、4号、6号税务事项通知书。①

某省税务局第一稽查局(以下简称海稽一局)在某托公司案中也存在一些不当之处:②一是2012年2号税务事项通知书的作出及送达日期都晚于要求某托公司清缴税款的最后日期;二是查封行为早于作出税收保全措施决定书之日;三是税务事项通知书所告知的执法依据是2001年《税收征收管理法》第40条,查封"八里银海"项目时的法律依据是2001年《税收征收管理法》第38条;四是海稽一局没有证据证明某托公司存在2001年《税收征收管理法》第38条规定的需要采取税收保全的情形;五是2012年2号税务处理决定书已被2013年1号变更税务处理决定书变更,基于2012年2号税务处理决定书作出的查封行为已失去了基础,应该解封;六是稽查人员机械执行《纳税担保试行办法》第17条第5项,该条规定已被依法查封的财产不能作为纳税担保,是为了防止财产被查封单位执行、国家税款不能及时足额入库。而用"八里银海"项目担保2013年1号变更税务处理决定书所涉及的税款,并不会影响海稽一局对某托公司的强制执行,因查封和接受担保的是同一个单位,所针对的是同一笔税款和滞纳金。

一份文书多处出错,或者多份文书反复出错,能反映出个别税务工作人员工作态度不认真,在执法中经常出错,从而与纳税人发生争议。

第四节　纳税人对税法的遵从度不高

一、缺乏税法遵从意愿

遵从税法意味着将赚到的钱拿出一部分无偿交给国家。对于这种无直接对价的付出,部分纳税人会产生抗拒心理,主要源于四个因素。

---

① 参见内蒙古自治区高级人民法院行政判决书,(2019)内行终429号。
② 参见某省高级人民法院行政判决书,(2013)琼行终字第209号;最高人民法院行政裁定书,(2015)行监字第2029号。基本案情:海稽一局作出2012年13号税务处理决定书,要求某托公司补缴税款、滞纳金共计9200余万元。后于2012年9月17日作出2012年2号税务事项通知书,要求某托公司于2012年9月8日前缴清税款,否则将按照《税收征收管理法》第40条规定采取强制执行措施。海稽一局送达税务事项通知书的日期是同年9月19日。同年10月16日,海稽一局作出税收保全措施决定书,决定从同年10月15日起查封某托公司的不动产"八里银海"项目。经听证,海稽一局作出2013年1号变更税务处理决定书,对2012年2号税务处理决定书中有关企业所得税部分内容进行了变更。2013年3月21日,某托公司提交纳税担保申请,以"八里银海"项目提供纳税担保。海稽一局予以拒绝,理由是"八里银海"项目已在2012年10月16日被海稽一局查封。根据《纳税担保试行办法》第17条第5款的规定,依法被查封的财产不得抵押。

(一)缺乏纳税意识

在民事法律关系中,当事人的权利义务是一致的,一方履行了义务,就能从另一方取得相对应的权利。税务行政法律关系则不同,税收具有无偿性,纳税人缴纳了税款,并不能直接从国家或者税务机关取得相应的对价,也不会因此受到社会更多的赞誉和认可,且一旦发生少缴税款的情形,办案机关惩处纳税人时不会念及其曾经做过的税收贡献。税收的无偿性、社会道德激励的缺失导致部分纳税人对税收产生抗拒心理,通过各种非法手段逃避缴纳税款。有些人非但不依法纳税,而且通过虚开增值税专用发票骗取出口退税、骗取留抵退税。

税收是国家治理的基础和支柱,国家的安全、社会的安定、经济的发展都离不开税收,依法纳税是每个公民应尽的义务。这些理念目前还未深入人心,对于税收违法行为缺乏道德谴责及舆论监督,依法纳税者未能从社会评价中获得自豪感与满足感。

(二)个别税收法规存在不足

税收公平可以从横向公平与纵向公平两个角度进行理解。横向公平,是指经济能力或纳税能力相同的人应当缴纳数额相同的税款;纵向公平,是指对高收入者应多征税,因为随着可支配收入的提高,"税痛感"会相应下降,钱的边际效用随之降低。[1]

《个人所得税法》实行综合与分类税制,将工资薪金、劳务报酬、特许权使用费、稿酬所得按综合所得项目征税,使领取工资薪金的科研人员、技术精英等群体的个人所得税税率较2018年《个人所得税法》修改前大幅度上升,最高税率可以达到45%,因综合所得实行代扣代缴制度,几乎没有任何避税和逃税的空间,导致实际税负较高。而真正的高收入者如企业投资人、炒房者等群体的收入按分类所得计税,财产(股权、房产)转让所得的个人所得税税率仅有20%,实际税负较小。此外,境外个人从中国投资企业分得股息红利的,免缴个人所得税。

(三)纳税人税收负担较重

"十三五"规划期间,我国出台了一系列减税降费政策,增值税税率由原来的四档减至三档,17%的税率降至13%,13%、11%的税率合并为一档且降至9%,6%的税率保持不变;小规模纳税人月销售额低于10万元的,免增值税;小型微利企业在2021年1月至2022年12月实际所得税税

---

[1] See Richard A. Westin, Beverly Moran & Herwig Schlunk, *Basic Federal Income Taxation of Individuals*, Vandeplas Publishing, 2013, p.23-24.

率降至2.5%等。这些税收优惠政策大大降低了纳税人的税负,"十三五"规划期间,共计减税降费7.6万亿元(其中减税4.6万亿元),2021年减税降费1.1万亿元,2022年减税降费及退税缓税缓费超过4.2亿元,①2023年减税降费及退税缓费2.2万余亿元。② 即使如此,部分纳税人仍然感觉不堪重负,原因有以下几方面:

首先,名义税率下降而实际征收率上升。虽然增值税税率下降了,免税、留抵退税等税收优惠措施切实推进,但部分纳税人并没有感受到税负下降,反而认为税负日益加重。究其原因,是之前税务机关没有大力打击骗逃税收行为,部分企业通过隐瞒收入、虚开增值税专用发票抵扣进项和抵减成本等方式,少缴甚至不缴税。2018年8月以来,国家税务总局、公安部、最高人民检察院、海关总署、国家外汇管理局和中国人民银行联手打击"假企业""假出口""假申报"行为,截至2021年年底,查处涉嫌虚开骗税企业47万余户,③2022年税务稽查部门共查处违法纳税人12.83万户,④对税收违规企业造成一定的威慑作用。加上金税三期、金税四期强大的信息共享与核查功能,倒逼原来通过违法手段不纳税、少纳税的企业规范纳税行为、依法纳税,从而感受到税收重负。

其次,普惠性税收减免政策未惠及大中型企业。减税降费主要惠及的是小规模纳税人和小型微利企业。小规模纳税人是指年应税销售额小于500万元,并且会计核算不健全,不能按规定报送有关资料的增值税纳税人。只有小规模纳税人才能享受增值税普惠性税收优惠,小型微利企业才能享受普惠性企业所得税优惠。小型微利企业的衡量标准是动态的,⑤目前是指从事国家非限制和禁止行业,且同时符合年度应纳税所得额不超过300万元、从业人数不超过300人、资产总额不超过5000万元三个条件的企业。只要有一项不符合,即不属于小型微利企业。

---

① 参见《2022年我国送出超4.2万亿元税费政策"红包"》,载新华网,https://m.gmw.cn/baijia/2023-01/31/1303268680.html。
② 参见《2023年全国新增减税降费及退税缓费超2万亿元》,载国家税务总局官网2024年1月29日,https://www.chinatax.gov.cn/chinatax/n810219/n810780/c5220986/content.html。
③ 《国家税务总局2021年法治政府建设情况报告》,载国家税务总局官网2022年3月30日,https://www.chinatax.gov.cn/chinatax/n810214/c102374/c102386/c5192090/content.html。
④ 《国家税务总局:2022年全国税务稽查部门依法查处违法纳税人12.83万户》,载环球网2023年4月6日,https://baijiahao.baidu.com/s?id=1762410367437365269&wfr=spider&for=pc。
⑤ 不同时期,小型微利企业的认定条件不一样。对小型微利企业设定条件的法规和文件包括:《企业所得税法实施条例》第92条,财政部、国家税务总局《关于扩大小型微利企业所得税优惠政策范围的通知》(财税〔2017〕43号)(已失效),《关于进一步扩大小型微利企业所得税优惠政策范围的通知》(财税〔2018〕77号)(已失效)。

因小规模纳税人月销售额小于10万元的免征增值税,超过10万元的减按1%征税,故大中型企业(增值税一般纳税人)从小规模纳税人处取得的发票要么没有进项税额,要么只有1%的进项税额。大中型企业取得的进项税额越小,其应缴纳的增值税越多。也就是说,大中型企业非但不能享受普惠性税收优惠政策,反而会加重负担。

最后,税会差异增加了纳税人的税收负担。决定纳税人应纳税额的不是纳税人在生产经营中取得的利润,而是应纳税所得额。应纳税所得额往往大于纳税人实际取得的利润,因为企业实际发生的工会经费、教育经费、福利费、利息费用、捐赠等都在计算应纳税所得额时受税法规定的比例的限制,不能全部据实扣除。以企业的业务招待费为例,与生产经营活动无关的不能扣除,与生产经营有关的只能按照实际发生额的60%扣除,但是最高不能超过当年销售(营业)收入的5‰。又比如律师是一个需长期、全面学习的职业,但只有参与律协组织的培训支出才能在税前据实扣除,其他学习支出只能按工资收入的2.5%扣除。从这些例子可以看出,有的支出虽真实存在且合法,却不被税法所认可。这种情况下,纳税人即需要承担超出其预期甚至是能力范围的税负。纳税人对于超出其承受能力的税收,往往会选择虚增支出、通过私人账户收款以隐瞒收入等方式实现少缴税款的目的。

(四)税法遵从成本较高

纳税遵从成本包括纳税申报及保管相关纳税凭证的时间成本、学习及讨论税务合规计划的时间成本、支付给第三方如会计、律师或者软件提供者的资金成本等。①

为进一步深化"放管服"改革、优化营商环境,国家税务总局联合其他12个部门发布《关于推进纳税缴费便利化改革优化税收营商环境若干措施的通知》(税总发〔2020〕48号),税务行政审批事项减少至1项,出口退税时间压缩至8个工作日内,②财产行为税十税合并申报,增值税、消费税分别与附加税费整合申报等,③这些改革措施降低了纳税人的纳税申报成本。但是,纳税人规范税收行为需要聘请优秀的财务法务等,一般企业难

---

① See Bankman & Joseph, *Who Should Bear Tax Compliance Costs?*, Stanford Law and Economics Olin Working Paper, March 2004, p. 279.
② 参见《中国税收营商环境发展报告(2013~2022)》,载国家税务总局官网2023年11月10日, https://www.chinatax.gov.cn/chinatax/c102462/c5216265/content.html。
③ 参见《国家税务总局2021年法治政府建设情况报告》,载国家税务总局官网2022年3月30日, https://www.chinatax.gov.cn/chinatax/n810214/c102374/c102386/c5192090/content.html。

以承受这笔巨额支出。

规范税收行为等同于严格依法纳税,而通过简单的逃税、虚开发票等违法手段可以暂时不纳税,对于利润率不高、依法纳税即难以持续运营的企业,往往会选择铤而走险,放弃对税法的遵从。

二、税制复杂

纳税人的守法困难部分源自对税法的不了解。截至 2023 年年底,我国税务规范性文件共有 8073 件,浩如烟海且变化频繁,仅 2023 年即制发 390 件、废止 842 件。① 即使是长期从事税务工作的税务人员,也难以对税务性规范文件做到全面掌握。下文的牛某强案即能很好地诠释纳税人的守法困境。

某泰合伙企业从嘉实资本管理公司取得投资收入,拉萨市某税务分局向某泰合伙企业送达《应缴纳税种及申报征收事项核定通知书》,核定应申报缴纳"企业所得税",要求某泰合伙企业使用《中华人民共和国企业所得税月(季)度预缴纳税申报表(A 类)》,并要求对合伙人牛某强等按股息、红利(税率 20%)代扣代缴个人所得税,某泰合伙企业对牛某强代扣代缴个人所得税 2200 余万元。牛某强认为,依据财政部、国家税务总局《关于开放式证券投资基金有关税收问题的通知》(财税〔2002〕128 号)(已失效)和财政部、国家税务总局《关于证券投资基金税收问题的通知》(财税字〔1998〕55 号)(已失效)的规定,其收入可以免征个人所得税,②故向拉萨市某税务分局申请退税。拉萨市某税务分局作出《不予退税的税务事项通知书》(拉税一分税通二〔2018〕701 号),理由是嘉实资本管理公司不是基金管理公司,从嘉实资本管理公司取得的所得,不属于从基金分配中取得的收入。牛某强向拉萨市税务局申请行政复议,拉萨市税务局于 2019 年 5 月 19 日作出行政复议决定(拉税复字〔2019〕1 号),责令某税务分局重新作出处理决定。某税务分局于 2019 年 6 月 7 日作出《税务事项通知书》(拉税一分税通〔2019〕45 号),要求牛某强按经营所得(税率 35%)补

---

① 参见《税务系统 2023 年度政府信息公开工作年度报告》,载国家税务总局官网 2024 年 3 月 29 日,https://www.chinatax.gov.cn/chinatax/n810214/c102384r/c5222125/content.html。
② 牛某强对这两个文件的理解有误。根据这两个文件的规定,牛某强就其从嘉实资本管理公司取得的收入免缴个人所得税需要满足以下两个条件:(1)嘉实资本管理公司是基金公司或者经国务院证券监督管理机构核准的其他机构;(2)上市公司、发行债券的企业和银行在向嘉实资本管理公司支付股息、红利收入,债券利息收入,储蓄存款利息收入时,已代扣代缴个人所得税。但事实情况是,嘉实资本管理公司不是基金管理公司,也不是经证监会批准的公募基金管理人,且牛某强没有上市公司、发行债券的企业和银行代扣代缴个人所得税的证据。

交个人所得税1900余万元,理由是,国家税务总局《关于切实加强高收入者个人所得税征管的通知》(国税发〔2011〕50号)第2条第3款第2项规定,对合伙企业从事股权(票)、期货、基金、债券、外债、贵重金属、资源开采权及其他投资品交易取得的所得,应全部纳入生产经营所得征收个人所得税。牛某强提起行政诉讼,一审法院以牛某强未缴纳1900余万元税款、未申请行政复议为由驳回其起诉,二审法院维持原裁定。牛某强申请再审,其再审申请被驳回。①

该案件中,税务执法行为有三处不当:一是不应该向某泰合伙企业送达《应缴纳税种及申报征收事项核定通知书》,因为某泰合伙企业依法无须缴纳企业所得税;二是不应该让某泰合伙企业代扣、代缴个人所得税,合伙企业实行先分后税制度,应该依法将利润分给合伙人,由合伙人自行申报缴纳个人所得税;三是不应该按经营所得征收个人所得税。嘉实资本管理公司销售理财产品,与某泰合伙企业形成委托代理关系,即嘉实资本管理公司只是代理某泰合伙企业理财。某泰合伙企业的收入为购买嘉实资本管理公司理财产品从被投资方获得的利息、股息、红利,而不是转让理财产品(交易)收入。根据《关于个人独资企业和合伙企业投资者征收个人所得税的规定》(国税函〔2001〕84号)的相关规定,以合伙企业名义对外投资取得的利息、股息或者红利,应单独作为投资者个人取得的利息、股利、红利所得,按"利息、股利、红利所得"应税项目计算缴纳个人所得税。

该案经过拉萨市某税务分局两次作出税务事项通知书、拉萨市税务局行政复议、一审及二审、再审,税务人员、律师和法官都未能正确认定这笔收入的性质,未提及国税函〔2001〕84号文,当事人一直就能否适用免税条款、行政复议是否加重纳税人税负、在行政复议后税务机关重新作出行政行为的情况下能否直接提起行政诉讼等方面进行争论,导致牛某强多缴了1900余万元个人所得税。

三、税收违法成本低

法律对税收违法行为规定了严厉的制裁措施,比如对未缴或者少缴税款的行为,可以处高达5倍的罚款;对虚开增值税专用发票的行为,最高可判处无期徒刑。小额虚开不构成犯罪的行为人,也会被列入失信名单,在

---

① 参见西藏自治区高级人民法院行政裁定书,(2020)藏行终7号;最高人民法院再审审查与审判监督行政裁定书,(2020)最高法行申13193号。

长达两年的时间里被包括税务系统在内的 22 个部门联合惩戒。①

我国共有稽查局 729 个，②由于稽查手段与职能的局限，纳税人被稽查的概率不高，从而导致部分纳税人心存侥幸，网络上大量公开出售发票的信息及部分企业破绽百出的假账即为证明。国家税务总局曾于 2015 年下文要求以随机抽查的方式选择稽查对象，以增加纳税人被稽查的风险，但文件未得到很好落实，未对纳税人造成威慑，难以明显提升纳税人的税法遵从度。

税法遵从成本高、违法成本低，会降低纳税人对税收法律的遵从度。纳税人税法遵从度越低，税务机关与纳税人产生争议的可能性越高；反之，税务机关与纳税人产生争议的可能性则越低。

四、税收违法行为缺乏道德约束

良好税收秩序的形成，既需要完善的法律，也需要良好的道德观念，只有两者相辅相成，才能提升税法的遵从度。

道德通过内心信念、社会舆论来调整人们的行为。在一个将税收违法行为视为不道德的国度里，人们会自觉地遵守税法，一旦纳税行为不符合道德要求，社会舆论将发挥监督作用，从而及时有效地纠正税收违法行为。

---

① 参见《关于对重大税收违法案件当事人实施联合惩戒措施的合作备忘录》，载国家税务总局官网 2015 年 6 月 10 日，http://www.chinatax.gov.cn/n810341/n810765/n1465977/n1465997/c1671320/content.html。
② 参见《国家税务总局 2018 年法治政府建设情况报告》，载国家税务总局官网 2019 年 4 月 26 日，https://www.chinatax.gov.cn/chinatax/n810214/c102374/c102386/c4293638/content.html。

第三章 税务行政争议当事人：税务机关

第一节 拥有广义上的"立法"权

《立法法》第11条第6项规定，税种的设立、税率的确定和税收征收管理等税收基本制度，只能制定法律。我国税收立法权由全国人民代表大会和全国人民代表大会常务委员会行使，国家税务总局作为国务院主管税收工作的直属机构，并没有立法权。但是，国家税务总局有权制定规章，县级以上税务机关有权制定税务规范性文件。

我国税务规范性文件数量庞大，规章与税务规范性文件在税收征管中发挥着重要作用，直接关系到纳税人的权利义务，在税务行政复议与税务行政诉讼中被审理机关作为判案的依据。[1] 从这个角度我们可以认为税务机关拥有广义上的"立法"权。

一、税务行政立法具有必要性

孟德斯鸠认为，"当立法权和行政权集中在同一个人或同一个机关之手，自由便不复存在了"[2]。在孟德斯鸠的故乡法国，经历过全盘否定行政立法权后，自1958年开始限制性地赋予行政机关立法权。[3]

并不是所有的税收制度都需要以法律的形式进行规范。除了税种的设立、税率的确定和税收征收管理等税收基本制度之外，其他税收制度，可以用规章、税务规范性文件进行规范。因此《立法法》赋予国家税务总局

---

[1] 在由上海市黄浦区人民法院行政庭作出的（2015）黄浦行初字第256号判决书中，法院写道："原告在诉讼中请求对国税函（2003）140号文一并进行合法性审查。本院经审查后认为，国家税务总局经行政法规授权，有权对税务局和稽查局的职责作出明确和划分。该被审查的部门规范性文件的作出有上位法依据，文件中规定现阶段各级稽查局职责范围的条文，可作为被告市国税稽查五局作出被诉税务处理决定的职权依据。因此，被告市国税稽查五局具有对税收违法行为进行执法，作出被诉税务行政处理决定的职责。"

[2] ［法］孟德斯鸠：《论法的精神》，张雁深译，商务印书馆2006年版，第103页。

[3] 参见王子晨：《论法国行政立法权的保障机制与多元控制》，载《长春大学学报》2022年第1期。

制定规章的权力,《税务规范性文件制定管理办法》赋予县级以上税务机关制定税务规范性文件的权力。

首先,税务行政立法能克服法律滞后性带来的弊端。法律不能朝令夕改,应该具有一定的稳定性,以维护其严肃性和权威性。《立法法》对法律的修改规定了严格的程序性要求,使其难以轻易启动和实现。以《税收征收管理法》为例,该法制定于1992年,1995年、2001年、2013年、2015年进行了四次小的修改,但仍然存在诸多问题,比如《税收征收管理法》第88条规定的清税前置条件,极大地影响纳税人法律救济权的行使;第63条规定的偷税未能与《刑法》第201条规定的逃税罪很好地衔接;一些规定与《行政强制法》不太一致等,不能满足当下优化营商环境、深入推进"放管服"改革的要求。原国务院法制办公室于2015年向社会公开修订草案征求意见稿,截至2025年,10年过去了,该法仍然未能获得修改。这就需要国家税务总局制定系列税务规范性文件,以紧跟时代步伐、解决现实问题。

为深入贯彻落实中共中央办公厅、国务院办公厅《关于进一步深化税收征管改革的意见》,2021年修改《税务规范性文件制定管理办法》等;2021年修正《重大税务案件审理办法》等;2021年修改《税务稽查案件办理程序规定》等;①2022年制发国家税务总局《关于优化若干税收征管服务事项的通知》等。2019年、2020年、2021年、2022年国家税务总局制定的规章数量分别为6件、0件、4件、0件,税务系统制定的规范性文件数量分别为894件(其中国家税务总局制发51件)、533件(其中国家税务总局制发24件)、421件(其中国家税务总局制发34件)、460件。②

其次,税务行政立法能解决我国地区发展不平衡问题。我国幅员辽阔,东西部地理环境、人文环境差异大,经济发展不平衡。以2023年为例,全国GDP排名第一的广东省为13.56万余亿元,③排名倒数第一的西藏接近0.24万亿元,④两者相差56倍。因此,有些税种不能在全国范围内"一刀切"地适用同一个税收政策,比如预缴土地增值税的具体办法由各

---

① 参见《国家税务总局2021年法治政府建设情况报告》,载国家税务总局官网2022年3月30日,https://www.chinatax.gov.cn/chinatax/n810214/c102374/c102386/c5192090/content.html。
② 参见《税务系统2019~2022年度政府信息公开工作年度报告》,载国家税务总局官网,https://www.chinatax.gov.cn/chinatax/n810214/n810641/n810702///index.html。
③ 参见《2022年广东GDP超12.9万亿元 居民人均可支配收入超4.7万元 同比增长4.6%》,载广东省人民政府官网2023年1月20日,http://www.gd.gov.cn/gdywdt/bmdt/content/post_4084772.html。
④ 参见《2022年西藏自治区国民经济和社会发展统计公报》,载西藏自治区统计局官网2023年4月27日,http://tjj.xizang.gov.cn/xxgk/tjxx/tjgb/202304/t20230427_352840.html。

省、自治区、直辖市地方税务局根据当地情况制定。为鼓励西部经济发展，对设在西部地区的鼓励类产业企业减按15%的税率征收企业所得税。

最后，落实国家政策的需要。税法是贯彻执行国家政策的重要手段之一，国家政策每隔几年就会有一些调整，但不能频繁地修改法律，需要国家税务总局制定规范性文件配合国家政策落实。比如，2018年中央决定在海南省逐步建设自由贸易港，为引进资本、人才、服务等，国家税务总局独自及联合其他部委制定了一系列税收优惠政策。

二、税务机关"立法"权存在的问题

税法是一门具有综合性、技术性的法律。孟德斯鸠说过，没有任何东西比规定人民应缴纳若干财产、应保留若干财产更需要智慧与谨慎了。[①]税务机关不是专注立法工作的机关，"立法"中难免会出现以下两方面问题。

首先，税务行政"立法"权限模糊。税务机关应当在"立法"权限范围内制定规章和税务规范性文件，但这个权力界限是不明确的，因为《立法法》对于"税收基本制度"的内涵没有明确界定。《立法法》虽然规定税率、税收征管只能制定法律，但该法实施之后，我国增值税、企业所得税等税率的修改仍然以规范性文件的形式确定，国家税务总局制定修改了一系列有关税收征收管理方面的规范性文件，这些税务规范性文件的制定和修改虽然有利于保护纳税人的权益、规范税务机关的执法行为，但并不完全符合《立法法》的要求。

其次，存在转授权等不规范行为。授权立法在税收立法中是普遍现象，比如现有的《增值税暂行条例》《土地增值税暂行条例》《消费税暂行条例》等都源于1984年《关于授权国务院改革工商税制发布有关税收条例草案试行的决定》（已失效），以及1985年《关于授权国务院在经济体制改革和对外开放方面可以制定暂行的规定或者条例的决定》。《立法法》第11条第6项、第12条也规定，对于税种的设立、税率的确定和税收征收管理等税收基本制度尚未制定法律的，全国人民代表大会及其常务委员会有权作出决定，授权国务院根据实际需要，对其中的部分事项先制定行政法规。

《立法法》第15条第2款规定，被授权机关不得将被授予的权力转授给其他机关，国务院的税收立法权来自全国人大及其常务委员会的授权，国务院不应该将税收立法权再转授权其他机关，但转授权行为在税法

---

① 参见[法]孟德斯鸠：《论法的精神》，张雁深译，商务印书馆2006年版，第139页。

领域比较常见。比如,《税收征收管理法实施细则》中,国务院在第6条、第7条、第9条、第10条、第11条、第12条、第28条、第38条、第45条、第48条、第51条、第69条、第74条、第76条、第85条、第87条、第89条、第107条、第101条共19处对国家税务总局进行了转授权。再比如,《企业所得税法实施条例》中,国务院在第6条、第26条、第61条、第80条、第84条、第88条、第93条、第101条、第119条、第125条共10处对国家税务主管部门进行了转授权。在《土地增值税暂行条例》中,国务院将解释权授予财政部,财政部再将普通标准住宅与其他住宅的具体划分权限转授权各省、自治区、直辖市人民政府。

三、对税务机关"立法"权的监管不力

纳税人认为税务机关的立法权限不明确、存在转授权和再转授权现象,制定的规章、税务规范性文件存在超越法定权限或者增加纳税人义务或者减损纳税人权益、与上位法冲突、缺乏合理性等问题时,不能提起诉讼,只能在行政复议、行政诉讼时,就税务机关执法所依据的规范性文件附带提出合法性审查。

目前,我国主要是依据税务规范性文件治税。《税务系统2022年度政府信息公开工作年度报告》显示,我国现行有效的税务规范性文件共有8481件,还将有很长一段时间处于依税务规范性文件治税的状态。税务机关是税务规范性文件的制定者,在行政复议中又是裁判员,为最大限度地保护纳税人的权益、规范税务机关的立法权与约束税务机关的执法权,我国对税务规范性文件设置了三种审查方式,分别为法院附带审查、人大备案审查以及政府自身审查,但这三种审查方式发挥的作用有限。

(一)法院对税务规范性文件的附带合法性审查非常谨慎

纳税人认为税务机关作出行政行为所依据的规范性文件不合法,在对行政行为提起行政诉讼时,可以一并请求对该规范性文件进行审查。笔者在中国裁判文书网以当事人为"税务局"、案件类型为"行政案件"进行检索,共检索出14787份被告为税务机关的税务行政裁判书,再以"《行政诉讼法》第五十三条"为关键词进一步检索,共检索到44份税务行政裁判书。也就是说,提到合法性审查的税务行政裁判文书仅占全部税务行政裁判文书的0.32%,在这44份判决书中,有5份对纳税人提出的合法性审查请求

不予回应,①在有回应的 39 份中,没有一个合法性审查请求得到支持。②不被支持的理由主要有以下几方面:一是法院认为原告要求合法性审查的税收规范性文件不是本案行政行为的依据(14 份);③二是起诉/上诉不成立,驳回起诉/上诉,附带审查请求也一并被驳回(5 份);④三是原告申请审查的是规章,不属于税务规范性文件合法性审查范围(8 份);⑤四是被审查的税务规范性文件合法(6 份);⑥五是重复起诉不予受理(3 份);⑦六

---

① 参见江苏省苏州市姑苏区人民法院行政判决书,(2018)苏 0508 行初 76 号;湖北省武汉市汉江区人民法院行政判决书,(2020)鄂 0103 行初 10 号;江苏省苏州市姑苏区人民法院行政判决书,(2018)苏 0508 行初 52 号;海南省三亚市城郊区人民法院行政裁定书,(2018)琼 0271 行初 11 号;福建省漳州市芗城区人民法院行政判决书,(2016)闽 0602 行初 4 号。

② 虽然(2019)苏 05 行终 291 号行政裁定书以一审法院未对原告提出的合法性审查请求进行审理为由撤销了一审判决,但(2020)苏 05 行终 271 号行政判决书判定税务执法所依据的规范性文件合法。虽然(2019)苏 05 行终 209 号行政裁定书以一审法院未对原告提出的合法性审查请求进行审理为由撤销了一审判决,但(2019)苏 0508 行初 262 号行政判决书判定税务执法所依据的规范性文件合法;(2018)琼 02 行终 152 号行政裁定书以一审法院未对原告提出的合法性审查请求进行审理为由撤销了一审判决,但未找到其他相关裁判文书。

③ 参见浙江省高级人民法院行政判决书,(2020)浙行再 44 号;湖北省武汉市中级人民法院行政判决书,(2021)鄂 01 行终 148 号;南昌铁路运输中级法院行政判决书,(2020)赣 71 行终 189 号;长沙铁路运输法院行政判决书,(2020)湘 8601 行初 452 号;长沙铁路运输法院行政判决书,(2020)湘 8601 行初 453 号;福建省莆田市中级人民法院行政裁定书,(2020)闽 03 行终 42 号;江苏省徐州市中级人民法院行政判决书,(2019)苏 03 行终 585 号;徐州铁路运输法院行政判决书,(2019)苏 8601 行初 60 号;北京市第二中级人民法院行政判决书,(2018)京 02 行终 799 号;福建省厦门市中级人民法院行政判决书,(2017)闽 02 行终 123 号;湖北省武汉市江汉区人民法院行政裁定书,(2020)鄂 0103 行初 89 号;湖北省武汉市江汉区人民法院行政裁定书,(2020)鄂 0103 行初 10 号;莆田市城厢区人民法院行政裁定书,(2019)闽 0302 行初 133 号;福建省福州市鼓楼区人民法院行政判决书,(2015)鼓行初字第 35 号。

④ 参见西藏自治区高级人民法院行政裁定书,(2020)藏行终 6 号;西藏自治区高级人民法院行政裁定书,(2020)藏行终 7 号;西藏自治区高级人民法院行政裁定书,(2020)藏行终 8 号;江苏省常州市中级人民法院行政裁定书,(2018)苏 04 行终 133 号;北京市第三中级人民法院行政裁定书,(2015)三中行终字第 00538 号。

⑤ 参见江西省高级人民法院行政裁定书,(2019)赣行申 291 号;拉萨市中级人民法院行政裁定书,(2020)藏 01 行初 1 号;拉萨市中级人民法院行政裁定书,(2020)藏 01 行初 2 号;拉萨市中级人民法院行政裁定书,(2020)藏 01 行初 3 号;河南省焦作市中级人民法院行政裁定书,(2016)豫 08 行终 121 号;贵州省遵义市播区人民法院行政裁定书,(2018)黔 0321 行初 421 号;南昌铁路运输法院行政裁定书,(2018)赣 7101 行初 1261 号;杭州铁路运输法院行政判决书,(2016)浙 8601 行初 225 号。

⑥ 参见江苏省常州市中级人民法院行政判决书,(2020)苏 05 行终 2721 号;苏州市姑苏区人民法院行政判决书,(2019)苏 0508 行初 262 号;福建省漳州市中级人民法院行政判决书,(2016)闽 06 行终 89 号;湖北省武汉市中级人民法院行政判决书,(2015)鄂武汉中行终字第 00098 号;重庆市第一中级人民法院行政判决书,(2014)渝一中法行终字第 00311 号;江苏省宜兴市人民法院行政判决书,(2018)苏 0282 行初 53 号。

⑦ 参见贵州省遵义市中级人民法院行政判决书,(2019)黔 03 行终 83 号;江苏省常州市中级人民法院行政裁定书,(2018)苏 04 行终 133 号;江苏省常州市新北区人民法院行政裁定书,(2018)苏 0411 行初 54 号。

是违反程序性规定,比如根据《最高人民法院关于适用〈中华人民共和国行政诉讼法〉的解释》第146条的规定,一审未提出合法性审查,二审时提出不符合程序规定(3份)。①

从这44份判决书中不能得出我国税务规范性文件都合法的结论,因为有些判决理由和结论都有待商榷。如(2018)苏0282行初53号判决书中,纳税人申请审查的是国家税务总局《关于未申报税款追缴期限问题的批复》(国税函〔2009〕326号),批复是针对个案作出的答复,不属于税务规范性文件,不具有普遍约束力,不能作为行政执法的依据,也不能作为法院判案的依据。可法院误将个案批复认定为税务规范性文件,判定"涉税行政行为所依据的行政规范性文件国家税务总局《关于未申报税款追缴期限问题的批复》(国税函〔2009〕326号)合法"。由此可见人民法院对规范性文件附带审查的成效不佳,原因如下:

一是审查附带性文件对基层法官的压力较大。除国家税务总局作为被告时管辖法院为中级人民法院外,地方各级税务机关的管辖法院为基层人民法院。人民法院经审理认为行政行为依据的规范性文件不合法,不作为认定行政行为合法依据的,依法需要在裁判理由中予以阐明,并向制定机关提出处理建议。要求基层法官指出国家税务总局制定的规范性文件不合法、在判决书上阐明理由并提出处理建议,有点勉为其难。合法性审查是对规范性文件进行形式合法审查还是实质合法审查?② 假如是形式合法审查,当上位法不明确时,如何判定下位法是否违反上位法?假如进行实质审查,那行政先例、公共道德等其他渊源所表达的法律准则是什么?基层法院办案法官审判工作量大,很难抽出时间对这些理论进行深入研究。

二是规范性文件合法性审查会增加审理法院的工作压力。人民法院一旦认定规范性文件不合法,就应当依法向规范性文件的制定机关提出处理建议,并在裁判生效后报送上一级人民法院备案。涉及国家税务总局制定的规范性文件,司法建议还应当分别呈报最高人民法院、高级人民法院备案。由于基层法院没有设置研究岗位,基层办案法官对税法领域的了解

---

① 参见海南省第一中级人民法院行政判决书,(2018)琼96行终67号;江苏省南京市中级人民法院行政判决书,(2017)苏01行终1120号;福建省泉州市中级人民法院行政判决书,(2017)闽05行终334号。
② 按照形式合法的概念,合法仅仅是符合法律、法规、规章等制度法所确立的规则。按照实质合法的观点,除了符合法律、法规、规章的规定,还要符合行政法原则、行政先例、公共道德等其他渊源所表达的法律准则。参见何海波:《论行政行为"明显不当"》,载《法学研究》2016年第3期。

有限,没有时间专心研究涉税问题。让基层法院写出处理建议、司法建议并分层上报,实属不堪承受之重负。

三是基层法院及法官缺乏挑战上级机关权威的勇气。绝大部分税务规范性文件由财政部、国家税务总局制定,或者由省级税务机关、省级人民政府制定,这些规范性文件已经在制定机关的上一级行政机关及同级人大常委会备案审查。让级别较低的基层法院指出已经上级行政机关和人大常委会备案审查过的规范性文件不合法,可能性不大。

即使通过诉讼判定税务规范性文件不合法,也只对个案发挥作用。《行政诉讼法》及相关法规对法院作出判决后不提出处理建议的情形未规定需要承担的法律责任,税务规范性文件制定机关对法院提交的司法建议也没有必须予以回应并作相应修改完善的义务。因此,规范性文件的附带合法性审查对税务机关"立法"权的监督作用有限。

(二)政府自行审查具有局限性

政府自行审查包括规范性文件制定机关的自行清理、上级及同级行政机关备案审查,以及行政复议过程中对规范性文件的附带审查。[1]

自行清理包括日常清理和集中清理,国家税务总局每年都会对税务规范性文件进行清理,2021年、2022年废止的税务规范性文件分别有601件、366件,[2]但这种清理不是基于某个规范性文件的合法性审查结果不合格,而是因为颁布新的法律法规而废止旧的规范性文件。

在税务规范性文件的制定过程中,由各级税务机关纳税服务和政策法规部门负责对税务规范性文件进行合法性审查,未经审查的,办公厅(室)不予核稿,制定机关负责人不予签发。省级以下税务机关的税务规范性文件签发后,应当向上一级税务机关报送备案,上一级税务机关必须对报备的税务规范性文件进行审查,即有备必审、有错必纠。省税务机关需要每年向国家税务总局报送上一年度本辖区内税务机关发布的税务规范性文件目录。国家税务总局每季度组织一次,集中审查各省税务局报备的规范性文件。[3] 此外,各级税务机关制定的规范性文件还需要报送同级人民政府审核机构进行审核。

---

[1] 参见宋智敏:《论以人大为主导的行政规范性文件审查体系的建立》,载《法学论坛》2020年第6期。

[2] 参见《税务系统2021年度政府信息公开工作年度报告》,载国家税务总局官网2022年3月30日,https://www.chinatax.gov.cn/chinatax/n810214/n810641/n810702/c5174056/content.html。

[3] 参见《国家税务总局2019~2022年法治政府建设情况报告》,载国家税务总局官网,最后访问日期2024年6月12日,https://www.chinatax.gov.cn/chinatax/n810214/c102384r/index.html?tab=gknb。

上级及同级行政机关备案审查存在以下问题：首先，审查人员能力不足，纳税服务、政策法规部门的工作人员不一定精通法律、深谙法理，同级人民政府审核机构工作人员基本上不懂税法；其次，审查力量不足，国家税务总局每年就各省报送的规范性文件只审查4次，每次审查的规范性文件有上百件，有限的审查人员无法对数量庞大的税务规范性文件作出全面、深入的审查；最后，对于明显不当的规定，没有要求必须删除或者修改，纳税服务及政策法规部门可以提出删除或者修改意见，也可以不提出。

纳税人申请行政复议的，可以申请附带审查行政行为所依据的规范性文件。复议机关对该规范性文件有权处理的，应当在30日内依法处理；无权处理的，应当在7日内按照法定程序转送有权处理的行政机关依法处理。《行政复议法》《税务行政复议规则》都未明确哪些情况属于复议机关有权处理、有权机关是哪个机关。因行政复议决定通常不公开，故无法统计全国范围内行政复议附带合法性审查情况。但从赵冠男博士对H省政府行政复议案件的研究中可以窥一斑而见全豹，H省2014~2019年共审结1527件行政复议案件，申请人提出规范性文件附带审查的为74件，最终无任何规范性文件被实际纠错。①

（三）人大常委会只备案不审查

《法治政府建设实施纲要（2021~2025年）》要求严格落实行政规范性文件备案审查制度。遗憾的是，这些要求未得到全面贯彻落实。

一是缺乏统一的法律法规。到目前为止，全国没有一部法规就规范性文件在各级人大常委会的备案审查方面作出统一规定。《税务规范性文件制定管理办法》没有条款提及向各级人大常委会报备审查，《立法法》《法规、司法解释备案审查工作办法》、人民代表大会常务委员会《关于完善和加强备案审查制度的决定》只适用于法规、规章、司法解释，而不适用于税务规范性文件的备案审查。立法缺失导致备案审查机制不健全，未建立"有件必备"的常态化监督制度，缺乏审查流程、审查标准和督促纠正机制等。②

二是对备案审查工作的重要性、必要性认识不足。为落实《法治政府

---

① 参见赵冠男：《论行政复议的主渠道作用及其实现》，载《广东开放大学学报》2022年第3期。
② 参见《关于规范性文件备案审查工作情况的报告》，载上饶市人大常委会官网，http://www.jxsrrd.gov.cn/2021/0225/6740.shtml；《关于2020年度规范性文件备案审查工作情况的报告》，载安顺人大官网，http://www.asrd.gov.cn/cwhhy/asssjrdcw/dsswchy/202107/t20210702_68894338.html；《贵州省人大常委会法制工作委员会关于2021年度规范性文件备案审查工作情况的报告》，载贵州省人大官网，https://www.gzrd.gov.cn/cwhgb/dssj2022ndeh/202205/t20220505_78129090.html。

建设实施纲要(2015~2020年)》的要求,①各省纷纷制定规范性文件备案审查的相关文件,但是实务中依然存在送报方迟报、漏报现象,有的人大常委会有"政府出台的文件不好去改"的思想顾虑,也缺少集法务、税务、财务等综合性知识于一身的审查工作人员。

三是备案审查对规范性文件的纠错力度不够。备案审查发生在规范性文件生效之后,因此,其不是规范性文件生效的前提条件。即使制作单位不报送备案,也未见处罚措施;在实践中鲜有规范性文件在备案审查中被改变和撤销。②

由此可见,无论是行政复议和行政诉讼的附带合法性审查,还是人大常委会备案审查、税务机关自身审查,都有其不足之处,难以对税务机关的"立法"权进行有力监督,即使税务人员在执法过程中依据的税务规范性文件有不合法及不合理之处,纳税人在税务行政诉讼中也很难通过附带合法性审查维护自身权益。

第二节 拥有准司法权

税务机关的准司法权存在于税务行政复议阶段。税务行政复议是由有复议权的税务机关依法解决税务行政争议的一种纠纷解决方式,有法定的争议解决程序,听证审理时有事实查明、质证、辩论过程,复议机关有权就下级税务机关的行政行为是否合法、适当作出复议决定,因而税务行政复议具有司法行为的性质。③但作出复议决定的税务机关是行政机关,行政复议决定不具有终局性,故税务行政复议只能算一种准司法行为,税务

---

① 《法治政府建设实施纲要(2015~2020年)》要求,加强备案审查制度和能力建设,把所有规范性文件纳入备案审查范围,健全公民、法人和其他组织对规范性文件的建议审查制度,加大备案审查力度,做到有件必备、有错必纠。
② 参见封丽霞:《制度与能力:备案审查制度的困境与出路》,载《政治与法律》2018年第12期。
③ 应松年教授认为,复议机关是在行政争议中居裁决的机关,因而带有司法性,通过解决争议,保护公民权益,监督行政机关依法履行职责,从而维护社会稳定,这是复议不同于一般监督的特点。参见应松年:《对〈行政复议法〉修改的意见》,载《行政法研究》2019年第2期。耿宝建法官认为,行政复议从其产生和主要功能来看,就是解决行政纠纷的活动,这符合司法的实质意义,因而具有司法属性。参见耿宝建:《行政复议法修改的几个基本问题》,载《山东法官培训学院学报》2018年第5期。陈清秀教授认为,由于诉愿程序亦系人民对于原处分表示不服而请求救济之手段,其诉愿决定可谓一种"争讼裁决"性质,诉愿程序系依一定法定程序,经由事实关系之查明,并事先给予当事人及原处分机关对于原处分之合法性及合目的性问题表示意见之机会后,始作成决定,故有认为诉愿程序在性质上为类似法院裁判程序之一种"准司法程序"。参见陈清秀:《税法总论》,台北,元照出版有限公司2004年版,第708页。

行政复议机关享有的是准司法权。①

一、税务机关拥有准司法权

与其他行政复议只是解决行政争议的可选机制不同,纳税人与税务机关因纳税发生争议的,必须先申请行政复议,对行政复议决定不服的,才能提起税务行政诉讼。也就是说,税务行政复议是解决纳税争议不可逾越的争议解决机制,或者说是必选项。

纳税争议,是指纳税人对税务机关确定的纳税主体、征税对象、征税范围、减税、免税及退税、适用税率、计税依据、纳税环节、纳税期限、纳税地点以及税款征收方式等行政行为有异议而发生的争议。

非纳税争议,是指纳税人对税务机关作出的行政许可及行政审批行为、发票管理行为、税收保全措施及强制执行措施、行政处罚行为、不依法履行职责的行为、资格认定行为、不依法确认纳税担保行为、政府信息公开工作中的行政行为、纳税信用等级评定行为等有异议而发生的争议。

非纳税争议并不是纳税人与税务机关之间的主要争议,原因如下:一是有些争议很少发生。为优化营商环境,近年来,税务行政审批事项由87项减少至1项,95%以上的税费优惠事项由备案改备查,②因此,因行政许可、行政审批行为发生的争议已急剧减少;因发票发售、收缴而发生发票管理方面的争议不多,在中国裁判文书网以"发票发售"作为关键词进行检索,2014年至2021年,只查到7份裁判文书。③ 二是大部分非纳税争议基于纳税争议发生。比如行政处罚、税收保全及强制执行措施、不依法确认纳税担保行为。

因纳税人与税务机关的争议主要为纳税争议,又因行政复议是就纳税

---

① 参见应松年:《把行政复议制度建设成为我国解决行政争议的主渠道》,载《法学论坛》2011年第5期;刘莘:《行政复议的定位之争》,载《法学论坛》2011年第5期;岳琨:《论行政复议的机构设置——以准司法化为视角》,载《河南科技学院学报》2014年第7期。

② 《税务行政许可事项清单(2022年版)》只编列了"增值税防伪税控系统最高开票限额审批"1项税务行政许可事项。另参见王军:《在新时代新征程上奋力推进税收现代化》,载国家税务总局官网2022年5月16日,http://www.chinatax.gov.cn/chinatax/n810219/n810744/c101763/c101788/c5175483/content.html。

③ 参见湖北省汉江市中级人民法院行政判决书,(2014)鄂汉江中行终字第00015号;湖北省高级人民法院行政裁定书,(2015)鄂行申字第00041号;江苏省高级人民法院行政裁定书,(2016)苏行申1566号;湖北省高级人民法院行政裁定书,(2018)鄂行申206号;四川省苍溪县人民法院行政判决书,(2018)川0824行初22号;南昌铁路运输法院行政裁定书,(2019)赣7101行初866号;北京市东城区人民法院行政判决书,(2019)京0101行初191号;吉林省吉林市中级人民法院行政判决书,(2020)吉02行终97号;河南省开封市中级人民法院刑事裁定书,(2021)豫02刑终53号。

争议提起行政诉讼的前置条件,税务行政复议就成了解决税务行政争议的主要机制,税务行政复议机关的准司法权也因此而强大。

二、税务机关自己做自己的"法官"

省级及省级以下税务机关实行由国家税务总局与省(区、市)人民政府双重领导的管理体制,但以国家税务总局的管理为主,即从机构、编制、人员、财产、经费到税收业务都由国家税务总局主导。[①] 税务系统的这种垂直领导关系决定了行政复议机关与被申请人之间是一种休戚与共的关系。

首先,上下级税务局之间的业务关系决定了下级税务机关在作出行政行为之前,会向上级税务机关请示,上级税务机关也会主动指导下级税务机关办案。因此,税务处理处罚决定虽然以下一级税务机关的名义作出,但往往是上一级税务机关的决定。这种情况下寄希望于通过行政复议的方式让上级税务机关撤销或者变更下级税务机关作出的行政行为,可能性不大。

其次,上下级税务机关的工作人员相互熟悉。上级税务机关会派税务人员到下级税务机关锻炼或者指导工作甚至直接参与办案。下级税务机关的税务人员到上级税务机关学习或者被借调到上级税务机关工作,或者参加共同的学习班等。这种频繁的工作交流加深了上下级税务人员之间的了解,增进了友谊,也导致上级税务机关在复议案件时很难作出对下级税务机关不利的决定,因为下级税务机关的行政行为被撤销、被改变的,具体办案人员可能被责令作出书面检查、通报批评、责令待岗、取消执法资格等。在注重人情关系的熟人社会里,即使下级税务机关执法有错误,上级税务机关也不忍心看到熟悉的办案人员因此承担不利后果。

最后,税务所、税务分局、稽查局是税务局的组成部分。税务所、税务分局、稽查局完全处于税务局的领导、控制之下。根据《税务稽查案件办理程序规定》的相关条文,稽查局局长的回避,由税务局局长依法审查决定,稽查局在稽查过程中调取纳税人的账簿、记账凭证、报表和其他有关资料,查询纳税人存款账户,采取税收强制措施,延长查封、扣押、冻结时间,案情复杂需要延期作出处理处罚决定,涉嫌犯罪需要移送司法机关,强制执行等,都由税务局局长批准。可以说,税务局局长的批准权几乎渗透在税务稽查的全过程,稽查局全程在税务局局长的领导下办案。稽查局在

[①] 参见《关于国务院机构改革方案的说明》,载中央人民政府官网,http://www.gov.cn/guowuyuan/2018-03/14/content_5273856.htm。

税务局局长的指导下作出处理处罚决定,税务局局长再以复议机关的名义审理稽查局的办案行为,这种情况下让税务局认定稽查局作出的处理处罚决定有错,就是让税务局局长公开且书面承认自己有错。

早在罗马法时代人们就认识到,"任何人都不得做自己案件的法官"①,英国大法官丹宁认为,公正的两条主要原则之一是"任何人不得在涉及自己的案件中担任法官"②。由上级税务机关作为复议机关审查下级税务机关作出的行政行为是否合法,以及由税务局对其所属税务所、税务分局、稽查局的行政行为进行复议审查,相当于自己做自己案件的法官。

裁判者必须中立,不能与案件有利益关系,否则很难保持公正立场。尽管《税务行政复议规则》将保护纳税人合法权益作为制定该规则的目的,但税务机关在行政复议时很难做到为维护纳税人利益而牺牲自己利益,也难以通过行政复议发挥监督下级税务机关依法行使职责的作用。

第三节 拥有行政强制权

税务机关作为行政机关,享有行政强制权。《行政强制法》第2条第1款规定,行政强制包括行政强制措施和行政强制执行。在《税收征收管理法》中,行政强制措施主要对应的是税收保全,行政强制执行主要对应的是划拨存款以及扣押、查封、依法拍卖或者变卖商品、货物或者其他财产。由此可知,税务行政强制措施,是指税务机关在税收征管过程中,为防止纳税人转移、隐匿财产以少缴纳税款,依法对纳税人的财物实施暂时性控制的行为。税务行政强制措施的种类包括:查封财物、扣押财物、冻结存款。税收行政强制执行,是指纳税人未在规定期限内缴纳税款、滞纳金,也未提供相应担保,税务机关依法强制纳税人或者税务机关申请人民法院依法强制纳税人履行纳税义务的行为。税务强制执行措施包括:加处罚款或者滞纳金,划拨存款,扣押、查封、拍卖或者变卖财物。

税务行政强制权不同于一般行政强制权,具体表现在以下几个方面:

一、税务行政强制权大于一般行政强制权

首先,税收保全与税收强制执行的费用都由纳税人承担,一般行政强制措施和行政强制执行的费用由行政机关承担。其次,税务机关对从事生

---

① 陈瑞华:《无偏私的裁判者——回避与变更管辖制度的反思性考察》,载张江莉主编:《北大法律评论》第6卷第1辑,法律出版社2005年版。

② [英]丹宁勋爵:《法律的训诫》,刘庸安等译,法律出版社2000年版,第72页。

产、经营的纳税人采取税收保全的期限可以长达6个月,重大案件还可以报请税务总局批准延长。一般行政机关冻结存款、汇款的时间不能超过30日,情况复杂的,经批准延长的期限也不得超过30日。最后,对于中止执行的,无论中止多久,纳税人情况如何,税务机关都有权恢复执行;根据《行政强制法》的规定,对无明显社会危害,当事人确无能力履行,中止执行满3年未恢复执行的,行政机关不再执行。

二、未明确催告程序为税务行政强制执行的前提

一般情况下,行政机关对行政相对人实施加处罚款或者滞纳金的,首先要超过30日,然后经过催告程序,行政相对人再不履行的,行政机关才可以强制执行。而《税收征收管理法》没有"30日"的规定,也没有要求税务机关履行催告程序。刘剑文教授认为,《税收征收管理法》相对于《行政强制法》来讲是特别法,特别法优先于一般法,因此,税务机关强制执行时无须催告。[1] 这个观点未完全被法院接受,有的法院认为税务机关在行使强制执行权之前,应当对纳税人进行催告。[2]

三、有权申请人民法院强制执行

纳税人对税务行政处罚决定逾期不行使法律救济权的,作出处罚决定的税务机关可以直接强制执行,也可以申请人民法院强制执行。税收的无偿性使纳税人对税收有一种天然的抗拒心理,法律赋予税务机关行政强制权,而且强于一般行政强制权,是为了保证税收及时足额入库。基于税务行政强制权对纳税人产生的威慑力,使征税效率得以大幅度提高。

第四节 拥有自由裁量权

行政裁量权是指行政机关依法行使行政处罚、行政许可、行政强制、行政征收、行政给付等职权时,根据法律、法规和规章的规定,依据立法目的和公平合理原则,自主作出决定和选择行为方式、种类和幅度的权力。由于税收执法专业性强、内容复杂、取证困难等,立法赋予执法主体一定的自由裁量权有利于提高执法效率,也有利于加大打击税收违法行为的力度。但是,税收自由裁量权有时会侵犯纳税人的合法权益。

---

[1] 参见刘剑文、侯卓:《论〈行政强制法〉在税收征管中的适用》,载《税务研究》2012年第4期。
[2] 参见辽宁省昌图县人民法院行政判决书,(2017)辽1224行初6号。

一、核定征收中的自由裁量权

核定征收是查账征收的补充形式,指在纳税人未依法如实申报纳税,或者财务账簿不完整的情况下,税务机关根据间接证据依法推定出应纳税所得额的方法。税务机关核定征收的依据有法律,也有规范性文件,其中引发争议最多的是《税收征收管理法》第 35 条第 1 款第 6 项。下面以某聚源公司案为例,希望能以点带面诠释税务机关在核定征收中的自由裁量权。

2009 年至 2012 年,某聚源公司将"香港城"房地产项目出售给公司法定代表人袁某华之子袁 A、袁 B,苏州市某稽查局认为交易价格低于张家港市价格认定中心认定的市场平均单价,也低于同期各时段张家港全市商业用房平均销售单价的 70%,属于计税价格明显偏低且无正当理由。故按照某聚源公司商品房买卖合同签订时张家港市其他纳税人最近时期发生同类应税行为的平均价格核定,决定追缴某聚源公司少缴的税费及滞纳金共计 480 余万元。某聚源公司不服,提请行政复议,复议决定维持苏州某稽查局作出的处理决定书。

苏州某稽查局选取的参考价为张家港市房产管理中心 2006 年至 2012 年该市(包括锦丰镇、杨舍镇、乐余镇、市区二环内等片区)其他纳税人同期销售同类房产的交易数据,计算得出每半年的市场交易平均价格,以计算均价作为核定某聚源公司应纳税额的依据。比对后发现,某聚源公司销售案涉房屋的成交价低于参考价 70% 以下。参照最高人民法院《关于适用〈中华人民共和国合同法〉若干问题的解释(二)》(已失效)第 19 条的规定,得出该案计税依据明显偏低的结论。[①] 税务机关在确定"计税依据明显偏低"上的自由裁量权表现在以下几个方面:

(一)核定方法的选择上有自由裁量权

税务机关依法有权采用任一合理方法核定应纳税额,即税务机关可以采用某聚源公司最近时期发生的同类应税行为的平均价格或者最低价格核定,可以采用其他纳税人最近时期发生同类应税行为的平均价格或者最低价格核定,可以按营业收入或者成本加合理费用和利润的方法核定,也可以采用评估价格,但凡税务机关认为合理的核定方法,都可以采用。《营业税暂行条例实施细则》(已失效)第 20 条第 1 款将"按纳税人最近时期发生同类应税行为的平均价格核定"排在第一位,某聚源公司涉案交易都

---

① 参见江苏省苏州市中级人民法院行政判决书,(2018)苏 05 行终 384 号。

是按对外发布的广告价格进行的,销售利润率也符合江苏省相关规定,也就是说,涉案交易价格是某聚源公司的市场价格,但苏州税稽局没有采用。

(二)确定"最近时期"的自由裁量权

《营业税暂行条例实施细则》第 20 条列举的核定方法中,"最近时期"是一个使用频率比较高的词汇,但对于"最近时期"发生的同类应税行为,是指纳税人多年以前发生但距离本次交易最近的应税行为,还是指其他纳税人距离被核定行为最近时期发生的应税行为?"最近"的衡量标准究竟是多近?立法没有明确,税务机关具有相当大的自由裁量权。

(三)选择参照物的自由裁量权

法律对于税务机关在选择同行业其他纳税人的交易价格作为对比价时,到底选择多少家同行业企业、选取多少个交易价格用来计算参考价、这些同行企业所处的地理位置距被核定交易标的物应该有多远等问题,都没有规定。苏州某稽查局以半年内纳税人没有同期同类销售价格为由,选择一个市场平均价格作为参照物,但是,这个市场价格怎么计算出来的,原始数据是什么?苏州某稽查局以具体数据包含众多纳税交易主体的房产坐落、具体户室及售价等信息,需要保密为由拒绝出示。小区建设的规模、所处地理位置、房屋的质量及性质、建筑结构、朝向等都会影响交易价格。即使在同一小区,朝向、楼层、户型结构、大小不同,其价格也会有很大差别。

(四)启动核定征收程序的自由裁量权

法律没有规定纳税人的交易价格低于参考价的幅度或者具体数额是多少属于"明显偏低",也没有规定价格低到什么程度税务机关可以启动核定征收程序。因此,税务机关对于认定计税依据是否明显偏低以及是否启动核定征收程序有极大的自由裁量权。

税务机关若随意以计税价格明显偏低为由对纳税人进行核定征收,则会破坏民商法确定的意思自治原则。意思自治原则是指各个民事主体根据其意志自主形成法律关系的原则,[1]在中国称之为自愿原则,规定在《民法典》第 5 条。该原则主要体现为契约自由,这意味着当事人在法律没有禁止的前提下有决定是否缔结合同、与谁缔结合同、决定合同内容、缔结合同方式等的自由。

决定合同内容的自由包括当事人有决定交易价格的自由。当事人有权根据商品的成本、市场需求、竞争、国家政策等决定交易价格,个别商品的交易价格既可能高于市场价格,也可能低于市场价格,但不会等于该类

---

[1] 参见[德]迪特尔·梅迪库斯:《德国民法总论》,邵建东译,法律出版社 2000 年版,第 142 页。

商品的市场价格,因为"市场价格为商品一般出卖的实际价格"①,即为一类商品在一定地区、一定时期内的平均价格。

意思自治是民法的核心和灵魂,②是促进市场经济活跃、产生财富的原动力。市场经济主体是自己利益价值的判断者和利益最大化的追求者,在法律规定的范围内有能力也有权利对交易价格作出合理判断和决定,法律应该对市场主体依据意思自治原则作出的民事行为予以支持和鼓励。所以,并不是对于所有计税依据明显偏低的交易,都要进行核定征收,只有在"无正当理由"且计税依据明显偏低的情况下税务机关才能进行核定征收。

(五)认定"无正当理由"时的自由裁量权

"无正当理由"原本是对税务机关随意利用"计税依据明显偏低"进行核定征收的一个约束。但是,法律对于什么是"正当理由"、什么是"无正当理由"没有作出规定,给税务机关的执法行为留下自由裁量的空间。

上文案例中,某聚源公司认为,其将房屋卖给袁 A、袁 B,是由于其要完成外资合作方每年度 600 万澳元签约额指标,交易价格是正常市场价格,且有正当理由。一审法院认为,"因签约指标及商业广告发布等事项均属于民事主体自主交易范畴,纳税义务人是否按其发布的广告价格进行销售对税务稽查部门关于计税依据的审理并无实质影响,交易行为发生的合理性亦不能等同于该交易价格的合理性,故某聚源公司的上述理由,不予采纳"。法院以某聚源公司交易行为的合理性不等同于价格的合理性为由,支持税务机关的核定征收,让笔者很难想象什么理由才能被认定为"正当理由"。

在法律对"正当理由"没有明确的情况下,可以借助普通人的思维进行判断。可即使是大众认可的正当理由,税务机关也不一定认可。在周某威诉江苏省税务局一案中,周某威将房子以 72 万元卖给其亲姐姐周某娟,淮安市税务局办理过户的登记人员要求按评估系统生成的评估价格 98.3 万元征税,周某威不同意,但在久等负责人到场处理而等不到的情况下,现场工作人员告知周某威,在《存量房交易计税价格核定明细单(确认书)》上签字后,即可提起价格异议。周某威听从建议在该确认书上签字,并按评估价格缴纳了税款,继而向江苏省税务局提请行政复议,理由是此房交易发生在亲姐弟之间,不同于一般交易,存在赞助因素,请求按 72

---

① [英]亚当·斯密:《国富论》,孙善春、李春长译,华夏出版社 2015 年版,第 353 页。
② 参见赵万一:《对民法意思自治原则的伦理分析》,载《河南省政法管理干部学院学报》2003 年第 5 期。

万元的成交价计税。复议机关维持原行政行为。复议机关及一审、二审法院都认为复议决定程序合法,并无不当。①

只要有证据证明赠与合同双方是亲姐弟关系的,对房屋的赠送方与受赠方都应免征个人所得税,对赠送方免征增值税,即税收法规认可姐弟之间的亲属关系不同于一般市场交易关系,低于市场价格并不是为了逃避缴纳税款,而是因为亲情关系的存在。

二、行政处罚中的自由裁量权

税务机关依法有权对纳税人的违法行为进行处罚,2020年、2021年、2022年、2023年的行政处罚分别为2179278件、4213649件、4304698件、3862355件,总体呈上升趋势。② 税务机关实施行政处罚必须遵循公平公正、合理原则,即实施行政处罚必须以事实为依据,与违法行为的事实、性质、情节以及社会危害程度相当。假如纳税人有证据足以证明其没有主观过错,则不予行政处罚。《税务行政处罚裁量权行使规则》对税务机关在行使行政处罚权时应当遵守的原则作了进一步解释,并就行政处罚裁量基准制定、行政处罚裁量规则适用等方面进行了规制,但对限制税务机关行政处罚自由裁量权的作用不大。

(一)立法不可能规范所有的细枝末节

在违法事实、性质一定的情况下,情节及社会危害程度的评判权在税务机关。什么情节属于恶劣?什么情节是轻微?社会危害程度中的"社会"是指国家税收,还是税收征管秩序?"危害"是指对国家税收造成的损失,还是指对税收征管秩序造成的扰乱?危害程度大、中、小的衡量标准是什么?对纳税人主观上有过错的行为可以作出处罚,但过错的程度是否要考虑?根据《刑法》的规定,过错有故意和过失之分,故意有直接故意和间接故意之分,过失有疏忽大意的过失和过于自信的过失。处罚时是否要考虑不同的主观态度?诸如此类问题法律并未明确,因此,税务机关即有了自由裁量的空间。比如有的税务机关认为纳税人少缴或者不缴税款是因为疏忽大意,主观上并没有逃避缴纳税款的故意,所以不予行政处罚,而有的税务机关则完全不考虑纳税人的主观态度,只要不缴或者少缴税款,即对纳税人作出处罚。

---

① 参见江苏省淮安市中级人民法院行政判决书,(2019)苏08行终122号。
② 数据源自《税务系统2019~2023年度政府信息公开工作年度报告》,载国家税务总局官网,最后访问日期2024年6月12日,https://www.chinatax.gov.cn/chinatax/n810214/n810641/n810702///index.html。

(二)行政处罚裁量基准的限制作用不大

由于《行政处罚法》适用于所有的行政执法领域,不同行政部门面对的行政相对人、违法行为以及造成的社会危害后果不一样。为了精准执法,各领域需要制定符合本领域情况的行政处罚裁量基准,故《行政处罚法》授权行政机关有依法制定行政处罚裁量基准的权力,以规范行政处罚自由裁量权。各省税务局根据授权制定了税务行政处罚裁量基准,这些裁量基准对于限制税务机关的自由裁量权有一定的作用,但作用效果有限。

(三)税务机关对是否处罚有一定的决定权

《税收征收管理法》多处提到,税务机关可以对纳税人处以罚款,"可以"即意味着税务机关可以选择是否予以处罚,决定权掌握在税务机关手中;根据《行政处罚法》第33条第1款"初次违法且危害后果轻微并及时改正的,可以不予行政处罚"的规定,国家税务总局于2021年出台了两批"首违不罚"清单,明确了首次违法不予处罚的情形;①对于涉嫌犯罪的税收违法行为,税务机关在将案件移送公安机关之前,有权决定是否在移送前对纳税人进行处罚。

三、案件移送中的自由裁量权

对于涉嫌犯罪的税收违法案件,税务机关应当依法将案件移送公安机关。由于立法不完善,税务机关在案件移送中有下列裁量权。

(一)某些情况下有权决定是否移送

有些案件是否涉嫌犯罪的解释和决定权在税务机关。以逃税为例,公安机关不能主动介入逃税案件,而应由税务机关移送。逃税案件同时满足以下两个条件的,税务机关应当移送公安机关:(1)纳税人采取欺骗、隐瞒手段进行虚假纳税申报或者不申报,逃税数额10万元以上且占各税种应纳税额10%以上;(2)经税务机关依法下达追缴通知书后,仍存在未补缴应纳税款、未缴纳滞纳金或者未接受行政处罚的情形,或者在5年内因逃避缴纳税款受过刑事处罚或者被税务机关给予二次以上行政处罚。"5年"时间对纳税人的逃税行为是否应被追究刑事责任起关键作用,但由于"5年"时间的起算点与截止点不明确,因此税务机关对该时间的计算就有了自由裁量权。

(二)某些情况下有权决定移送时间

根据《刑法》第201条的规定,税务机关未对纳税人下达追缴通知

---

① 《税务行政处罚"首违不罚"事项清单》(国家税务总局公告2021年第6号)、《第二批税务行政处罚"首违不罚"事项清单》(国家税务总局公告2021年第33号)。

的,不能将案件移送公安机关。但是,税务机关应当在什么时候下达追缴通知书?追缴通知书以什么形式下达?下达追缴通知书后多长时间移送公安机关?法律未作出明确规定。《行政执法机关移送涉嫌犯罪案件的规定》第5条第1款要求执法人员核实情况后,提出移送涉嫌犯罪案件的书面报告,交由负责人审批。但对于行政执法人员应当在多长时间内提出移送涉嫌犯罪案件的书面报告未作出规定,因此,税务机关对于涉嫌犯罪的案件在什么时候移送有一定的裁量权。

移送时间的长短直接影响纳税人被追究刑事责任的概率,因为移送时间越长,纳税人履行行政处理决定书、行政处罚决定书的能力越大,越不易受到刑事追究;反之,履行能力越小,越易受到刑事追究。

(三)某些情况下有权决定移送案件涉嫌的罪名

《行政执法机关移送涉嫌犯罪案件的规定》要求行政执法人员将涉嫌犯罪的案件按时移送,但无法要求行政执法人员的移送完全正确。因为行政执法人员不是法官,未经法院依法判决,任何人都不能准确认定涉案人员是否触犯刑法以及触犯刑法的哪一具体内容,因此,有些税务人员即利用这个漏洞,在移送案件时任意适用罪名。以马某东案为例,2015年7月1日,某稽查局以新达通公司董事长马某东涉嫌逃税罪为由向公安厅经侦总队提交《某市国家税务局稽查局涉嫌犯罪案件移送书》。案件移送之前某稽查局既未向马某东送达要求补缴税款、缴纳滞纳金的处理决定和处罚决定书,也没有向其送达催缴通知书。马某东此前从未因逃避缴纳税款受过任何行政处罚和刑事制裁。某稽查局在马某东完全不知情的情况下,将其作为逃税罪嫌疑人移送公安厅。公安厅当日即以涉嫌虚开增值税专用发票罪立案,最终马某东被法院判处骗取出口退税罪。①

四、加处罚款的自由裁量权

有学者认为,加处罚款是一种羁束裁量行为,而不是自由裁量行为,②理由是其基数确定、比例确定,按日以未缴罚款的3%计算,且最高额不能超过未缴纳罚款。因此,行政机关并无自由裁量的余地。③ 实则不然,根据《行政处罚法》第72条的规定,纳税人逾期不缴纳罚款,税务机关可以对

---

① 参见宁夏回族自治区高级人民法院刑事判决书,(2018)宁刑终6号。
② 羁束裁量权,是指在行使过程中,其权限范围、幅度行为方式、数量界限等都由法律、法规明确规定,行政机关只能严格依法裁量、判断的裁量权。
③ 参见胡建淼:《论作为行政执行罚的"加处罚款"——基于〈中华人民共和国行政强制法〉》,载《行政法学研究》2016年第1期。

纳税人每日按罚款数额的3%加处罚款。这个条文用词是"可以",也就是说,是否适用加处罚款,决定权在税务机关。税务机关可以适用,也可以不适用。

第四章 税务行政争议当事人：纳税人

随着我国法律制度不断完善，纳税人的地位不断上升，税务机关的服务意识也不断增强。但是，我国的税务行政复议案件一直徘徊在2000件左右。截至2023年1月，我国市场纳税主体（不包括缴纳个人所得税的自然人）有1.7亿户，①纳税人远超美国、加拿大等资本主义国家，但每年的税务行政复议案件和税务行政诉讼案件数量远低于这些国家。

第一节 无处安放的陈述权与申辩权

英国大法官丹宁勋爵认为，公正的两条主要原则之一为"必须听取另一方的陈述"②。纳税人陈述权是指纳税人在税务行政法律关系中享有的向税务机关表达自己相关见解、认识、判断的权利。③ 纳税人申辩权是指纳税人反驳、否认税务机关作出的行政行为，就税务机关执法行为所依据的法律、事实等进行辩驳的权利。④纳税人对调查的回复不属于行使陈述权和申辩权。在某泰公司案中，被告某稽查局认为其收到了某泰公司关于出口高保真音响连线的情况说明、补充情况说明等材料，即视为其已经听取了某泰公司陈述、申辩的观点，某泰公司已行使了陈述权和申辩权。⑤某稽查局的观点是不正确的，原因如下：

首先，从陈述、申辩的目的来看。纳税人的申辩权在性质上属于抗辩权，纳税人行使抗辩权的目的在于阻却或延缓税务机关的指控或者行政行为的实施，或使其归于消灭。⑥ 纳税人在税务机关进行税务检查、稽查过

---

① 参见鲁元珍：《我国市场主体达1.7亿户》，载中央人民政府官网，https://www.gov.cn/xinwen/2023-02/15/content_5741558.htm。
② [英]丹宁勋爵：《法律的训诫》，刘庸安等译，法律出版社2000年版，第72页。
③ 参见关保英：《行政相对人陈述权的适用范围研究》，载《河南社会科学》2010年第2期。
④ 参见侯宇：《行政处罚申辩权之检视——以〈行政处罚法〉第四十五条为对象》，载《玉林师范学院学报》2021年第3期。
⑤ 参见浙江省高级人民法院行政判决书，(2020)浙行再6号。
⑥ 参见侯宁：《行政处罚申辩权之检视——以〈行政处罚法〉第四十五条为对象》，载《玉林师范学院学报》2021年第3期。

程中所作的答复、情况说明等,是为了更好地帮助税务机关查明事实真相,是对税收执法行为的配合,不属于陈述权和申辩权的行使。

其次,从陈述、申辩所针对的对象来看。申辩权需要抗辩的是税务机关作出的行政行为,或者抗辩行政行为所依据的事实证据、法律依据。在税务检查、稽查过程中税务机关还未确定是否要作出处理决定,是否要采取行政强制措施或者强制执行,也未确定其所采信的证据和所依据的法规,此时纳税人尚无抗辩对象。

最后,从陈述、申辩的效果来看。纳税人为了全面、准确、深入地陈述和申辩,需要税务机关事先告知其享有陈述权、申辩权,税务处理处罚决定,或者所采取的行政强制措施、强制执行措施。税务机关应当采取书面告知方式,并确保纳税人已收到书面告知。假如在简易程序中采用口头告知方式,应当场记录并由纳税人签字。该案中,某稽查局在对某泰公司作出追缴退税款2500余万元的处理决定前,未书面告知其享有陈述权和申辩权,也没有关于口头告知某泰公司的记录及某泰公司认可口头告知的签字。

纳税人的陈述权与申辩权贯穿于税收执法(包括行政处理、行政强制、行政处罚)、行政复议、行政诉讼的全过程。法律赋予纳税人陈述权、申辩权,是为了更好地保障其合法权益,避免税务机关执法错误。立法对于行政处罚过程中纳税人的陈述权、申辩权给予了相对完善的保障。比如税务机关在作出行政处罚决定前必须充分听取纳税人意见,纳税人提出的事实、理由或证据成立的,税务机关应当采纳,不得因纳税人陈述、申辩而给予其更重的处罚。税务机关拒绝听取纳税人陈述、申辩的,不得作出行政处罚决定等。但在税务机关作出行政处理决定和税务事项通知、采取行政强制措施等方面,纳税人的陈述权、申辩权未得到充分保障,具体表现在以下几个方面。

一、陈述权和申辩权的立法缺失

(一)未明确告知纳税人陈述、申辩的时间及形式

听证是正式化程度相对较高的听取意见程序,听取陈述和申辩则是正式化程度较低的听取意见程序。[①] 税务机关在对纳税人进行处罚之前,会以书面形式告知纳税人拟作出的处罚决定、已查明的事实和相关证据、处

---

① 参见宋华琳、郑琛:《行政法上听取陈述和申辩程序的制度建构》,载《地方立法研究》2021年第3期。

罚所依据的具体法规,并告知听证的时间、地点、主持人等。但税务机关在作出行政处理决定、采取行政强制措施前是否应该及以什么形式告知纳税人享有陈述权、申辩权,纳税人应当在收到告知书后多长时间内作出陈述、申辩等问题,法律法规都未作出具体规定。是否事前告知纳税人、事前多久告知纳税人的规定应当明确具体,因为这事关陈述权及申辩权的作用能否充分发挥。给纳税人预留的准备时间越多,越有利于其陈述权及申辩权的实现。

(二)未规范口头形式的陈述和申辩

纳税人的陈述、申辩形式应当包括书面形式和口头形式。对于以口头形式作出的陈述、申辩,税务机关是否应当记录并作出回应呢?《税务行政处罚听证程序实施办法(试行)》要求听证记录员记录全部听证活动;《行政强制法》第36条要求对当事人就催告书提出的事实、理由和证据,应当进行记录;《湖南省行政程序规定》第88条要求行政机关对适用简易程序的事项可以口头告知当事人行政执法决定的事实、依据和理由,并当场听取当事人的陈述与申辩。当事人提出的事实、理由或者证据成立的,行政机关应当采纳,不采纳的应当说明理由。

但《税务行政处罚听证程序实施办法(试行)》只适用于处罚听证,《行政强制法》第36条规定只针对催告书提出的陈述和申辩,《湖南省行政程序规定》不是全国通用的规章。因此,对于纳税人是否可以口头形式对税务机关的处理决定、行政强制措施作出陈述、申辩,税务机关对这些口头形式的陈述、申辩是否应该记录并作出回应,缺乏全国统一适用的法规。

(三)未规定申辩禁止不利变更原则

申辩禁止不利变更原则,是指行政主体不能因当事人的陈述和申辩而对其作出更为不利的行政行为。《行政处罚法》及《山东省行政程序规定》等地方性规章和地方性法规规定了此原则,但《税收征收管理法》《行政强制法》没有作出相关规定,从而导致纳税人对行政处罚之外的执法行为进行陈述、申辩的,不受申辩禁止不利变更原则保护。

(四)未规定陈述权、申辩权的救济途径

《行政强制法》第18条第6项规定,行政机关实施行政强制措施应当听取当事人的陈述和申辩。但实务中,税务机关为了防止纳税人转移财产,不会提前告知其享有陈述权、申辩权。法律法规也没有明确税务机关实施强制措施后,纳税人有权向谁及在什么时间提出陈述、申辩。

税务机关收到纳税人的陈述、申辩后,是否应该终止税收保全或者强制执行,是否应该变更或者撤销已经作出的税收保全或者强制执行决定?

税务机关对纳税人的陈述、申辩不作回应或者明确拒绝的,应该如何处理?诸如此类的问题缺乏法律规定,导致纳税人的陈述权、申辩权在税务行政强制中不能发挥保护纳税人合法权益的作用。

最高人民法院《关于行政诉讼证据若干问题的规定》(法释〔2002〕21号)第60条第2项规定,被告在行政程序中非法剥夺公民、法人或者其他组织依法享有的陈述、申辩或者听证权利所采用的证据,不能作为认定被诉行政行为合法的依据。这一规定对于保障纳税人在行政复议听证程序中要求税务机关举证、充分表达自己的想法有一定的积极作用。但是,立法没有要求行政复议决定必须对纳税人的陈述、申辩作出回应,复议决定对纳税人的陈述、申辩不作回应的,法律未规定复议决定无效,也未规定执法人员需要承担法律责任。

《行政处罚法》第62条规定,行政机关及其执法人员在作出行政处罚决定之前,拒绝听取当事人的陈述、申辩的,不得作出行政处罚决定。这一规定有利于保护纳税人的陈述权、申辩权。但是,何为拒绝?衡量拒绝的标准是什么?比如税务人员无故打断纳税人陈述、申辩,限定陈述、申辩的时间,或者虽尊重纳税人说话的权利,但在处罚决定中不作任何回应,是否算拒绝?诸如此类的问题法律法规都未作出规定。

"法的本质是实际的实行"①,陈述权、申辩权作为一项独立的权利,应该有程序保障和法律救济途径。有观点认为,保障行政相对人陈述权、申辩权是最低限度的程序正义,当行政主体违反听取陈述和申辩程序时,行政相对人可以"违反法定程序"为由向法院提起行政诉讼。② 由于立法对税务机关应当履行的保障纳税人陈述权、申辩权的义务规定得不明确,从而导致纳税人通过诉讼途径维权相对困难。假如纳税人没有证据证明其实体权利受到侵犯,法院即使认定税务机关未保障纳税人的陈述权、申辩权,也不一定撤销税务机关作出的行政行为。

二、附条件的陈述权和申辩权

《全面推进依法行政实施纲要》(国发〔2004〕10号)第20条要求行政机关作出对行政管理相对人、利害关系人不利的行政决定之前,应当告知行政管理相对人、利害关系人,并给予其陈述和申辩的机会。但这个要求

---

① [德]鲁道夫·冯·耶林:《为权利而斗争》,郑永流译,法律出版社2007年版,第25~26页。
② 参见宋华琳、郑琛:《行政法上听取陈述和申辩程序的制度建构》,载《地方立法研究》2021年第3期。

没有上升为法律,既不能作为执法的依据,也不宜作为法院判案的依据。①

为规制行政执法行为,部分省市级人大常委会制定了地方性法规、部分省市级人民政府出台了地方规章,比如《湖南省行政程序规定》第 73 条要求行政机关在作出行政执法决定之前,应当告知当事人、利害关系人享有陈述意见、申辩的权利,并听取其陈述和申辩,予以记录并归入案卷。对当事人、利害关系人提出的事实、理由和证据,行政机关应当进行审查,并采纳其合理的意见;不予采纳的,应当说明理由。《辽宁省行政执法条例》《河南省行政执法条例》也有类似规定,但这些规定在税收征管中几乎没有落实。

《税收征收管理法》第 8 条第 4 款规定,纳税人、扣缴义务人对税务机关所作出的决定,享有陈述权、申辩权。但是,税务机关在作出处理决定书或者税务事项通知书之前,不会告知纳税人享有陈述权和申辩权。纳税人对税务机关作出的处理决定或者税务事项通知书不服的,只能通过行政复议或者行政诉讼行使陈述权、申辩权。当行政诉讼或者行政复议的申请被拒绝受理时,纳税人将无处陈述,也无处申辩。纳税人的复议申请被受理的,若复议机关决定采用书面审理方式,则纳税人的申辩权也会受到影响,因为书面审理不能提供纳税人与税务机关当面质证、抗辩的机会。

第二节 障碍重重的税收法律救济权

为维护正常的税收征管秩序,保护纳税人合法权益,法律赋予纳税人法律救济权,以应对相对强权的税务机关。税收法律救济权是指当纳税人认为其享有的权利受到税务机关侵害时,有提请行政复议、提起行政诉讼的权利。法律救济权是纳税人最基本的权利,没有法律救济权,其他权利将形同虚设。法律救济权至少应该包含两个方面的内容:一是拥有提请行政复议和提起行政诉讼的权利;二是获得公正审理和裁判的权利。但是,纳税人在行使法律救济权的过程中会遇到多重困难。

---

① 在马边嘉能佳能源有限责任公司诉四川省马边彝族自治县国家税务局案中,乐山市市中区人民法院依据《全面推进依法行政实施纲要》(国发〔2004〕10 号)要求的"行政机关作出对行政管理相对人、利害关系人不利的行政决定之前,应当告知行政管理相对人、利害关系人,并给予其陈述和申辩的机会"。判稽查局败诉,理由是稽查局的处理决定明显不利于纳税人,稽查局应当在作出处理决定前,告知纳税人拟作出行政决定的内容,并给予其陈述和申辩的权利。稽查局没有提供证据证明其履行了上述程序,作出的税务处理决定书违反了上述法定程序。参见四川省乐山市市中区人民法院行政判决书,(2018)川 1102 行初 274 号。

一、附条件的行政复议权和行政诉讼权

纳税人同税务机关在纳税上发生争议时,必须先依照税务机关的要求清税,才有权申请行政复议,假如纳税人无力在税务机关指定的时间内清税,则会丧失行政复议权和行政诉讼权。以某托公司案为例,某托公司以其开发的房产项目"八里银海"作为纳税担保,海南省某稽查局以该项目已在银行设置抵押且已被海南省某稽查局查封为由拒绝,某源公司愿意作为某托公司的保证人,以海口市发展和改革委员会向某源公司作出的《关于海口湾岸线景观工程项目结算的告知函》中所载工程结算款作为纳税担保,海南省某稽查局以某源公司不符合纳税保证人条件为由,拒绝受理纳税担保。然后海南省地方税务局以某托公司未能在税务机关指定时间内清税为由拒绝受理其复议申请。[①]

二、易守难攻的自由裁量权

税务机关在行政处罚、行政强制、核定征收等方面拥有自由裁量权。税务机关的行为只要在法律规定的幅度和框架范围内、依照法定程序行使自由裁量权,即为合法。对于合法但纳税人认为不适当的自由裁量行为,纳税人可以要求行政复议机关和法院对其进行合理性审查。

防止和纠正不当的行政行为是《行政复议法》的立法目的之一,因此,对于不当的行政行为,行政复议机关有权决定变更。此外,人民法院还可以撤销或者部分撤销明显不当的行政行为,对于行政处罚明显不当的,也可以判决变更。只是《行政复议法》规定的"不适当"及《行政诉讼法》规定的"执法行为明显不当"与其他可被变更或者撤销情形之间是什么关系?如何区分"当"与"不当"?衡量不当"明显"还是"不明显"的标准是什么?在法规没有明确规定的情况下,法官难以作出判断。一般情况下,法官会尊重税务机关的判断,不会冒险撤销合法的行政行为。

在某托公司案中,某托公司认为海南省某稽查局对其逃税处以 5 倍罚款属于明显不当,海南省某稽查局答辩时对此未作回应,最高人民法院判决认为,"某托公司自 2002 年至 2010 年间,多年反复实施偷税,违反税法情节严重,涉税种类较多、数额巨大,海南省某稽查局作出五倍罚款未超出法律规定的幅度,符合法律规定且具有合理性"。这个判决理由有待商榷。

[①] 参见最高人民法院民事裁定书,(2015)行监字第 2031 号。

首先,反复实施偷(逃)税不是法定加重处罚的理由。基于少缴或者不缴税的目的,连续数次逃税,属于一个逃税行为,在刑法上按一个罪名即逃税罪论处,并不会因为数次逃税而被认定为存在数个逃税违法行为或者数个逃税罪,即逃税属于连续违法行为,逃税罪属于连续犯。[1]《海南省税务行政处罚裁量基准》规定,5年内第3次及以上发生伪造账簿和记账凭证,或变造账簿和记账凭证,或隐匿账簿和记账凭证,或擅自销毁账簿和记账凭证,或在账簿上多列支出等逃税行为的,处1~5倍罚款。这个规定应该理解为因逃税被税务机关查到两次后,再有上述逃税行为,才能处1~5倍罚款。假如单纯地理解为有3次或者3次以上的伪造账簿和记账凭证,或变造账簿和记账凭证等逃税行为,则实在难以认定一个逃税行为是经过几次伪造、变造账簿、多列支出、少列收入等逃税行为实现的。

其次,某托公司是一家房地产企业,少计收入(包括隐瞒收入、因对法规理解错误少计收入等)即会导致少缴营业税、城建税、土地增值税、企业所得税,即一个逃税行为可能导致多个税种的不纳税或者少纳税,涉及多个税种逃税并不是加重处罚的理由。

最后,违法情节严重的具体表现是什么、严重到什么程度,判决书中没有作出说明。

三、立法漏洞增加维权难度

"法律漏洞是指由于各种主客观原因使法律规定在内容上出现欠缺或不周密,从而造成法律适用的困难。"[2]由于法律所调控的法律关系具有复杂性、多变性,受限于立法者的知识水平、文字表达、认知能力,以及法律本身具有的抽象性、概括性等特征,立法漏洞在任何时期、任何国家都不可避免地存在。

我国税收立法起步晚,加之跟不上经济制度不断变化的步伐,导致税收法规相对于其他法规漏洞更多。以最为常见的"偷税"为例,纳税人因对法律理解不正确没有及时申报缴纳税款,有的税务机关即以"进行虚假的纳税申报"为由认定为偷税。对于偷税行为,税务机关有权要求纳税人补缴税款、滞纳金,并处不缴或者少缴税款的行为人0.5倍至5倍的罚款,严重的可能被移送公安机关追究刑事责任。我国税务规范性文件数千件,要求普通纳税人精准理解在经营过程中涉及的所有规范性文件且会计

---

[1] 连续犯是指基于同一或者概括的犯罪故意连续实施数个性质相同的行为,触犯同一个罪名的情况。
[2] 杨解君:《走向法治缺失言说——法理、行政法的思考》,法律出版社2001年版,第21页。

做账、纳税申报完全正确,要求确实过高。立法应该明确规定,只有当纳税人主观上有逃避缴纳税款的故意,不列、少列收入,多列支出,不缴或者少缴应纳税款的,才属于偷税行为。对于主观上没有逃避缴纳税款故意的,则不应该认定为偷税,而应当认定为漏税。① 对于漏税,应该根据纳税人漏税的原因,以及补缴税款的情况,不作行政处罚或者处以极低的罚款。②

"漏税"一词曾经在国发〔1986〕48号《税收征收管理条例》(已失效)第37条出现过,但1992年通过的《税收征收管理法》(已失效)对漏税未作规定,自此,只要纳税人不列、少列收入,多列支出,不缴或者少缴应纳税款的,部分税务机关即认定为偷税,对纳税人处以罚款。由于法律未对漏税和偷税作区分,纳税人因漏税被行政处罚的,维权异常艰难。

某鸿公司案中,某稽查局2014年11月认定某鸿公司2013年1~10月收到售房预收账款4.1亿余元,其中1.9亿余元未申报缴纳营业税及附加,此外,未缴纳城镇土地使用税29万余元。按《税收征收管理法》第63条规定,某鸿公司补缴税款、滞纳金共计1180余万元,并处罚款。某鸿公司不服,通过两年努力,获得了提起行政复议的资格,但复议决定以及一审、二审法院都维持某稽查局税务处理处罚决定。某鸿公司申请再审,理由如下:一是某鸿公司未实施《税收征收管理法》第63条规定的四种逃税行为,财务人员虽未对银行发放的购房按揭款及时开票也未及时进行纳税申报,但公司的会计账簿和财务报表如实记录了公司的全部收入并定期向税务部门申报,没有隐瞒和弄虚作假。二是某鸿公司没有逃税故意,也不可能有逃税故意,因为交付商品房时必须给购房者开具全款发票。国家税务总局办公厅《关于呼和浩特市昌隆食品有限公司有关涉税行为定性问题的复函》(国税办函〔2007〕513号)、《关于税务检查期间补正申报补缴税款是否影响偷税行为定性有关问题的批复》(税总函〔2013〕196号)、国家税务总局《关于北京聚菱燕塑料有限公司偷税案件复核意见的批复》(税总函〔2016〕274号)都认定偷税的主观故意是构成偷税的要件之一。三是某鸿公司于2014年2月至3月(立案稽查之后税务机关作出处理处罚决定之前)缴纳过营业税、城建税及附加,以及城镇土地增值税共计1180余

---

① 参见廖仕梅:《刍议漏税行为的法律规制与制度完善》,载《国际税收》2016年第6期。
② 德国《租税通则》第370条及第378条规定,在税务机关通知纳税人并对其进行处罚前,纳税人向税务机关补缴、更正不完整、不正确的说明,或者就漏税行为进行说明的,免予行政处罚。纳税人漏税后主动自首的,也免予处罚。纳税人在税务机关对其进行稽查之后,或者漏税行为被税务机关发现之后,在收到税务机关对其进行处罚的通知之前补作说明或者补缴税款的都算自首,要求非常宽松。

万元,在一定程度上减轻了违法行为的危害后果。再审法院认可了上述理由,撤销了一审、二审判决及税务处理决定书和行政复议决定书。①

某鸿公司案自2013年11月立案稽查,到2020年12月再审判决,历时7年有余,虽再审法院认定某鸿公司没有偷税行为,但历时7年的抗争不是一般纳税人所能承受的,再审机会也不是一般纳税人能轻易获得的。

第三节 纳税人不愿意行使税收法律救济权

2018年10月,江苏省税务局认定范某在电影《大轰炸》中所得片酬未依法缴纳个人所得税,对其采取拆分合同手段隐瞒真实收入的偷逃税款行为处4倍罚款共计2.4亿元,对利用工作室账户隐匿个人报酬的逃税行为处3倍罚款共计2.39亿元,面对倍数高且金额巨大的罚款,范某未申请听证,也未提请行政复议。② 2021年,浙江省杭州市税务局、稽查局对黄某2019年至2020年的逃税行为进行处理,要求其补缴个人所得税7.03亿元,就主动补缴的5亿元处以0.6倍罚款,未主动补缴部分处以4倍罚款,转换收入性质虚假申报部分处以1倍罚款,补税、滞纳金、罚款共计13.41亿元。③ 税务行政处罚给范某、黄某带来金钱上的损失,而且将他们列入失信人名单。自此范某告别中国演艺事业,黄某不能再在中国直播带货,两人的事业因此受阻。

实际上,任何企业和个人被认定为逃税、骗税都有可能被列入失信人员名单。尤其是虚开发票,没有虚开金额的要求,只要被税务机关认定为虚开发票,即被列入失信人名单,企业2年内不能参与政府采购、贷款,取得政府供应土地会受限制、证券期货市场部分经营行为会受到限制等;自然人的部分高消费会受限制、出境也会受阻。④ 因涉税被判刑,执行期满未逾5年的,不能担任企业法定代表人、董事、监事及经理等。面对如此严重的法律后果,有的纳税人仍然不愿意行使税收法律救济权,主要基于以下几个方面的原因。

---

① 参见浙江省高级人民法院行政判决书,(2020)浙行再44号。
② 参见《税务部门依法查处范某"阴阳合同"等偷逃税问题》,载国家税务总局官网2018年10月3日,http://www.chinatax.gov.cn/chinatax/n810219/n810724/c3789033/content.html。
③ 参见《浙江省杭州市税务部门依法对黄某偷逃税案件进行处理》,载国家税务总局官网2021年12月20日,http://www.chinatax.gov.cn/chinatax/n810219/c102025/c5171507/content.html。
④ 参见《关于对重大税收违法案件当事人实施联合惩戒措施的合作备忘录》,载国家税务总局官网2015年6月10日,http://www.chinatax.gov.cn/n810341/n810765/n1465977/n1465977/c1671320/content.html。

一、对维权缺乏信心

由于行政复议决定书未向社会公开,其他纳税人的失败案例一般难以起到打击纳税人信心的作用。纳税人对行政复议的信任更多来自与税务人员沟通过程中捕捉到的信息。办案人员往往会告知纳税人,"我们只是办事的,做不了主,领导让我们干什么就干什么""您这个事情已经开过党组会议了,不可能改的""省局局长都发话了"……纳税人没有机会与行政复议机关领导人员当面沟通、交流,有的纳税人只好选择隐忍,有的纳税人则更加相信权力的力量,被骗子以"找关系"的名义骗到倾家荡产。

纳税人对法院判决缺乏信心主要源于公开的裁判文书。从税务行政诉讼历年的统计数据可以看出,纳税人胜诉的比例极低。以 2010~2016 年的税务行政诉讼为例,2010 年、2011 年、2013 年 60% 以上的案件在起诉后由纳税人自行撤诉或者被法院驳回,2015 年驳回、撤诉比例最低,但也高达 36.7%,全国税务机关在所有税务行政诉讼中败诉的案件数量分别为 14 件、9 件、17 件、15 件、34 件、26 件、27 件,法院撤销税务机关行政行为的数量占受案总数的比例最高只有 8.54%,最低只有 2.2%(见表 4-1)。

表 4-1　2010~2016 年税务行政诉讼情况

年份	2010	2011	2012	2013	2014	2015	2016
收案/件	398	405	436	362	398	636	683
驳回/件	26	25	22	40	34	85	119
撤诉/件	245	225	191	198	137	149	216
撤销/件	14	9	17	15	34	26	27
撤销与收案比/%	3.5	2.2	3.89	4.14	8.54	4.09	3.95
驳回、撤诉与收案比/%	68	61.7	48.8	65.7	42.9	36.7	49

数据来源:参见《2010 年至 2016 年全国法院司法统计公报》,载最高人民法院公报网,最后访问日期 2024 年 6 月 12 日,http://gongbao.court.gov.cn/Details/3a82b22d6c8acbf96732d4e61e2a3c.html。

2017 年之后官方不再公布法院撤销行政行为的数据,但其他数据与之前相比没有明显变化,比如,2020~2022 年税务行政案件分别收案 688 件、1055 件、990 件,驳回、撤诉与收案占比分别为 55.9%、45.3%、51.7%,最终法院作出裁判的数量分别为 255 件、319 件、419 件,判案率分别为37%、30.2%、42.3%。①纳税人冲破重重阻碍才能获得法律救济权,胜诉概率低于10%,对纳税人的维权信心会有一定程度的打击。

税务机关集"立法"权、强制执行权、自由裁量权、准司法权于一身。在国务院的授权下,税务机关拥有强大的"立法"权,规章及规范性文件大多从方便执法、保证税收足额及时入库的角度制定,对纳税人权益的保护有限。即使纳税人从税收法规中找到有利条款,因行政复议机关独立性、中立性的欠缺,以及部分法官对税法的熟悉程度不高,纳税人通过法律救济途径获得保护的难度偏大。

二、对彻查其他税收违法行为的担心

部分纳税人对税法的遵从度不高,加之部分财务人员缺乏相应的税务知识,使得企业或多或少存在多列支出、少列收入等违法行为。为避免税务机关在复议过程中发现其他违法线索,纳税人会尽量避免与税务机关正面交锋,即使明知某个税务行政处理或者处罚决定不正确或者不合理,也会选择服从。比如江苏省税务局只查了范某在《大轰炸》中的片酬,杭州市税务局、稽查局只查了黄某2019~2020年的收入,两人都迅速且公开表示愿意接受处罚,并按税务机关的要求及时补缴了税款和滞纳金,以免税务机关对其深入稽查。

一般情况下,税务机关有彻查纳税人的空间。虽然《税务行政复议规则》第76条第2款规定行政复议机关责令被申请人重新作出行政行为时,被申请人不得作出对申请人更为不利的决定,但是,当行政复议机关以原行政行为主要事实不清、证据不足或法律适用错误为由撤销被申请人作出的行政行为时,被申请人有权作出对申请人更不利的行政行为。

同时,税务机关也有彻查纳税人的机会。对偷税、抗税、骗税的,税务机关追征其未缴或者少缴的税款、滞纳金或者所骗取的税款,不受期限限制,即税务机关对纳税人有无限追征权。②比如2020年,中央纪律检查委员会国家监察委员会建议内蒙古自治区党委、政府彻查煤炭资源领域的违法违规行为,内蒙古税务机关自此对煤炭企业的纳税行为倒查20年,某地

---

① 参见《2020年至2022年全国法院司法统计公报》,载最高人民法院公报网,最后访问日期2024年6月12日,http://gongbao.court.gov.cn/ArticleList.html?serial_no=sftj。
② 税务机关的无限追征权不同于刑法规定的追诉时效。根据《刑法》第87条的规定,对过了追诉期的犯罪分子,不再追究刑事责任。比如逃税罪的最高刑期是7年,纳税人逃税行为发生10年后才被发现的,不再追究其刑事责任。

税局三任原局长被揪出,追缴企业逃税数百亿元。① 因早期税收立法不太完善,执法也不如现在严厉,部分企业在成立之初的税收行为不太规范,对税务机关的无限期追征权无疑是畏惧的。

三、对税务机关报复行为的担心

税务局、稽查局作为国家机关,不会如自然人般与纳税人结怨,正常情况下不会报复正当维权的纳税人。只是,即使税务机关没有报复之意,也挡不住纳税人有这种担心。假如税务机关发现纳税人有逃税行为,分时间段作出2份行政处罚决定(比如针对某年1~6月的逃税行为作一份处罚决定,对7~12月的逃税行为再作一份处罚决定),这对纳税人而言即为重大威胁。《刑法》第201条规定,纳税人在5年内因逃税被处以两次以上行政处罚,再逃税且超过立案标准的,即使补缴税款、滞纳金和罚款,也会被追究刑事责任。在我国税制复杂、税务规范性文件不断变化的情况下,企业往往难以做到完全正确申报缴纳税款。

以某盛公司案为例,安徽省合肥市某稽查局专项检查时发现某盛公司2012年7~12月出口商品申请退税的33份虚假备案海运单,海运单上载明的承运人确认这些海运单不是其开具提供,因此,合肥市某稽查局于2016年3月14日作出合国税二稽处字(2016)14号税务处理决定书,要求某盛公司退回出口退税款310余万元。某盛公司不服,提请行政复议,2016年6月20日作出的行政复议维持原行政行为,某盛公司向法院提起行政诉讼。② 在某盛公司维权过程中,合肥市某稽查局发现某盛公司2011年11月至2012年6月出口退税申请单据中有38份备案单证(海运提单)均为虚假,于2016年9月9日作出合国税二稽处字(2016)37号税务处理决定书。某盛公司认为这是第二稽查局对其进行的报复行为。③

第四节 纳税人很少行使税收法律救济权

我国行政复议案件数量排名靠前的是公安、市场监管、自然资源等领域,以2022年为例,其分别占全部行政复议案件的30.56%、19.54%、

---

① 参见王鹏志、付金泉:《内蒙古倒查20年涉煤腐败 挽回损失628亿元查处1163人 清存量遏增量 重建政治生态自然生态》,载中央纪委国家监委网站,https://www.ccdi.gov.cn/yaowenn/202209/t20220922_219434.html。
② 参见安徽省合肥市中级人民法院行政判决书,(2016)皖01行终40号。
③ 参见安徽省巢湖市人民法院行政判决书,(2017)皖0181行初3号。

12.31%。纳税人提起的行政复议案件相对较少,2015年至2023年,全国税务行政复议案件占全国行政复议案件的比例介于0.29%~1.06%(见表4-2),占比最高的是2023年,为1.06%,最少的年份是2016年,仅占0.29%。①

表4-2 2015~2023年全国税务行政复议案件占全国行政复议案件的比例

年份	2015	2016	2017	2018	2019	2020	2021	2022	2023
全国税务行政复议/件	688	456	752	1078	1063	1243	1875	2088	3131
全国行政复议/件	141968	157660	198505	203112	183489	174778	202994	209041	293593
占比/%	0.48	0.29	0.38	0.53	0.58	0.71	0.92	0.99	1.06

2022年,我国自然资源、房屋征补(拆迁)、人力资源与社会保障等领域引发的一审行政案件,数量分别是51165件、46924件、27726件,占全国行政诉讼案件的比例分别为20.88%、19.15%、11.32%。2015年至2023年,全国税务行政诉讼一审案件占全国行政诉讼一审案件的比例在0.23%~0.42%(见表4-3)。②

表4-3 2015~2023年全国税务行政诉讼一审案件占全国行政诉讼一审案件的比例

年份	2015	2016	2017	2018	2019	2020	2021	2022	2023
全国税务行政诉讼一审案件/件	636	683	555	641	659	688	1055	990	1253
全国行政诉讼一审案件/件	220398	225485	230432	256656	279574	260220	319977	278304	298711
占比/%	0.28	0.30	0.24	0.24	0.23	0.26	0.33	0.36	0.42

---

① 参见2015~2023年全国行政复议行政应诉案件统计数据,载司法部官网,最后访问日期2024年6月12日,https://www.moj.gov.cn/pub/sfbgw/zwxxgk/fdzdgknr/fdzdgknrtjxx/;《国家税务总局2023年法治政府建设情况报告》,载国家税务总局官网2024年3月29日,https://www.chinatax.gov.cn/chinatax/n810214/c102374/c102386/c5222178/content.html。
② 参见《2015~2023年全国法院司法统计公报》,载最高人民法院公报网,最后访问日期2024年6月12日,http://gongbao.court.gov.cn/ArticleList.html?serial_no=sftj。

我国 2022 年共有法人单位 37169634 家,[①]加上自然人纳税人、个体工商户、合伙企业、个人独资企业,纳税人数高达 1.7 亿户。[②] 对于税务行政案件如此之少的原因,笔者认为:一是部分纳税人税法遵从度低。二是清税前置条件使大部分纳税人无法提请行政复议和行政诉讼。三是行政复议和税务行政诉讼的独立性、公正性有待提升。

---

① 参见《2023 年中国统计年鉴》,载国家统计局官网,最后访问日期 2024 年 6 月 12 日,https://www.stats.gov.cn/sj/ndsj/。
② 参见《我国市场主体达 1.7 亿户》,载中央人民政府官网,https://www.gov.cn/xinwen/2023-02/15/content_5741558.htm。

第五章　税务行政争议预防机制：税务约谈

　　我国在税收征管、国有资产监管、生态环境保护、文物监察、安全生产、水上交通、产品质量监管、电力、铁路等领域都建立了约谈机制。税收领域引进约谈机制的时间最早，青岛市地方税务局在2000年即发布《在全市范围内对个人所得税申报不实的外籍人员建立约谈制度的通知》(青地税发〔2000〕64号，已废止)。约谈机制一直被广泛应用于税收征管实践中，至2019年年末全国税务系统共建设约谈(询问)室4000多个，①正在逐步推开的"五步工作法"将约谈警示作为立案稽查的前提。② 比如，云南省税务系统至2021年年底已建立约谈室164个，③湖北省南漳县采用包括约谈预警在内的"七步说理式执法"，使该县2022年无一起税务行政复议、无一起税务行政诉讼。④

　　税务约谈的规范来自各地税务机关制定的税务规范性文件，笔者从威科先行财税信息库共查询到21个省市级税务机关发布的、与税务约谈有关的税务规范性文件，其中11个文件规范的是外籍人员个人所得税方面的约谈、2个文件规范的是纳税评估方面的约谈、8个文件规范的是不限定税种及纳税人的约谈。部分税务机关制定有关约谈的内部文件，未向社会公开。

---

① 参见《国家税务总局2019年法治政府建设情况报告》，载国家税务总局官网2020年4月1日，https://www.chinatax.gov.cn/chinatax/n810214/n2897183/c5147750/content.html。
② 五步工作法是指提示提醒、督促整改、约谈警示、立案稽查、公开曝光。参见《进一步深化税收征管改革这一年》，载国家税务总局官网2022年4月19日，http://www.chinatax.gov.cn/chinatax/n810219/n810724/c5174641/content.html；《国家税务总局2021年法治政府建设情况报告》，载国家税务总局官网2022年3月30日，http://www.chinatax.gov.cn/chinatax/n810214/n2897183/c5174086/content.html。
③ 参见《云南："四精"为墨 绘就税收征管改革新图景》，载国家税务总局官网2022年4月8日，https://www.chinatax.gov.cn/chinatax/n810219/n810744/c101763/c101789/c5174401/content.html。
④ 七步说理式执法中的"七步"是指：宣传、提醒、调解、督促整改、约谈预警、立案检查、公示。参见《讲清法理 讲明事理》，载《中国税务报》2022年11月14日，第4版。

第一节　税务约谈的理论定位

一、税务约谈不是纠纷解决机制

有人认为约谈是一种纠纷解决机制,①这种观点是错误的。税务机关在与纳税人约谈时,并非税务机关掌握了纳税人确切的违法证据,而是在纳税申报资料及相关资料中发现了某个异常,或者对某件事产生了疑问,此时双方并未发生争议。比如计算填写、政策理解等非主观性差错,需要纳税人陈述说明或者补充提供举证资料,或者发现纳税人的税负水平低于行业平均税负一定比例、应税所得率低于最低标准应税所得率一定比例等。而对于税务机关有确切证据证明纳税人有违法行为的,或者有重大涉嫌违法行为的,不再采用约谈方式。

无论是对外籍人员的约谈、纳税评估方面的约谈还是其他综合税务方面的约谈,目的都是进行税收政策宣传、对纳税人进行税收辅导、敦促纳税人自查自纠依法纳税。没有任何文件规定纳税人不参与约谈、态度不友好等需要对被约谈人进行处理处罚、需要被约谈人承担相关法律责任,重庆市地方税务局《关于外籍人员税收约谈暂行办法的通知》(渝地税发〔2007〕185号)虽然在第2条定义"税收约谈"时提到,被约谈人不如实回答问题或拒绝回答,以及不接受约谈的,将承担法律规定的不利后果,但在随后的条款中并未规定要承担什么不利后果。由此可见,税务机关在约谈纳税人之前,与纳税人并没有争议,也不会因约谈与纳税人产生争议。因此,约谈不是纠纷解决机制。

二、税务约谈属于争议预防机制

"行政约谈的设立初衷是预防相对人违法,希冀通过说服教育等柔性手段,使相对人得以知悉行政主体的执法方向与违法认定标准,让相对人主动认识到违法的可能性与后果"②,从而选择主动纠正违法行为,以减少行政机关与相对人可能发生的争议。故约谈能起到预防税务行政争议发生的作用。

首先,通过税务约谈,税务机关能及时发现并纠正纳税人的税收违法

---

① 参见金灿、张鸿顺:《税务稽查约谈:解决非对抗性争议的有效途径》,载《中国税务》2007年第1期。
② 孟强龙:《行政约谈法治化研究》,载《行政法学研究》2015年第6期。

行为,可以防止纳税人出现更多税收违法行为,避免税务机关与纳税人因税收违法行为的处理处罚产生争议。

其次,税务机关针对纳税评估中发现的疑点,给予纳税人当面解释说明的机会。对于没有逃税骗税行为的纳税人,通过约谈可以避免税务机关错误执法;对于有骗逃税款的纳税人,税务机关通过约谈可以获得更多证据,在证据充足的情况下对纳税人作出处理处罚决定,纳税人更容易服从。

三、税收约谈属于非强制性行政行为

税务约谈"以税务机关和纳税人之间的交流为基础,强调征纳之间的平等地位"[1],是一种温和的行政行为。首先,税务机关不会采取强制措施逼迫纳税人必须接受约谈。其次,大部分约谈只是了解相关情况、宣传税法知识、进行纳税辅导、督促纳税人自查自纠,不会对纳税人的权利义务产生实质性影响。最后,即使纳税人不配合约谈或者态度恶劣,税务机关也只会进一步检查或者立案稽查,并不会针对纳税人在约谈中的行为予以法律制裁。进一步检查或者立案稽查的目的是查清纳税人是否有税收违法行为,而不是制裁或者惩处纳税人不配合约谈的行为。

四、税务约谈不同于和解及调解

税务约谈不同于税务行政争议中的和解。一是适用的时间段不一样。和解发生在纳税人不服税务机关作出的行政行为,出现税务行政争议之后、行政复议决定作出之前或者法院判决宣告之前,而约谈发生在税务机关作出行政行为之前。二是发起人不一样。税务机关和纳税人都可以提出和解要约,而约谈只能由税务机关提出,纳税人无权启动。三是目的不一样。和解的目的是了结争议,约谈的目的是预防争议。四是适用范围不一样。约谈主要适用于纳税人申报资料或者其他资料有异常的情形,而和解主要适用于因行政赔偿、行政补偿,税务机关依据法律、行政法规作出的自由裁量行为引发的争议。五是参与的纳税人人数不一样。参与和解的纳税人只有一个,而参与约谈的纳税人可能有多个,比如集体约谈。

税务约谈也不同于税务行政争议中的调解。调解与和解在适用的时间段、适用的范围、发起人、发起目的、参与的纳税人人数上都一样,两者与约谈的不同主要表现在,调解有居中调解人作为第三方主持,而约谈、和解

---

[1] 袁遐:《税务约谈 谈之以礼》,载《扬州大学税务学院学报》2010年第1期。

都只有纳税人与税务机关两方当事人,没有居中的第三方参与。

五、税务约谈不同于询问

询问与约谈都是以直面交流为主,但两者存在以下四点区别:一是发生的阶段不一样。税务约谈发生在税务机关发出税务检查通知书,或者税务稽查立案之前;询问发生在税务机关对纳税人进行税务检查、稽查过程中。二是税务机关发出的通知不一样。税务约谈向纳税人发送的是税务约谈通知书,询问发送的是税务询问通知书。三是参与的税务人员不一样。询问需要由两名以上检查人员或者稽查人员参与。对于参与约谈的税务人员,有的地区要求两名以上,有的地区没有人数要求,比如海南省、贵州省的规范性文件没有对参与约谈的税务人员人数作出规定。四是纳税人不配合的后果不一样。纳税人不配合税务约谈的,无须承担法律责任;纳税人不配合询问的,税务机关会依据《税收征收管理法》第70条规定对其处以罚款。

我国的税务询问类似于日本的税务质询、德国的税务陈述。日本的税务质询检查专为税收确定处分进行资料收集而设定,质询检查不具有直接强制力,但被质问、被检查者对合法的质问、检查负有答复质问、接受检查的义务。① 德国的税务陈述是取得证据的方法之一,根据《德国租税通则》第93条及第94条的规定,当事人有义务就重要的税收事实向税务机关作出必要的陈述,如果陈述义务人没有法定理由而拒绝陈述,税务机关依据该通则第328条的规定可强制其陈述。② 税务稽征机关在认为必要时,可要求陈述人到财务法院或特设法庭作宣誓后接受询问,若陈述人在宣誓后仍然作出虚假陈述,则构成《德国刑法》第154条、第155条、第163条规定的犯罪行为。③

第二节 税务约谈的功能定位

一、创建公平对话平台

很多长年缠讼的纳税人,认为税收征管"牵涉的不仅仅是物的价值,

---

① 参见[日]金子宏:《日本税法》,战宪斌等译,法律出版社2004年版,第446~450页。
② 德国《租税通则》第328条规定,以作成行为或容忍不作为为目的之行政处分,得以强制方法(强制金、代履行、直接强制)实行之。
③ 参见陈敏译著:《德国租税通则》,台北,龙品印刷有限公司2014年版,第166~174页。

(维权)不仅仅是防止金钱损失,而且是张扬在物中的人格本身,主张个人的权利和名誉"①。假如纳税人通过约谈对为什么要纳税、为什么要纳这么多税有了深入理解,明白不纳税的严重后果、及时自查自纠的益处等,税法遵从度会随之提高,征纳双方的争议会因此减少。

虽然理论认为,从税收实体法角度看,税务机关与纳税人之间是平等的债权债务关系,但不能否认的是,从税收程序法角度看,税务机关与纳税人之间是命令与服从关系。税务机关在税务稽查、检查时难免偶尔滥用公权力误伤纳税人,若其在此之前能约谈纳税人,与纳税人在"一杯热茶,轻松随和的气氛"中平等沟通,②则有利于强化税务人员的服务意识,也有利于激发纳税人的主体精神,从而自愿向税务机关提供涉税资料,或者主动自查自纠。

二、对纳税人违法预警

纳税人税收违法无外乎以下几个原因:一是对相关法律法规不了解,对事实认识不正确,因"无知"而导致税收违法;二是存在侥幸心理,看到周围有人在想办法逃税骗税且还能正常经营,误认为法不责众,税务机关不会追究;三是充分相信财务人员,误认为其熟知税务知识,能处理所有税务问题,殊不知财务与税务属于不同的学科,一般财务人员的职责是申报纳税,并不具备分辨税务法律关系的能力,对税收法规政策也不完全了解;四是明知故犯,明知不可为而为之。

我国税务规范性文件浩如烟海,个别文件用词模糊且改动较多,从而导致纳税人找文件难、理解难,需要税务机关给予权威辅导。比如,宁波市国家税务局《关于进一步加强约谈辅导工作的通知》(甬国税发〔2004〕183号)第1条规定,要通过约谈辅导,教育辅导纳税人正确执行相关税收政策。《安徽省地方税务局涉外税务征管约谈工作暂行办法的通知》(皖地税函〔2004〕424号)(已失效)提到,约谈制度可以使纳税人及时了解税收政策,把一些可能发生的问题消灭在萌芽状态。《云南省地方税务局税务稽查约谈办法(试行)》规定,通过税收政策法规的宣传与辅导,责成纳税人自查自纠。

税务机关及时发现纳税人的违法行为,提前通过约谈对纳税人进行预警,则有可能促使纳税人注意到自己的不规范行为、消除部分纳税人的侥

---

① [德]鲁道夫·冯·耶林:《为权利而斗争》,郑永流译,法律出版社2007年版,第10页。
② 参见袁遢:《税约谈 谈之以礼》,载《扬州大学税务学院学报》2010年第1期。

幸心理,对明知故犯者也能起到威慑作用。①

三、避免税务机关执法错误

税务人员有时从纳税申报表、财务会计账簿等纳税申报资料中难以全面了解纳税人的生产经营状况,执法过程中难免存在对事实认定错误、对法规理解偏差等问题。一旦案件经过重大案件审理委员会审理并作出处理处罚决定,即使办案人员事后认识到错误,基于税务机关及自身绩效考核、声誉及政治前途等考量,一般也不会主动承认错误,但面对纳税人的不断维权行为又会惴惴不安。若税务机关作出处理处罚决定之前与纳税人深入交流,要求纳税人补充相关证据直至查清事实真相,进一步核实涉税疑点或者问题并就法律适用作深层次探讨,则税务人员执法正确率就会上升。

四、达成口头协议

行政复议以及行政诉讼的相关法规对于和解机制有明确规定,但对于在税务约谈中能否达成和解,税收法规没有作出规定。但这并不妨碍税务机关与纳税人约谈时在行政处罚、核定征收、国家赔偿、国家奖励等方面与纳税人达成口头和解。因为这种口头和解并不违背税收法定原则,而且能降低税收行政成本和纳税人违法成本。如明星邓某被税务机关约谈后自查补税,对于该部分,税务机关对其只处以0.5倍罚款,而对于未主动自查补税部分,处以4倍罚款。②

第三节 税务约谈的立法缺失

一、税务约谈缺乏法律依据

约谈在我国税收实务中发挥的作用是有目共睹的,③但《税收征收管理法》及修订草案对此只字未提。税务约谈所依据的是地方税务机关制定的规范性文件,既不是法律,也不是规章,加之大部分地区依据内部文件进

---

① 参见孟强龙:《行政约谈法治化研究》,载《行政法研究》2015 年第 6 期。
② 参见《新华社:邓某偷逃税等涉税违法案件曝光 税收综合治理长效机制逐步建立》,载国家税务总局官网 2022 年 3 月 15 日,http://www.chinatax.gov.cn/chinatax/n810219/c102025/c5173581/content.html。
③ 参见《税务稽查"约谈"制 补得税款逾两百万》,载《安康日报》2007 年 7 月 23 日,第 2 版。

行税务约谈,税务机关对虚假陈述、误导税务机关的纳税人无法采取制裁措施,只能通过提高约谈技能争取纳税人的配合。因税务机关的权责范围不明,法律也难以规范税务机关的约谈行为。

虽然国家税务总局发布的《关于进一步加强税收征管工作的若干意见》(国税发〔2004〕108号)以及《纳税评估管理办法(试行)》(国税发〔2005〕43号)提到约谈,但对于约谈的对象、条件、程序等都没有具体规定。各省市出台的规范性文件缺乏具体的上位法,导致存在诸多差异。一是名称不统一,有的称约谈,有的称税务质疑约谈,有的称税务检查约谈,有的称税务稽查约谈。这些不同称呼让人很难区分税务约谈与检查(稽查)询问,造成不必要的混淆。二是定义不统一,有的从评估分析的角度进行定义,有的从纳税缴费的角度进行定义,有的从税务稽查的角度进行定义,有的对税务约谈没有进行定义。三是约谈方式不统一,有的只规定单一约谈,有的在单一约谈的基础上还规定了集体约谈。四是对纳税人不配合或者拒绝税务约谈的处理方式不一样,有的未作任何规定,有的规定可以移送税务稽查部门,有的规定可以由稽查局局长批准后立案查处。

相关规范性文件的制定完善工作滞后。青岛市地方税务局2000年发布的约谈文件距今已22年,在此期间,陆续有些省市针对涉外个人所得税、纳税评估以及其他税务行为出台了约谈文件,但总体来讲这些文件规定的内容都非常简单。随着税收征管制度改革的不断深入,大部分与约谈相关的规范性文件已不能满足今天税务工作的需求,与现代征管制度脱节。但很少有省市税务机关对相关规范性文件进行修订完善。

税务约谈缺乏法律依据会引发以下问题:一是选择性约谈。在何种情况下进行约谈、对哪些纳税人进行约谈的确定上具有随意性,税务机关有很大的选择权。二是越权约谈。对不该约谈的纳税人进行约谈,或者对同一个纳税人进行多次约谈。三是以约谈替代惩罚。对于税务机关已掌握确凿证据证明纳税人违法的,应该立案稽查,对纳税人处以必要的行政处罚,但个别税务人员采用约谈方式包庇违法纳税人,帮纳税人逃脱行政制裁。[1]

二、税务约谈的适用范围过窄

税务约谈只能发生在税务检查、稽查之前,比如《梅州市地方税务局税务质疑约谈实施办法(试行)》规定,不得将已确定为检查(稽查)对象或者

---

[1] 参见彭波:《论行政约谈法治化路径》,载《湖南工业大学学报(社会科学版)》2020年第6期。

已经进入检查(稽查)程序的纳税人确定为质疑约谈对象;《云南省地方税务局税务稽查约谈办法(试行)》规定稽查约谈只能发生在税务检查之前,举报案件、上级交办有关部门转办的案件等不能适用约谈机制;《辽宁省地方税务局税务约谈办法》第5条规定,对于已发出税务稽查通知或未结束税务稽查、已发出税务检查通知或未结束税务检查的案件,不能进行税务约谈。这些规范性文件之所以作如此规定,源于税收约谈发现纳税人有税收违法行为且不愿意自查自纠的,税务机关可以进一步通过税务检查、稽查中的询问收集纳税人的违法证据资料,并对不配合询问的纳税人予以行政制裁。

大部分省市出台的文件只针对某一个方面进行约谈,比如,在所得税方面只针对外籍人员进行约谈,对中国籍居民没有确定约谈机制,对其他税种的申报缴纳有疑点的没有规定约谈机制。约谈是一个能促进纳税人与税务机关在和谐氛围中深入交流、沟通的机制,本应被广泛适用于税收征管过程中。

三、对约谈中有欺诈行为的纳税人缺乏惩戒措施

有的纳税人在约谈中故意作虚假陈述,误导税务人员。我国税务机关不同于公安机关,即使对纳税人的税收违法行为有合理怀疑,也不能限制纳税人的人身自由,无权强行搜查纳税人的办公场所、居所。一旦纳税人伪造纳税资料,税务机关需要投入巨大的人力、物力逐一核对、排查,给其稽查工作带来难以承受的压力。有时甚至因稽查手段的限制而使纳税人的欺诈行为得逞,未能精准打击违法纳税行为。由于税务机关无权对作虚假陈述、误导税务人员的纳税人进行惩处,也无权将其移送公安机关追究刑事责任,从而在一定程度上影响了税务约谈功能的充分发挥。

四、对纳税人的权益保护不够

大部分省市未明确纳税人是否有权拒绝不规范约谈。因纳税人难以确保自己的纳税行为完全合法,故面对税务机关的约谈难免产生畏惧心理。为了避免税务人员滥用约谈机制,北京市地方税务局通告纳税人,假如纳税人未收到税务检查约谈通知书,约谈没有在税务机关固定场所实施,不是由两名或者两名以上出具税务检查证件的税务人员参与约谈,则纳税人有权拒绝约谈,而且可以打电话举报税务人员。北京市地方税务局的这个通告能有效避免税务人员滥用约谈机制侵害纳税人的权益。但是,除北京市外,未见到其他省市有关于约谈固定场所的规定,也没有明确

纳税人有权拒绝约谈的情形。

对滥用约谈机制缺乏防范措施。约谈机制对于预防税务行政争议有一定的积极作用,但凡事有一个度,因为"每一个拥有权力的人都易于滥用权力,并尽其最大的可能行使他的权威"①。若税务人员对同一纳税人频繁使用约谈机制,即使税务人员态度和蔼,也会影响纳税人正常的生产经营活动,并不可避免地对纳税人造成心理压力。但是现行税务规范性文件并未就如何防范税务人员滥用约谈机制作出规定。

第四节 比较法视野下的税务约谈制度

一、美国的税务约谈制度

根据美国《国内税收指南》(Internal Revenue Manual)4.10.3.4 的规定,约谈是指两人为了解决或者探讨问题而进行的会见。检查人员(examiners)可以在检查的任何阶段与纳税人面谈,包括预接触(pre-contact)、初次预约(initial appointment)、审查账簿与记录(review of books and records)、事实调查(fact finding)、问题解决(issue resolution)、报告撰写(report writing)与结案(closing)等阶段。初始约谈(initial interview)是有效检查的基础,为税务检查的范围和深度作出非正式判断(to obtain information needed to make informed judgements about the scope and depth of the examination)。初始约谈尽量做到面对面,假如在初始约谈中纳税人没有提供税务局要求的完整信息,或者需要更多信息……会举行随后访谈(subsequent interviews)。②

美国《国内税收法典》(Internal Revenue Code)§7602(a)(2)授予税务局约谈纳税人的权力。该条规定,为确定纳税申报表的正确性、让未申报的人进行纳税申报、确定纳税人的联邦税纳税义务等,美国国内税务局或者国内税务局代表有权约谈纳税人。③ 同时,美国《国内税收指南》规

---

① [法]孟德斯鸠:《论法的精神》,张雁深译,商务印书馆 2020 年版,第 154 页。
② 参见 Internal Revenue Manual,载美国国内税务局官网,https://www.irs.gov/irm/part4/irm_04-010-003#idm140445677222928。
③ I.R.C. §7602(a)(2) Authority To Summon, Etc.— For the purpose of ascertaining the correctness of any return, making a return where none has been made, determining the liability of any person for any internal revenue tax or the liability at law or in equity of any transferee or fiduciary of any person in respect of any internal revenue tax, or collecting any such liability, the Secretary is authorized...

定,创建一个让纳税人感觉舒服的约谈环境非常重要,税务人员应该是友好的并具备职业素养。①

根据美国《国内税法典》§7521(a)及美国《国内税收指南》4.10.3.4.7 的规定,约谈(in-person interview)涉及决定或者征收税款时,纳税人提前要求录音且自己负担费用和携带设备的,可以对约谈进行录音、录像;②假如税务机关工作人员提前通知纳税人,且在纳税人请求并支付复制费时给纳税人一份复制件,也可以录音、录像。但录音、录像需征得全体参与人的同意。税务工作人员在约谈前或者首次约谈时,一旦涉及决定或者征收税款,就应当告知纳税人稽查程序及在这个程序中的权利。不管纳税人在面谈时是否回答了问题,当纳税人向税务人员明确提出希望咨询律师、注册会计师、注册税务代理人、注册保险精算师或者其他被许可在国内税务局代表纳税人的人时,税务人员均应当中止约谈。

根据美国《国内税法典》§7521(c)的规定,纳税人有权拒绝税务检查部门的约谈要求且可以引用美国宪法第五修正案(the Fifth Amendment)的特权拒绝自证其罪。在没有行政命令的情况下,检查人员也不能要求纳税人陪同其授权的代表一起出现在约谈中。③

约谈可以采取单人约谈、多人约谈模式,可以面对面谈,也可以通过电话、视频约谈。④ 根据美国《国内税法典》§7605(a)及 Treasure Regulation. §301.7605-1(e)的规定,⑤约谈的时间和地点由税务局根据案件的情况确定。这些具体情况包括:(1)纳税人的居住位置及经营活动位置;(2)纳税凭证的存放地;(3)分身乏术可能对日常营业活动造成的影

---

① 参见 Internal Revenue Manual 4.10.3.4.5,载美国国内税务局官网,最后访问日期 2024 年 6 月 12 日,https://www.irs.gov/irm/part4/irm_04-010-003。
② I.R.C. §7521(a)(1)Recording By Taxpayer, Any officer or employee of the Internal Revenue Service in connection with any in-person interview with any taxpayer relating to the determination or collection of any tax shall, upon advance request of such taxpayer, allow the taxpayer to make an audio recording of such interview at the taxpayer's own expense and with the taxpayer's own equipment.
③ I.R.C. §7521(c), An officer or empolyee of the Internal Revenue Service may not require a taxpayer to accompany the representative in the absence of an acminstrative summons issued to the taxpayer under subchapter A of chapter 78.
④ 参见 Internal Revenue Manual 4.10.3.4,载美国国内税务局官网,最后访问日期 2024 年 6 月 12 日,https://www.irs.gov/irm/part4/irm_04-010-003。
⑤ Regulations that interpret the Internal Revenue Code are complified under Title 26 of the Code of Federal Regulations, These regulations are generally issued by the United States Department of the Treasury,载美国国内税务局官网,https://www.law.cornell.edu/wex/treasury_regulations。

响……①

二、澳大利亚的税务约谈制度

澳大利亚的税务机关可以用正式与非正式手段收集资料,约谈也有正式与非正式之分。非正式约谈类似于我国的税务约谈,税务机关在非正式约谈纳税人时并不动用正式的权力,不会发送正式约谈通知。非正式约谈时主要讨论税务机关质疑的风险点及需要收集的信息、纳税人保存的资料及信息系统的性质、谁有权保管或者控制这些资料、保存在哪里、纳税人更愿意以哪种方式提供信息等,并告知纳税人转为正式约谈的情形。通过非正式约谈,税务机关将可能对纳税人的情况有更好的理解、达成提供信息的协议等。

税务机关会记录非正式约谈内容,假如纳税人提出要求,税务机关会给纳税人一份书面会谈总结,也会要求其在会谈记录上签字。经纳税人同意可以录音,并给纳税人一份复制件。② 虽然非正式约谈是在税务机关动用非正式权力的基础上进行的,假如纳税人向税务人员作出虚假的或者误导性的陈述,根据澳大利亚1953年《税务管理法》第3部分第2节B小节的规定,这也是违法行为(offense)。

税务机关有时通过发送约谈通知及提交证据的形式将约谈程序正规化,正式约谈类似于我国的检查(稽查)询问。③ 澳大利亚的正式税务约谈主要适用于以下几种情形:(1)认为约谈是解决复杂问题的最佳方法;(2)认为纳税人涉嫌避税;(3)认为纳税人持有其他纳税人涉嫌避税的证据资料;(4)需要就某一个交易的性质进行解释;(5)需要询问大范围问

---

① I. R. C. §7605(a) Time And Place — The time and place of examination pursuant to the provisions of section 6420(e)(2), 6421(g)(2), 6427(j)(2), or 7602 shall be such time and place as may be fixed by the Secretary and as are reasonable under the circumstances. In the case of a summons under authority of paragraph (2) of section 7602, or under the corresponding authority of section 6420(e)(2), 6421(g)(2), or 6427(j)(2), the date fixed for appearance before the Secretary shall not be less than 10 days from the date of the summons. 参见 Treas. Reg. §301.7605-1(e),载美国国内税务局官网,最后访问日期2024年6月12日,https://www.law.cornell.edu/cfr/text/26/301.7605-1。

② 参见 Risk Reviews,载澳大利亚税务局官网,最后访问日期2024年6月12日,https://www.ato.gov.au/About-ATO/Commitments-and-reporting/In-detail/Privacy-and-information-gathering/Our-approach-to-information-gathering/?anchor=Cooperativeapproach#Cooperativeap-pr-oach。

③ 澳大利亚税务系统有两种方式收集信息:动用正式权力和动用非正式权力,非正式约谈属于动用非正式权力。参见 Gathering Information,载澳大利亚税务局官网,最后访问日期2024年6月12日,https://www.ato.gov.au/Business/Public-business-and-international/Tailored-engage-ment/tax-assurance/gathering-information/。

题;(6)打算向纳税人披露文件资料以帮助其回忆事情经过;(7)需要确定、辨别或者核对事实;(8)需要纳税人就证据进行口头宣誓或者确认;(9)需要就其他人或者组织的税务事项提供资料。①

第五节　完善税务约谈机制的建议

一、以法律形式规范约谈

约谈在我国税收实务中发挥着重要作用,且具有较高使用频率,有必要以法律形式对其进行规范。

将约谈以法律形式进行规范,统一税务约谈的名称、定义、适用范围、程序,纳税人的权利义务、税务机关的职责权限,以及法律责任等,不仅有利于减轻纳税人的约谈负担,更有利于促进税务机关依法行政,减少其执法风险。税务机关对纳税申报资料及相关资料的质疑部分来自他人举报,但部分文件却将举报案件、上级转交及有关部门转办的案件排除在税务约谈的范围之外,故目前税务约谈主要针对的是在纳税评估过程中发现的疑点。因此,法律对约谈认可的前提是其对纳税评估的认可。

《纳税评估管理办法(试行)》(国税发〔2005〕43号)(已被修改)第2条规定,纳税评估是指税务机关运用数据信息对比分析的方法,对纳税人纳税申报情况的真实性和准确性作出定性和定量的判断,并采取进一步征管措施的管理行为。由于《税收征收管理法》中未提及纳税评估,且国税发〔2005〕43号文不是法律,因此,长期以来纳税评估的合法性一直遭受质疑。2015年版《税收征收管理法》修订草案规定了"税额确认"以替代纳税评估,这被认为是立法者对纳税评估在某种程度上的认可。但是,该草案仍然没有提及税务约谈,这无疑会在某种程度上影响税务约谈作用的发挥。若能在修订《税收征收管理法》时增加税务约谈条款,会更有利于税额确认的正确性与及时性。

二、扩大税务约谈的适用范围

税务约谈既能通过税法宣传减少纳税人的税收违法行为,又能使税务机关在和谐的氛围中获取纳税人真实的生产经营情况,辨别纳税人是否如

---

① Overview of a formal interview,载澳大利亚税务局官网,最后访问日期2024年6月12日,https://www.ato.gov.au/About-ATO/Commitments-and-reporting/In-detail/Privacy-and-information-gathering/Our-approach-to-information-gathering/? page=6。

实申报缴纳税款、是否有税收违法犯罪行为,以提升税收执法的准确度。因此,建议在修订《税收征收管理法》时赋予税务机关约谈纳税人的权力,以增强其获得纳税人真实信息资料的能力。只要税务机关对纳税人申报的纳税资料及相关资料提出质疑,即可以约谈纳税人,而不应该将约谈对象局限于外籍个人、中国公民申报的个人所得,以及企业申报的企业所得税。其他税种纳税人涉嫌税收违法时,也应该赋予税务机关采用约谈机制进一步查清事实的权力,无须考虑纳税人是谁、涉及什么税种。

三、立法应当宽严相济

对于拒绝配合约谈的纳税人不必予以惩罚,税务机关可以进一步检查或者稽查纳税人,并对拒绝检查(稽查)询问的纳税人处以罚款。对于在税务约谈中故意提供虚假材料、作虚假陈述,误导税务机关并造成严重后果的,可以对纳税人进行惩处,以维护税务机关权威,确保纳税人积极配合税务机关约谈,提高约谈效率。

行政制裁手段必须限定在一定的范围之内,不能滥用,否则既不利于征纳关系的和谐、服务型税务机关的建设,也与税务约谈的非强制性相违背。因此,建议通过立法鼓励纳税人主动配合税务约谈的方式,提高纳税人的税法遵从度。

之所以强调鼓励纳税人配合税务约谈,是因为税法有很强的专业性和复杂性,纳税人因对法律理解不透彻,容易出现少缴或者未缴税款的情形。以漏税为例,其并非纳税人的主动追求,有时源于纳税人意志以外的诸多客观因素,即使纳税人尽到了合理的注意义务,仍有可能漏税。处罚应当以存在违法行为或者有危害后果为前提,其目的是通过对违法行为人的惩处达到惩戒和教育的目的。如果主动补税者已意识到其不当行为的存在,通过主动弥补,对社会的危害后果不存在或者已不明显,再对其进行处罚有违立法旨意。假如坚持对自动补缴漏税的行为人进行处罚,只会抑制纳税人的守法自觉性,增加税务机关的执法难度。

2015年版《税收征收管理法》修订草案第99条第2款规定,"纳税人、扣缴义务人自法律、行政法规规定或者税务机关依照法律、行政法规的规定确定的申报缴纳税款期限届满之日起至税务检查前办理修正申报,并缴纳税款的,处补缴税款百分之二十以下的罚款"。这个条款显得过于严厉。如果法律规定,对于在税务机关稽查前自行办理修正申报并缴纳税款的免予处罚,则会激励税务约谈中的纳税人认真对待税务机关的税法及政策宣传,积极主动自查自纠,从而降低税务机关的征管压力。否则,纳税人会存有逃避制裁的侥幸心理,缺乏自查自纠的动力,从而影响税务约谈作用的发挥。

四、注重对纳税人权益的保护

各地都将"营造依法纳税、诚信纳税的良好税收环境"作为制定约谈规范性文件的主要目的。依法纳税的前提是科学立法、依法征税,诚信纳税的前提是税务机关给予纳税人基本的尊重及权利保障。因此,有必要在约谈中保护纳税人的权利、考虑纳税人的利益需求。

首先,约谈时间、地点的确定应当考虑纳税人的具体情况,不能"一刀切"式地规定税务机关办公场所为约谈地点,约谈时间也应考虑尽量不与纳税人的经营时间相冲突。美国在确定约谈地点时,会考虑纳税人的居住地、营业地等因素,在确定约谈时间时,会考虑不影响纳税人的营业活动;澳大利亚的约谈也强调要在适当的时候进行。对于约谈的方式,除面对面交流外,还可以采用书面、电话、网络视频、网络通话、邮件等方便沟通的方式。

其次,被约谈的纳税人应当有权复制录音录像。在《税收征收管理法》未对税务约谈进行规范之前,中共中央办公厅、国务院办公厅印发的《关于进一步深化税收征管改革的意见》要求的"执法全过程记录"制度不应适用到税务约谈中,因为目前的税务约谈属于柔性执法,对税务机关、纳税人几乎都没有约束。纳税人对税务约谈缺乏全面了解,在不能确定自己是否存在税收违法行为时,一旦被通知约谈,难免紧张害怕,录音录像会加剧这种心理,有悖于柔性执法的理念。如果《税收征收管理法》对税务约谈进行了规范,并规定对不配合约谈的行为进行惩戒,税务约谈时就有必要进行录音录像,一是防止税务机关工作人员在约谈过程中对纳税人实施言语恐吓、威逼利诱等不法行为,二是为纳税人维权保留证据材料。因此,一旦进行录音录像,应赋予被约谈人索取复制件的权利。

最后,被约谈人员应该有权委托代表或者聘请专业人士陪同参加约谈。各地税务机关一般会邀请纳税人单位的会计参与约谈,这不利于对纳税人权利的保护。虽然大部分会计对税法有一定程度的了解,但其并非税法专业人士,也缺乏行政法及其他相关方面的法律知识。因此,应该允许纳税人指派专业人士代表其参与约谈,或者陪同其参与约谈。比如美国就允许纳税人在参与约谈时聘请专业人士陪同。

此外,法律法规还应对每次约谈的时间、约谈次数、什么情况下可以进行后续约谈等相关事宜作出较为明确的规定。

第六章 税务行政争议预防机制：处罚听证

第一节 税务行政处罚听证的理论定位

行政处罚听证制度在我国最早出现于1996年制定的《行政处罚法》中,后被大量运用于工商、税务、环保、卫生等领域。税务行政处罚听证是指税务机关在作出行政处罚决定之前,当事人依法对税务机关拟作出的行政处罚内容及事实、理由、依据等进行陈述、申辩的活动。

一、处罚听证不是纠纷解决机制

有学者认为,行政处罚听证具有纠纷解决功能,①这个观点有待商榷。

首先,从参与人来看,处罚听证无法发挥解决争议的功能。处罚听证参与者包括三方主体:纳税人、案件调查人、未参与本案调查的主持人。案件调查人只是案件的调查者,在听证过程中,其主要职责是指出纳税人违法的事实、提出相关证据及行政处罚建议,无权对案件定性,也无权对案件作出处理结果。主持人仅有组织、引导听证并如实记录的权力,听证结束后,仅需将听证笔录及听证情况、处理意见报告给税务机关负责人,无权对听证案件作出裁决。

其次,处罚听证时税务机关还未正式作出处罚决定。税务机关给纳税人发送税务行政处罚事项告知书,告知纳税人税务机关已查明的事实、相关证据、行政处罚的法律依据和拟作出的行政处罚,目的就是要听取纳税人的意见。税务机关听取意见的目的是避免在将来作出的行政处罚决定中存在事实认定错误、证据不足以及适用法律错误等问题,以期在听证过程中通过听取纳税人的质疑,发现执法过程中存在的不足,提高处罚决定的正确性。

最后,处罚听证不能解决争议。听证过程虽设置了举证、质证、辩论等环节,形式上类似于法庭审理,但是不管过程多么精彩,主持人都不会居中

---

① 参见章剑生:《现代行政程序的成因和功能分析》,载《中国法学》2001年第1期。

裁判，也就是说，处罚听证不会得出终局性结论，其作用仅是为税务机关作出最终处罚决定提供证据。

二、税务行政处罚听证是税务行政争议预防机制

一般情况下，稽查局会在同一时间就同一事件作出税务行政处理和处罚决定，也就是说，在税务机关作出处理和处罚决定之前，纳税人与税务机关之间还未产生争议，故税务行政处罚听证是为减少争议而设置的。税务机关通过听证过程中的举证、质证、辩论等环节，对事实的了解更加清晰，对法律的适用也会更加准确。通过听证，税务机关能作出更加让纳税人接受的行政行为。

第二节　税务行政处罚听证的功能定位

一、有利于纳税人行使陈述权、申辩权

相对于纳税人提出行政复议的艰难，处罚听证机会的获得会容易许多。只要纳税人在法律规定的期限内提出听证申请，税务机关就必须组织听证。处罚听证程序相较行政诉讼程序更加宽松和灵活，纳税人可以充分发表自己的意见，要求税务人员举证，然后质证。通常情况下，主持人不会禁止或打断纳税人正常的陈述和申辩。

处罚听证程序中的陈述、申辩机会，在行政复议和行政诉讼中难以再现。首先，纳税人一般难以满足《税收征收管理法》第88条规定的清税前置条件，很难成功启动行政复议程序；即使进入行政复议程序，也有可能因为行政复议的书面审理而无法与税务人员当面举证、质证、辩论。其次，税务行政诉讼有严格的程序规定，纳税人陈述、申辩的时间及内容大多情况下受控于法官，很难有机会畅所欲言。纳税人在法庭上须斟酌如何在有限的时间内完整地表述自己的意见，如何快速捕捉到税务机关的观点并进行有针对性的反驳。

纳税人对问题分析得越透彻，对税务机关的证据质疑的角度就越多，越有可能被税务机关采纳。因此，纳税人陈述权、申辩权的有效行使将有利于减少税务行政争议。

二、有利于税务机关采纳纳税人的意见

税务机关一般会同时作出处理和处罚决定，处罚听证在税务行政处罚

决定之前进行;即在处罚听证时,税务行政处理决定也尚未作出。税务机关在处罚听证后改变拟作出的处罚和处理决定,不属于执法错误。因此,税务人员为了避免执法错误,在处罚听证阶段会认真听取纳税人的陈述及申辩意见。

在行政复议阶段,行政行为被撤销、变更的,等同于重大案件审理委员会、稽查局等办案者的集体办案能力被否定,行政复议被申请人会为维护自身的权威而拒绝接受纳税人的合法主张。

三、有利于纳税人接受税务机关作出的处理、处罚决定

处罚听证不仅是纳税人陈述、申辩的平台,也是税务机关向纳税人解释其拟作出处罚决定所依据的事实及法规的平台。通过税务机关举证、纳税人质证和申辩,真理越辩越明,纳税人的质疑可以得到及时回应。纳税人一旦得知自己确实存在违法行为,且违法行为给国家造成了税收损失,扰乱了税收征管秩序,税务机关拟作出的处理处罚决定证据确凿、依据合法合理,会减少抵触心理,较易接受税务机关拟作出的处理、处罚决定。

四、有利于提升处罚决定的正确性

2021年《行政处罚法》修订之前,立法未对听证笔录的效力作出规定,其不是税务机关作出行政处罚决定时必须考量的因素,因而纳税人也不太重视处罚听证,处罚听证过程中纳税人与税务机关很少基于举证、质证而发生激烈的辩论。这导致处罚听证流于形式,在预防争议方面发挥的作用不大。

2021年修改的《行政处罚法》第65条规定,应当依据听证笔录作出处罚决定。"应当"意味着税务机关作出处罚决定时不能忽视处罚听证笔录,在听证过程中应当充分保护纳税人的陈述权、申辩权。该规定也有利于督促纳税人重视处罚听证,在听证过程中积极举证、质证和辩论,充分论证拟作出的处罚决定事实是否清楚、证据是否充分、适用法律是否正确。通过充分论证,税务机关将发现其执法方面的不足,从而提升处罚决定的正确性。

第三节 税务行政处罚听证范围

2021年修改版《行政处罚法》第63条采用列举及双兜底的方式规定了可以组织听证的情形。列举的8类可以组织听证的行政处罚分别为:较

大数额罚款、没收较大数额违法所得、没收较大价值非法财物、降低资质等级、吊销许可证件、责令停产停业、责令关闭、限制从业。双兜底条款为:其他较重的行政处罚,法律、法规、规章规定的其他情形。根据该条规定,即使未被列举的行政处罚,只要是较重的或者具有法律、法规、规章规定的情形,都可以组织处罚听证。具体到税收领域,可以组织行政处罚听证的情形如下:

一是较大数额罚款。《税务行政处罚听证程序实施办法(试行)》第3条规定,税务行政处罚听证适用于对公民作出2000元以上(含本数)罚款,或者对法人或者其他组织作出1万元以上(含本数)罚款的行政处罚。

二是没收较大价值非法财物。税务机关在两种情况下有权没收违法所得或作案工具。第一种情况是非法印制发票的,税务机关有权没收违法所得和作案工具;第二种情况是为纳税人非法提供银行账户、发票、证明或者其他方便,导致纳税人未缴、少缴税款或者骗取国家出口退税款的,税务机关有权没收其违法所得。

三是吊销许可证件。根据《税务行政许可事项清单(2022年版)》,2022年11月后仅保留一项税务行政许可,即由县级税务部门实施的增值税防伪税控系统最高开票限额审批。税务机关对这项许可下发的是准予税务行政许可决定书,不是许可证。纳税人获得准予税务行政许可决定书之后,发票使用异常且无正当理由的,区县税务机关会重新核定增值税专用发票最高开票限额。因此,增值税最高开票限额的许可不存在吊销证件问题,不会因此引发行政处罚听证。

四是责令停产停业、责令关闭、限制从业。税务机关无权责令纳税人停产停业、关闭或者限制纳税人从业;依据《税收征收管理法》第60条的规定,纳税人逾期不办理税务登记的,税务机关只能提请工商行政管理机关吊销其营业执照。自2015年推进"三证合一"制度以来,市场经济主体仅需提交一次申请,办理一个营业执照,无须再单独申请办理税务登记,即目前这个条款已不存在可以适用的情形。

五是其他较重的行政处罚及法律、法规、规章规定的其他情形。停止出口退税规定在《税收征收管理法》第66条,属于未在《行政处罚法》中规定,但对纳税人来讲较重的行政处罚。在2021年修订《行政处罚法》之前,停止出口退税权也属于行政处罚听证的范围。在某辰公司案中,苏稽局作出停止某辰公司两年出口退税权的处罚决定之前,未告知某辰公司其依法享有听证的权利。苏稽局不告知的理由是《税务行政处罚听证程序实施办法(试行)》只适用于罚款。可事实情况是,苏稽局作出的是苏园国税稽罚告〔2017〕200号税务行政处罚事项告知书。一审法院于2018年12月作出的判决书认为,2017年《行政处罚法》第42条第1款对听证范围采用的是不完全列举方式,对相对人产生重大影响的行政处罚不仅限于该款列举的三类,不能因为《税务行政处罚听证程序实施办法(试行)》没有规定而剥夺纳税人的合法权益。故一审法院判决认定苏稽局在作出停止出口退税权之前未告知纳税人享有听证权的行为,有违正当程序原则,构成程序违法。二审法院维持原判。[①]

另外,暂不允许办理出口退税/抵扣进项税对纳税人严重不利,但不属于行政处罚。根据国家税务总局《关于异常增值税扣税凭证管理等有关事项的公告》(国家税务总局公告2019年第38号)第3条的规定,增值税一般纳税人取得的增值税专用发票列入异常凭证范围的,尚未抵扣增值税进项税、申报出口退税或者已申报但尚未办理出口退税的,除另有规定外,暂不允许办理出口退税/抵扣进项税;对于已抵扣进项税的,作进项税转出处理。税务机关通知纳税人暂不允许办理出口退税/抵扣进项税时,并没有证据证明异常凭证取得者有违反行政管理秩序行为。暂不允许办理出口退税/抵扣进项税对纳税人来讲是一种严厉的制裁,因为该公告未明确"暂不允许"的"暂"是多长时间。出口退税款几乎是出口企业的利润,长时间不办理出口退税会使纳税人资金链断裂甚至无法继续经营;不能抵扣进项税的,企业也几乎没有利润。对于税务机关以"暂"不允许办理出口退税/抵扣进项税为名,实行不允许办理出口退税/抵扣进项税之实的,纳税人会有破产风险。但作出暂不允许办理出口退税/抵扣进项税的依据既不是法律、行政法规,也不是地方性法规和规章,而是税务规范性文件,不符合《行政处罚法》第10~14条关于行政处罚设定的规定,加之税务机关暂不给纳税人办理出口退税或者暂不允许抵扣进项税的情形,由于没有证据证明纳税人违法,故不会被认定为行政处罚。

第四节　税务行政处罚听证机制的不足及完善建议

一、处罚听证范围太小、部分标准不明确及完善建议

首先,小额罚款被排除在处罚听证的范围之外。根据《税务行政处罚

---

① 参见江苏省苏州市姑苏区人民法院行政判决书,(2017)苏0508行初180号;江苏省苏州市中级人民法院行政判决书,(2019)苏05行终217号。

听证程序实施办法(试行)》第3条的规定,处罚听证只适用于税务机关拟对纳税人作出的数额较大的罚款(对公民作出2000元以上罚款或者对法人或者其他组织作出1万元以上罚款),而针对小微企业的罚款绝大多数情况下不会超过1万元,针对公民的罚款也有部分低于2000元,对于这些小额罚款,纳税人不能申请处罚听证。

罚款给纳税人带来的不仅仅是财产上的损失,更重要的是对其纳税申报缴纳行为的否定性评价。无论罚款金额大小,都属于对纳税人作出的行政处罚。根据《刑法》第201条规定,因逃税5年内受过两次以上行政处罚的,再逃税且符合逃税罪立案标准的,即使纳税人积极补缴税款和缴纳滞纳金与罚款,依法都应该被追究刑事责任。因此,行政处罚给纳税人带来的危害有时远大于财物上的损失,故而不应以罚款金额大小作为是否赋予纳税人听证权的评判标准。

其次,缺乏较大数额及较大价值的衡量标准。《行政处罚法》第63条第1款第2项规定,处罚听证适用于没收较大数额违法所得、没收较大价值非法财物。但如何界定"较大数额""较大价值",税收法规未予以明确,因此税务机关对此拥有较大的自由裁量权。

最后,有些惩戒纳税人的行政行为未被认定为税务行政处罚。惩戒性是行政处罚最主要的特征。《行政处罚法》第2条规定,行政处罚是指行政机关依法对违反行政管理秩序的公民、法人或者其他组织,以减损权益或者增加义务的方式予以惩戒的行为。收缴纳税人发票或者停止向纳税人发售发票、对重大税收违法失信行为的联合惩戒、降低纳税信用等级都是对违反行政管理秩序的纳税人的惩戒,但未被纳入税务行政处罚的范畴,也未赋予纳税人申请处罚听证的权利。

其一,收缴纳税人发票或者停止向纳税人发售发票。纳税人有税收违法行为且拒不接受税务机关处理的,税务机关可以收缴其发票或者停止向其发售发票,这无异于责令纳税人停业。因为纳税人开不出发票,则无人再愿意与其进行交易。实务中,税务机关告知纳税人可能收缴及停售发票采取的是下达"税务通知书"的方式①,待纳税人未在指定时间内接受税务机关处理时,再作出收缴及停售发票的决定,不会出具行政处罚决定书。

---

① 如公安县税务局第二税务分局税务事项通知书(公税二通〔2022〕359号)称,"你(单位)违反税收管理,逾期未缴纳税款,限你单位于11月25日前缴纳欠缴税款和滞纳金,拒不缴纳的,决定自2022年11月16日起停止向你单位出售发票并收缴你单位的空白发票"。参见《案例分享|逾期未缴纳税款,上市公司拟被停供(收缴)发票》,载搜狐网2022年11月25日, http://news.sohu.com/a/609841977_121123737。

其二,对重大税收违法失信行为的联合惩戒。针对《重大税收违法失信主体信息公布管理办法》(国家税务总局令第54号)第6条规定的"重大税收违法失信主体",税务机关会依法对其实施联合惩戒。联合惩戒对纳税人造成的影响,远大于一般行政处罚。首先,联合惩戒的惩罚范围远大于一般行政处罚。一般情况下,一个违法行为只有某一个行政处罚;而联合惩戒则是全方位的,一共有28项惩戒措施,且这些措施是同时进行的。其次,参与联合惩戒的行政机关多。《关于对重大税收违法案件当事人实施联合惩戒措施的合作备忘录(2016)》(发改财金〔2016〕2798号)由34家单位联合发布。最后,联合惩戒不但惩戒税收违法企业,而且惩戒法定代表人、负有直接责任的财务负责人。虽然《重大税收违法失信主体信息公布管理办法》发布于2021年12月,晚于2021年1月修订发布的《行政处罚法》,有观点认为税收违法"黑名单"属于惩罚性行政"黑名单",[①]但《重大税收违法失信主体信息公布管理办法》并没有将联合惩戒视同行政处罚,未赋予当事人处罚听证的权利。[②]

其三,降低纳税人纳税信用等级。降低资质等级是2021年修改《行政处罚法》时新增的内容,《纳税信用管理办法(试行)》的颁布时间是2014年,其未将降低资质等级视为行政处罚,未赋予纳税人申请处罚听证的权利。纳税人对纳税信用评价结果有异议的,只能书面向作出评价的税务机关申请复评。

降低资质等级是对行政相对人(违法行为人)已有的资格进行的处罚。根据《纳税信用管理办法(试行)》及《关于纳税信用评价有关事项的公告》的规定,纳税信用级别分为A、B、M、C、D五级,对于存在逃避缴纳税款、虚开增值税专用发票等税收违法行为,经判决构成犯罪的,或者未构成犯罪,但偷税金额10万元以上且占各税种应纳税总额10%以上,或者存在骗取出口退税、虚开增值税专用发票等税收违法行为,已缴纳税款、滞纳金、罚款的……直接判为D级。

纳税信用等级与纳税人的经营活动紧密关联,一旦被误判为C级或者D级,将严重影响纳税人的生产经营活动。一旦被限制或者禁止经营、投融资、取得政府供应土地、进出口、工程招投标、政府采购、安全许可、生产

[①] 参见徐鑫:《对税收违法"黑名单"制度的几点思考》,载《税务研究》2021年第7期。
[②] 实施联合惩戒之前,税务机关会向当事人送达告知书,告知拟确定为失信主体的事由、依据,拟向社会公布的失信信息,拟通知相关部门采取失信惩戒措施提示等。当事人在税务机关告知后5日内,可以书面或者口头提出陈述、申辩意见。参见《重大税收违法失信主体信息公布管理办法》第8条。

许可等,对纳税人的影响有时远大于数额巨大的罚款及没收较大价值非法财物。

基于听证范围存在的上述问题,从保护纳税人利益的角度出发,笔者提出如下建议:(1)无论行政处罚金额大小,都赋予纳税人处罚听证申请权;(2)将收缴纳税人发票或者停止向纳税人发售发票、对重大税收违法失信行为的联合惩戒认定为行政处罚;(3)明确降低纳税信用等级属于行政处罚;(4)以立法形式明确"较大"的标准。

二、纳税人的听证权未得到充分保障及完善建议

第一,纳税人准备听证的时间不够。由于听证申请必须在纳税人收到告知书后5日内提出,税务机关必须在收到当事人听证要求后15日内举行听证,即使纳税人在法定申请期的最后一天提出听证申请,准备听证的最长时间也仅为20日,对于集专业性、复杂性、综合性于一体的税务案件,纳税人很难在这么短的时间内组织足够的抗辩证据。相比较而言,法律赋予纳税人准备行政复议的时间则比较长。如果纳税人收到处理处罚决定即开始准备复议材料,在法律允许的最后一天提请行政复议,则其可能有长达4个月的准备时间,时间相对充裕。因此建议对于疑难复杂、重大的税务行政案件,赋予纳税人申请延长听证期限的权利。

第二,纳税人在听证之前没有案卷资料查阅权。为更好地保障纳税人的陈述权、申辩权,根据《行政复议法》第47条规定,纳税人在复议审理前可以查阅税务机关提出的书面答复、作出行政行为的证据、依据和其他有关材料。但相关法规未赋予纳税人于听证前到税务机关查阅拟作出处罚决定的证据、依据和其他有关材料的权利。

税务机关作出处罚所依据的证据主要来自纳税人,但这不能成为税务机关拒绝纳税人查阅、复制证据的理由。首先,纳税人需要知道税务机关拟作出的处罚决定依据的是哪些会计账簿、资料;其次,税务机关拟作出的处罚决定所依据的证据可能不完全来自纳税人,而且,有时税务机关会以稽查、检查之名取走纳税人的账簿、凭据等资料,未及时交还给纳税人;最后,对于同一份证据,税务机关与纳税人所关注的重点、考虑问题的角度等往往不同。因此,纳税人在听证之前不能查阅案卷资料,听证时难免有盲人摸象之感;尤其对于需要通过阅卷才能深入了解案情的律师、税务师,在听证前若无法查阅案卷材料,将难以提前做好准备,质证、申辩效果将大打折扣。

为预防争议发生,减少税务机关办案错误,充分保护纳税人的陈述、申辩权,建议借鉴行政复议制度,赋予纳税人在处罚听证前查阅、复制拟作出行政处罚的证据、依据和其他相关材料的权利。

第三,不可抗力可能成为纳税人获取处罚听证权的障碍。根据《行政处罚法》第64条第1项的规定,对于行政机关拟作出第63条规定的行政处罚决定,只要当事人在行政机关告知后5日内提出听证申请,行政机关应当组织听证。但是,一旦在这个期限内出现不可抗力或者其他特殊情况,纳税人也许会丧失处罚听证权;因为《税务行政处罚听证程序实施办法(试行)》第5条第2款规定,一旦遇到不可抗力或者其他特殊情况而耽误纳税人提出听证期限的,是否准许延长听证申请期限的决定权掌握在组织听证的税务机关手中。

不可抗力是纳税人不能预见、不能避免并不能克服的客观情况。不可抗力导致纳税人不能行使法律救济权的,《行政复议法》《行政诉讼法》都没有因此剥夺或影响纳税人的法律救济权。《行政复议法》第20条第2款规定,因不可抗力耽误纳税人申请行政复议的,申请期限自障碍消除之日起继续计算。《行政诉讼法》第48条第1款规定,纳税人因不可抗力耽误起诉期限的,被耽误的时间不计算在起诉期限内。相比较而言,《税务行政处罚听证程序实施办法(试行)》第5条第2款的规定存在不合理之处,建议修改为"因不可抗力耽误纳税人提出听证申请的,被耽误的时间不计算在听证申请期限内"。

三、关于听证主持人制度不完善的问题及建议

听证主持人作为组织、主导听证的中间人,在税务行政处罚听证中发挥着非常重要的作用。但是,《行政处罚法》《税务行政处罚听证程序实施办法(试行)》未对主持人应当具备的资质作出具体规定。《行政处罚法》对此的要求为非本案调查人员,具体到税务行政争议案件中,由税务机关指定。实务中有的由稽查局审理部门的工作人员担任主持人,有的由法制部门的人员担任主持人。[①] 由于立法对主持人资格没有明确规定,可能会存在以下问题:

首先,公正性与独立性不足。"非本案调查人员"与调查人可能是关系密切的同事。因为与调查人同一科室的同事,只要没有参与本案调

---

① 国家税务总局稽查局内设处室:综合处、制度处、安源管理处、组织检查一处、组织检查二处、组织检查三处、组织检查四处、合作协调处、涉税违法联合惩戒管理处、质效管理处、公安部联络室。参见《稽查局内设处室》,载国家税务总局官网,最后访问日期2024年6月12日,https://www.chinatax.gov.cn/n810209/n810585/n1045513/。

查,就符合非本案调查人的条件。

其次,缺乏专业性要求。税务行政争议具有很强的专业性、综合性,主持人需要具备一定的专业知识,才能发挥组织、引领作用。缺乏相关知识的主持人可能听不懂纳税人与调查人员之间讨论的重点,在纳税人的陈述、申辩偏离焦点时,也不能给予及时、正确的引导。

最后,缺乏固定的主持人岗位。每次处罚听证,均由税务机关领导临时指定税务人员担任主持人。临时主持人往往缺乏相关经验,而相关规定也缺乏具体的考核机制对其进行激励。

基于部分税务机关已经或者正在设立咨询调解中心,由公职律师担任咨询调解员的情况,建议固定一个或者几个公职律师兼任听证主持人,公职律师相对于稽查局工作人员,其中立性、专业性、固定性都更胜一筹。

四、处罚事项告知书送达规则不明确的问题及建议

由于纳税人听证前不能查阅案卷材料,税务行政处罚事项告知书则成为纳税人准备听证的主要依据。因此,税务行政处罚事项告知书应当送达给谁、以什么方式送达就显得尤为重要。《行政处罚法》第61条对送达规定了严格的要求,行政处罚决定书应当在宣告后当场交付当事人;当事人不在场的,应该依据《民事诉讼法》相关规定送达。采用传真、电子邮件等方式送达的,需要当事人同意并签订确认书。但是,该规定的适用对象是行政处罚决定书,而非税务行政处罚事项告知书和税务行政处罚听证通知书;《行政处罚法》《税务行政处罚听证程序实施办法(试行)》对于税务行政处罚事项告知书、税务行政处罚听证通知书如何送达、送达给谁,都未作明确规定。从而可能出现的结果为:通过邮件送达,虽然回执显示已经送达,但不一定是纳税人签收;也许是纳税人的员工收到邮件,却因不可抗力或者其他因素无法转交给具体负责人等,都有可能导致纳税人因超过听证申请期而丧失听证权,或者导致纳税人因未收到税务行政处罚事项告知书而不能做好听证准备等。

如某砂石厂案能很好地诠释税务行政处罚送达立法不完善给纳税人带来的不利。某稽查局于2017年5月5日将税务行政处罚事项告知书送达给被羁押在某市看守所的某砂石厂法定代表人白某亮,白某亮于2017年5月6日书写听证申请书,明确表示因人身失去自由而委托其家属马某

花、白某涛、会计或者律师全权代理。① 某市国税局明知白某亮因涉嫌特别重大行贿犯罪不能与家属取得联系、家属也不能去看守所看望,②却依然于2017年5月9日将税务行政处罚听证通知书送达给白某亮,而不是送达给其委托的代理人或者某砂石厂其他负责人。然后在举行听证的前一天即5月16日电话通知马某花参加处罚听证会。因马某花没有时间准备听证,从而导致听证流于形式。之后税务局、稽查局作出并送达银国税稽罚〔2017〕51号税务行政处罚决定书。

纳税人因税务机关送达税务行政处罚事项告知书或者税务行政处罚听证通知书等不规范行为而不能通过行政处罚听证充分维护自身权益的,以此为由诉请法院撤销税务行政处罚的请求很难得到支持。因为纳税人很难举证其受到实质损害,法院一般会认为通知、送达行为即使不规范,也属于轻微违法,不会因此撤销税务行政处罚。

《行政处罚法》以及《民事诉讼法》对于文书送达的规定详细且全面,处罚听证制度应当予以借鉴。

五、听证公开制度不完善及建议

《税务行政处罚听证程序实施办法(试行)》第11条第1款规定,除涉及国家秘密、商业秘密或者个人隐私的外,税务行政处罚听证应当公开进行。由于对如何公示未作详细规定,部分处罚听证的公开程度不够,大部分税务机关仅将处罚听证信息在办公区域公示,未在网上、税务机关办公楼外墙屏幕等普通百姓能看到的地方公示。普通百姓无法进入税务机关办公区域,难以得知处罚听证信息,既不能从处罚听证中受到教育,也无法对处罚听证进行社会监督。建议借鉴法院审判信息公开制度,通过税务机关办公场所外墙上的显示屏、税务机关网站平台等媒介公告行政处罚听证信息。

---

① 白某亮在2017年5月6日写给某市地方税务局、稽查局的听证申请书第2页上表示:"本人现羁押在某市看守所一年之久,身体不由己,贵局查证少缴的税款本人实无所知悉。事到如今,本人只好委托我的妻子马某花、儿子白某涛和我厂原聘请的会计,或聘请律师,由他们几人全权代理我听证。"
② 2012年《刑事诉讼法》(已于2018年被修正,"特别重大贿赂犯罪案件"被删除)第37条第3款规定,特别重大贿赂犯罪案件,在侦查期间辩护律师会见在押的犯罪嫌疑人,应当经侦查机关许可。

第七章　畅通救济渠道：废除清税前置条件

纳税人与税务机关在税收征管过程中发生的争议，被分为纳税争议与非纳税争议。纳税人与税务机关因纳税发生争议的，必须先满足清税前置条件，才有资格提请行政复议，对行政复议决定不服的才能向人民法院起诉；不能满足清税前置条件的，将无法行使法律救济权。

"无救济即无权利"，纳税人无法行使法律救济权，其他权利如知情权、税收监督权、陈述权、申辩权、依法要求听证的权利等将形同虚设。因此，近年来废止清税前置条件的呼声高涨。主张废除清税前置条件者认为，清税前置条件的设立目的是减少行政复议和行政诉讼的发生，[1]清税前置条件是我国税务行政案件起诉率低的原因之一，[2]不利于实现立法者保护纳税权益的根本目的。[3] 但也有部分观点主张保留清税前置条件，认为"清税前置条件"具有合理性和正当性，是税收法定原则的必然要求，可以防止纳税人滥用法律救济权而导致国家税款流失。[4]

基于赞成者与反对者各执一词，笔者拟从以下几个方面进行探讨：是否需要清税前置条件来保障国家税收收入？废止清税前置条件是否会导致税务行政案件大幅增长而失控？源自《税收征收管理法》的清税前置条件是否符合该法的立法目的？宪法是税法的基础，剥夺纳税人法律救济权是否违背宪法？税务救济法律关系属于程序法律关系，清税前置条件是否与行政程序法的规定相协调？

第一节　立法目的视阈下的清税前置条件

立法目的蕴含着法律的价值追求，是法律正当性、妥当性、必要性的衡

---

[1] 参见付大学：《比例原则视角下税务诉讼"双重前置"之审视》，载《政治与法律》2016年第1期。
[2] 参见刘洁：《完善我国税收争议诉讼解决机制的研究》，载《税收经济研究》2019年第1期。
[3] 参见王霞、陈辉：《税收救济"双重前置"规则的法律经济学解读》，载《税务研究》2015年第3期。
[4] 参见熊可鑫：《论税务行政诉讼的"清税前置"条款》，载《哈尔滨学院学报》2022年第12期。

量标准。立法者通常将目的写在第 1 条,之后的条款围绕这个目的展开,正如耶林所说,法律目的好比在茫茫大海上指引航海方向的"导引之星"(北极星)。① 清税前置条件的设置是否妥当、是否具有必要性,可以从立法目的入手分析。《税收征收管理法》规定了三个立法目的,分别是"规范税收征收和缴纳行为,保障国家税收收入,保护纳税人的合法权益"。

一、清税前置条件与规范税收征收和缴纳行为

我国税务机关集规章、税务规范性文件的制定权、准司法权(行政复议权)、行政强制权、自由裁量权于一身,相对于纳税人,税务机关的权力过于强大,税收征管权有被滥用的风险。故《税收征收管理法》将规范税收征收行为作为立法目的之一。

有观点认为,应该适用有罪推定原则对权力进行监督,以强化权力监督的制度创新、提升全民的监督能力。② 这个观点有点激进,因为《行政诉讼法》已对行政机关的行政行为适用违法推定原则,行政机关对其作出的行政行为不能按时提供证据及所依据的规范性文件的,在行政诉讼中会被判败诉。不过税务机关例外,清税前置条件使税务机关作出的行政处理决定越荒唐、金额越大,纳税人越不能取得行政复议权,税务机关的处理行为则越安全,越不可能被认定为违法,导致错误一直持续而得不到纠正。

以"善意"取得虚开增值税专用发票为例,同时满足以下三个条件时,受票方才能被认定为"善意"取得虚开增值税专用发票:一是开票方与受票方有真实交易;二是受票方从开票方取得发票且发票记载的内容与真实交易完全相符;三是开票方通过非法手段获得发票而受票方对此不知情。

开票方通过"非法手段"取得发票只能发生在手写发票时期。在手写发票时代,纳税人需要定期到税务机关购买空白发票。有些纳税人因为违法被税务机关暂停出售发票,有的纳税人因偶尔销量过大出现发票不够用情形,当纳税人无法给购买方开具发票时,存在通过"非法手段"向其他纳税人购买、借用空白发票等不正常现象。防伪税控系统全面普及,手写发票彻底退出市场之后,开票方不能再通过向其他纳税人购买、借用等"非法手段"取得空白发票,因此,不再存在"善意"取得虚开增值税专用发票条件。

---

① 参见梁慧星:《法学学位论文写作方法》,法律出版社 2006 年版,第 149 页。
② 参见吴永生:《有罪推定:权力监督的理论基石》,载《行政论坛》2016 年第 5 期。

国家税务总局曾发文明确,受票方"善意"取得虚开的增值税专用发票的,不属于偷税或者骗税行为,不应该要求受票方缴纳滞纳金。但时至今日,仍然有部分税务机关作出"善意"取得虚开增值税专用发票的认定,同时要求"善意"受票方缴纳滞纳金。

"要防止滥用权力,就必须以权力约束权力。"综上所述,清税前置条件严重阻碍了行政复议机关和人民法院对税务机关执法行为的监督。

二、清税前置条件与保障国家税收收入

清税前置条件首次出现在1986年国务院制定的《税收征收管理暂行条例》(已失效)中,源于"国家财政收入不足的背景下,需要特别保护国家税款利益,最大限度地避免税款流失"①。担心纳税人为了达到延期纳税目的而滥用法律救济权,启动没有必要的行政复议与行政诉讼程序,利用中止、延长等方式拖延行政复议和行政诉讼的期限。② 实际上这个理由是不成立的。

首先,纳税人滥用法律救济权不会对国家税收和经济造成影响。1990年颁布的《行政复议条例》第39条规定,"复议期间具体行政行为不停止执行……"1999年颁布的《行政复议法》沿用了这个条款,且至今未变。也就是说,即使纳税人申请行政复议,提起行政诉讼并拖延结案时间,在复议决定或法院判决未作出之前,税务机关也可以按税务行政处理决定书的要求强制执行。因此,1992年制定《税收征收管理法》时不应该沿用1986年《税收征收管理暂行条例》规定的清税前置条件。③

其次,税收滞纳金按日以未缴税款的0.05%计算,延期一年即需要支付滞纳税款18.25%的滞纳金,远高于银行同期贷款利率。行政复议和行政诉讼过程中不会停止滞纳金的计算,纳税人一般情况下不会冒着支付巨额滞纳金的风险滥用法律救济权。

综上所述,清税前置条件限制了大部分纳税人的法律救济权,使纳税人的其他权利难以行使。国家税收收入无须通过清税前置条件予以保护,无条件赋予纳税人法律救济权不会导致国家税款流失。

---

① 刘剑文、侯卓:《纳税前置制度的反思与超越》,载《江汉论坛》2015年第6期。
② 参见孙昊哲、张恺琦:《税务行政复议与行政诉讼衔接问题研究》,载《法律适用》2021年第2期。
③ 2015年《税收征收管理法》第88条规定的清税前置条件不同于1986年颁布的《税收征收管理暂行条例》(已废止)第40条的规定,后者不仅适用于纳税争议,还适用于因违章处理问题引发的争议,除了要求纳税人在复议前缴纳税款、滞纳金外,还要求缴纳罚款才能取得行政复议资格。

三、清税前置条件与保护纳税人的合法权益

纳税人是税收的贡献者,只有保护好纳税人的合法权益,不伤及税本,才能有充足的税源。税源充足是国家财政收入的保障,财政收入是国家治理的基础与重要支柱。因此,各国都注重对纳税人权益的保护,比如美国1998年颁布了《纳税人权利法案》(Taxpayer Bill of Rights),[1]澳大利亚于1997年、英国于1986年制定了纳税人宪章(Taxpayers' Charter),[2]加拿大于1985年制定了《纳税人权利宣言》(Declaration of Taxpayer Rights);[3]我国国家税务总局于2009年发布了《关于纳税人权利与义务的公告》,告知纳税人享有14项权利,《税收征收管理法》第1条将保护纳税人合法权益作为立法宗旨之一。

(一)清税前置条件对纳税人法律救济权的影响

清税前置条件是否真的限制了以及在多大程度上限制了纳税人的法律救济权? 可以从满足清税前置条件的难度上入手分析。清税前置条件主要包含三个要素:清税期限、担保物、纳税担保手续的办理。这三个要素直接关系到纳税人能否满足清税前置条件,能否取得法律救济权。

1. 清税期限。清税期限不得超过15日,具体日期由税务机关决定,没有下限要求,税务机关有自由裁量权。有的税务机关给纳税人指定的清税期限远少于15日,比如在某能公司案中,税务机关要求补缴税款与缴纳滞纳金的时间是7日。[4] 有人对清税期限的理解有误,比如在吉林银行股份公司案中,一审法院认为,吉林银行在催告书限定的期限内缴纳了税款,申请行政复议的期限应当为自缴纳税款之日起60日之内。二审法院认为,税务行政复议的起算点应当从"缴纳或者解缴税款及滞纳金或者提供

---

[1] 美国国内税务局官网,http://www.irs.gov/Taxpayer-Bill-of-Rights。美国2014年又颁布了新的《纳税人权利法案》,参见赵岩、赵艳清、安剑:《美国发布新〈纳税人权利法案〉》,载《国际税收》2014年第8期。

[2] 参见 Taxpayer's Charter,载澳大利亚国家审计局(Australian National Audit Office)官网,最后访问日期2024年6月12日,https://www.anao.gov.au/work/performance-audit/taxpayers-charter;黄茜:《澳大利亚〈纳税人宪章〉对改进我国纳税人权利的启示》,载《中国商界》2010年第2期;《国外纳税服务的做法》,载经济日报网,http://paper.ce.cn/jjrb/html/2009-08/18/content_77999.htm。

[3] 参见 Taxpayers Have Rights,载加拿大政府官网,最后访问日期2024年6月12日,https://www.canada.ca/en/taxpayers-ombudsperson/programs/reports-publications/special-reports/back-to-basics.html#toc7。

[4] 经开区税务局作出赣新经税处[2019]011号税务处理决定书,要求某能公司自收到决定书之日起7日内补缴税款8100余万元及滞纳金。参见南昌铁路运输中级人民法院行政判决书,(2020)赣71行终189号。

相应的担保之日起"开始计算,不是从税务处理决定书所确定的缴纳期限届满之日起计算。① 这两个法院都误读了相关法规,清税期限是税务机关的处理决定书上指定的期限,而不是纳税人未在税务机关指定的期限内清税,税务机关再行催告的期限。

从实践来看,纳税人一般情况下很难在15日内筹集到大量现金,少于15日则难度成倍增长,因为税款加滞纳金对纳税人来讲是一笔巨额资金。考虑到纳税人一般不会有巨额现金库存,对于无法及时以现金清税的,法律赋予纳税人提供相应担保的选择权,但纳税人很难在税务机关要求的15日之内办理好纳税担保手续。以最为常见的房屋抵押为例,需要办理以下手续:第一步,请评估公司对房地产进行评估。从预约评估师,评估师择日上门评估,到作出评估报告,需要数日才能完成;第二步,拿到房地产价值评估报告后,与税务机关负责人预约安排签订房地产抵押合同,合同需要载明抵押房地产的价值等信息;第三步,与税务机关约好时间一起到登记机关办理房地产抵押登记;第四步,登记机关对申请资料进行审核,以决定在受理登记之日起7日内是否予以登记。由于需要提供的资料多、签订合同及办理登记的手续烦琐,纳税人即使收到处理决定书之日即着手准备办理担保手续,也难以在15日内办完。因为这些手续的办理需要税务机关配合,税务机关开会讨论、领导出差等因素都有可能拖延纳税担保办理时间。

有观点认为,15日是提出纳税担保期限,不是办完纳税担保手续期限。② 假如纳税人提出纳税担保申请即取得行政复议权,事后保证人没有担保能力,或者担保物不符合法律规定,未能办理抵押登记或者质押交付,或者担保物价值小于担保的税款和滞纳金,则清税前置条件将形同虚设。因此《纳税担保试行办法》第20条规定,纳税抵押自抵押物登记之日

---

① 吉林银行股份公司案的一审、二审判决都忽略了《税收征收管理法实施细则》第73条的规定。长春市国税局第三稽查局于2018年7月19日向吉林银行股份有限公司送达税务事项通知书,要求吉林银行股份有限公司于2018年8月3日前补缴税款1800余万元,并于8月6日送达催告书(行政强制执行适用),要求在2018年8月16日前缴纳,逾期将强制执行。吉林银行股份有限公司于2018年8月15日缴清税款及滞纳金,并于2018年10月8日向长春市国税局提请行政复议,长春市国税局以复议申请超过法定申请期限为由不受理。一审法院认为,吉林银行在催告书限定的期限内缴纳了税款,申请行政复议的期限应自缴纳税款之日起计算60日。二审法院认为,税务行政复议的起算点应当从"缴纳或者解缴税款及滞纳金或者提供相应的担保之日起"开始计算,不是从税务处理决定书所确定的缴纳期限届满之日起计算。因此,长春市国税局以行政复议申请超过法定申请期限为由决定不予受理错误。参见吉林省长春市中级人民法院行政判决书,(2019)吉01行终30号。
② 参见江苏省高级人民法院行政裁定书,(2021)苏行再18号。

起生效,纳税担保从税务机关在纳税担保书上签字盖章之日起生效。税务人员未确定保证人有足够的保证能力,或者抵押、质押未办完担保手续之前,不会在担保书上签字。

2.担保物。对于无力缴纳税款和滞纳金的纳税人,提供合法担保并被税务机关接受是其取得法律救济权的重要途径。担保制度的存在价值是保障债权人债权利益的实现,只要能保证债权人债权实现的担保物、担保方式,法律都应尽可能地予以认可,比如《民法典》规定的浮动抵押,抵押人可以将现在的以及将有的生产设备、原材料、半成品、产品抵押。这个抵押物的范围已突破了人们对传统物权的认知。根据《民法典》第114条第2款的规定,物权的客体具有特定性,而浮动抵押权的客体在抵押权设立时并不是特定的,因为抵押权设立后,抵押人需要继续生产经营,原材料会被生产成产品,产品会被销售出去,然后有可能再购进新的生产设备和原材料等。

《纳税担保试行办法》一方面对担保物的范围进行限制,使许多有价值的物品被排除在纳税担保物范围之外,比如土地使用权、应收账款等。最高额抵押、浮动抵押、权利质押等在《民法典》中被认可的担保方式,在《纳税担保试行办法》中未被认可。另一方面将质押物的范围控制在税务机关手中,只要税务机关认为用于质押的动产和权利凭证实际价值波动很大,经设区的市、自治州以上税务机关确认,即可将其排除在纳税质押物之外。这些限缩担保物范围及不认可担保方式的做法降低了纳税人的担保能力,使大部分纳税人因担保未被税务机关接受而丧失法律救济权。

在某展公司案中,某展公司以其对某公司的850万元债权作为270余万元应纳税款的担保,汕头市某稽查局予以拒绝,理由是《纳税担保试行办法》没有规定债权可以作为质押物,债权能否实现取决于债务人的清偿能力和最终执行结果,是价值不能确定也不一定能够实现的权利,属于《纳税担保试行办法》第25条第4款规定的价值波动很大的权利凭证。某展公司不服,诉请法院判令汕头市税务局受理行政复议申请,其诉讼请求被一审、二审以及再审法院驳回。[1] 在汇林置业案中,汇林置业公司以其对当地市政府享有的2800余万元债权提供担保,当地税务机关以对市政府享有的债权不能作为担保为由予以拒绝。[2]

《纳税担保试行办法》对担保物的限制削弱了纳税人的担保能力。纳

---

[1] 参见广东省汕头市中级人民法院行政判决书,(2019)粤05行终65号。
[2] 参见廖仕梅:《废除税务行政救济前置条件的必要性与可行性》,载《行政法学研究》2017年第1期。

税担保物的范围越小,纳税人清税的能力则越弱。

3.纳税担保手续的办理。纳税人成功办理纳税担保手续以税务机关积极配合为前提。首先,纳税保证人是否具备法律规定的资格或者能力、抵押物或者质物是否符合法律规定需要由作出行政行为的税务机关确认。其次,抵押登记需要以作出行政行为的税务机关配合签订纳税担保合同为前提。最后,税务机关在纳税担保书上签字盖章后纳税担保才能生效。

根据前述分析可知,税收征管过程中可能侵犯纳税人合法权益的是税务机关,但纳税人行使法律救济权取决于能否满足清税前置条件,而纳税人能否满足清税条件在一定程度上取决于税务机关。因为清税的时间由税务机关决定,某些财产是否可以作为担保物需要税务机关确认、能否在税务机关指定的时间内办理好担保手续有时取决于税务机关是否配合。

(二)清税前置条件对非纳税争议维权的影响

清税前置条件不仅仅对纳税争议有影响,而且会波及非纳税争议。以逃税为例,税务机关针对逃税行为同时作出处理决定书与处罚决定书,纳税人自认为没有逃税行为,不服处理决定而与税务机关发生争议的,属于纳税争议;不服处罚决定而与税务机关发生争议的,属于非纳税争议。

当纳税人无力清税,不能针对处理决定申请行政复议,仅就处罚决定提起行政诉讼时,绝大部分法院会拒绝对处罚决定基于的事实进行审理。理由是行政处理决定书一经发出即具有既定力(确定力)。行政行为确定力观点由奥地利学者班纳兹克提出,①是指行政行为内容的不可变更力和行政行为的不可废止或撤销的法律效力,②这个观点在我国理论界与实务界被广泛接受。③ 根据这个观点,在纳税人通过行政复议、行政诉讼将行政决定推翻之前,必须推定它是合法有效的,以约束纳税人与税务机关。因此,纳税人未能就行政处理决定提请行政复议和行政诉讼,仅单独起诉行政处罚决定的,一般情况下难以获得法律救济。

---

① 参见范文舟:《行政行为变更的特质》,载《法学杂志》2011年第11期。
② 参见叶必丰:《行政行为确定力研究》,载《中国法学》1996年第3期。
③ 参见最高人民法院行政裁定书,(2019)最高法行申6691号。判决书原文:"行政行为是行政主体为与行政相对人形成权利义务关系而作的意思表示,因此,行政行为作出和生效后应当保持相对稳定,非经法定程序不得随意撤销或变更,即行政行为应当具有确定力。"

比如某保公司案①,假如法院在审理行政处罚是否合法时,基于行政处罚的事实进行审查,则实际上是对税务处理决定进行了审判,这会架空《税收征收管理法》第88条规定的清税前置条件。

在法院对行政处罚基于的事实不作审查的情况下,纳税人以处罚金额过高、处罚明显不当为由请求法院减少罚款金额的基本败诉,因为行政诉讼以合法性审理为原则、以合理性审理为例外。税务机关依法作出的处罚,只要在法定幅度内,基本上会被法院支持。纳税人很难提供足够证据证明税务机关的处罚存在明显不当,且"明显不当"的解释权在法院,法官的理解有时会不同于纳税人。

纳税人以税务机关执法程序违法要求法院撤销税务机关作出的行政处罚决定的,行政处罚决定书被人民法院以程序违法为由撤销,税务机关可以再走一遍程序,在符合程序法的前提下作出内容相同的处罚决定书。

(三)清税前置条件对纳税人实行违法推定

因纳税与税务机关产生争议的纳税人,即使自认为有足够证据证明其不是涉案纳税人,或者未取得涉税争议财产,或者未进行涉税争议交易,也要先清税才有提请行政复议的资格。违法推定给纳税人带来一系列不利后果。

首先,部分纳税人因违法推定破产倒闭。比如"非纳税人"被错当作纳税人要求补税和缴纳滞纳金时,大部分"非纳税人"是无力完成清税任务的,因为不是纳税主体,或者没有从事某税收行为,不具有相应的纳税能力,税务机关的强制执行会导致这些"非纳税人"倒闭破产。

其次,违法推定会降低纳税人的守法自觉性。"未有能多求而多得者也,未有能多禁而多止者也,未有能多令而多行者也。故曰:上苛则下不听。"对照我国春秋时期管子的上述观点,我们可以理解为,征纳矛盾不会因为剥夺纳税人的法律救济权而消失,反而会因为纳税人的法律救济权未得到保障而积累更多的矛盾与冲突,从而引发纳税人的抵触情绪,降低纳

---

① 某稽查局认定,某保公司于2012年1月至2013年12月少缴营业税、城建税、城镇土地使用税等共计560余万元。稽查局作出琼税稽处〔2018〕20号税务处理决定书,同时作出琼税稽处〔2018〕15号处罚决定书。一审法院认为,琼税稽处〔2018〕20号处理决定书认定某保公司的违法事实是琼税稽处〔2018〕15号处罚决定对某保公司作出行政处罚的基础,琼税稽处〔2018〕20号处理决定因某保公司未在规定的期限内提起行政复议,现已发生法律效力,其所认定的事实可以作为认定该案某保公司违法行为的依据。琼税稽处〔2018〕20号处理决定认定的事实是否合法不是该案需要审查的范围,该案仅需审理稽查局作出琼税稽处〔2018〕15号处罚决定书的处罚幅度及依据、处罚的程序是否合理合法。参见海南省海口市中级人民法院行政判决书,(2019)琼01行终174号。

税人的守法自觉性。

　　法律的权威源自人民的内心拥护和真诚信仰。税法的合理、公正是获得纳税人内心拥护和真诚信仰的前提。不是某税种纳税人、某笔交易的当事人或者某财产的产权人却被课以重税，也许赔上数年甚至数十年的积蓄，生计维艰；也许自此退出市场。面对人生如此挫折如果没有可以说理的地方，对于该"纳税人"来说，很难对税法生出拥护和信仰之心。

　　"徒法不足以自行"，法律作用的发挥需要人民守法，守法包含两个层面的含义：一方面，遵守法律，在法律允许的范围内从事活动；另一方面，当权利受到侵犯时，敢于拿起法律武器捍卫自己的权利。当纳税人不信仰法律时，其既不会自觉遵守法律，也不会主动拿起法律武器保护自己，因为其对法律已失去信任。当无法行使法律救济权时，纳税人守法的自觉性和热情将严重受挫。

　　税法应该借鉴刑事诉讼法的无罪推定原则保护纳税人。无罪推定原则要求受到刑事指控者被证实有罪之前应被推定为无罪。我国刑事案件的被告人在侦查、起诉直至庭审阶段，都被称为"犯罪嫌疑人"，而不是犯罪分子。"无罪推定原则是现代法治国家用于保障公民人权、抵御国家机关侵害的武器和屏障"，[①]应该被我国《税收征收管理法》借鉴和吸收用来保护纳税人。

第二节　宪法视阈下的清税前置条件

一、清税前置条件与法律面前一律平等

　　《宪法》规定公民在法律面前一律平等，公民有申诉权、控告权。公民是纳税义务人的重要组成部分。比如公民需要缴纳个人所得税，合伙企业、个体工商户都是由公民（自然人）缴纳个人所得税；公民除了缴纳个人所得税外，还是契税、增值税、车辆购置税等税种的纳税义务人。北京大学法学院刘剑文教授认为，"在现代税收国家中，公民与纳税人虽然不是一个概念，但在法理上二者存在相通之处"[②]。清税前置条件对有能力清税的纳税人赋予行政复议权，对无力清税的纳税人则否，显然有失公正，与《宪法》规定的公民在法律面前一律平等不符。

[①] 刘东亮：《行政诉讼违法推定原则探析》，载《行政法学研究》1999年第3期。
[②] 刘剑文、熊伟：《税法基础理论》，北京大学出版社2004年版，第77页。

公正是法治的生命线;法治以立法公正为前提,以执法公正为基础,以司法公正为底线。若立法公正缺乏,执法与司法便无公正之基础。

清税前置条件不仅会导致纳税人之间实质的不平等,也会造成纳税人与税务机关的不平等。《"十三五"时期税务系统全面推进依法治税工作规划》(税总发〔2016〕169号)要求全面推进依法治税,坚持征纳双方法律面前平等,坚持依法行政。税务机关有权处理处罚纳税人的税收违法行为,清税前置条件却阻碍纳税人就税务机关的执法错误提请行政复议,从而导致征纳双方不平等。

二、清税前置条件与尊重和保障人权

《国家人权行动计划(2021~2025)》提出,要进一步完善行政诉讼案件的受理、审理程序和证据规则,保障受到违法行政行为侵害的个人和组织获得司法救济的权利。清税前置条件使无力缴纳税款与滞纳金或提供相应担保的纳税人丧失提起行政复议和行政诉讼的权利,而且没有辩驳、质疑的机会,不利于对纳税人权利的保障。

法律救济权跟人身自由权紧密联系。若税务机关作出错误的处理处罚决定,纳税人因为清税前置条件而无法通过行政复议或行政诉讼纠正税务机关的错误,又无力按照税务机关的要求缴纳税款、滞纳金,则案件会被移送公安机关追究刑事责任,河南省汇林置业案即例证。[①] 即使案件未被移送公安机关追究刑事责任,纳税人也有可能因此被列入联合惩戒名单,纳税信用等级被降至D级、被阻止出境、被限制高消费等。

三、清税前置条件与纳税人的财产权

部分纳税人的行为并不符合税收构成要素,只因未能满足清税前置条件,无法获得提起行政复议和行政诉讼的权利,不能通过举证、质证、辩论等方式来还原事实真相,从而被迫缴纳本不应该缴纳的税款,财产因此受到损失。这显然与《宪法》第11条第2款规定的"国家保护个体经济、私营经济等非公有制经济的合法的权利和利益……"以及第13条第2款规定的"国家依照法律的规定保护公民的私有财产权"是相违背的。

纳税人的生存和发展都离不开财产,纳税人的财产也是国家的重要税源。清税前置条件会降低纳税人创造财富的热情,枯竭税源、伤及税本。

[①] 参见廖仕梅:《废除税务行政救济前置条件的必要性与可行性》,载《行政法学研究》2017年第1期。

四、清税前置条件与依法治国

《宪法》第 5 条第 1 款规定,"中华人民共和国实行依法治国,建设社会主义法治国家"。依法治国要求科学立法、严格执法、公正司法、全民守法。清税前置条件与依法治国的要求不相符合。

首先,清税前置条件合法性、科学性不足。宪法是国家的根本法,具有最高的法律效力,任何法律都不能跟宪法相抵触。清税前置条件不符合宪法要求,也违背《税收征收管理法》的立法宗旨,与其他部门法的内容冲突,合法性、科学性不足。

其次,清税前置条件不利于严格执法。党的十八届三中全会提出要"落实税收法定原则","税收法定原则的实质,就是通过立法控制和程序规范来限制征税权的行使空间和方式,进而保护纳税人权利"[①]。税收以满足法定构成要件为前提,[②]而纳税争议恰好是对税收构成要件有争议,争议的焦点可能是征税对象,也可能是税基,还有可能是纳税义务人,即是否符合税收构成要件是不确定的,清税前置条件是在税收构成要件受到纳税人质疑的情况下要求"纳税人"先行缴纳税款和滞纳金。

最后,清税前置条件不利于全民守法。全民守法的前提是民众信仰法律,自愿遵守法律。让一个依法没有纳税义务,只因无法满足清税前置条件而被剥夺法律救济权的纳税人,按税务机关的指令缴纳税款、滞纳金,并无法寻求法律救济,无疑会削弱其对法律的信仰。纳税人通过行使税收法律救济权维护的不仅仅是自身利益,还维护了税收法律秩序,迫使税务机关依法履行征管职责。从这个意义上讲,保障纳税人税收法律救济权就是捍卫税收法定原则、加快推动依法治国的进程。若未能彻底废除清税前置条件,则税收法定、依法治税将成为一个长期目标。

第三节 行政程序法视阈下的清税前置条件

《行政复议法》《税收征收管理法》《行政诉讼法》《行政强制法》的侧重点不同,规范的内容不一样,但都属于行政程序法,立法目的都包含监督行政机关的执法行为,保护行政相对人的合法权益。从前面的论述可知,清税前置条件与这些立法目的不相符合。此外,清税前置条件还与行

[①] 刘剑文:《将税收法定原则落到实处(热点辨析)》,载《人民日报》2016 年 7 月 19 日,第 7 版。
[②] 参见刘剑文、熊伟:《税法基础理论》,北京大学出版社 2004 年版,第 7 页。

政程序法存在冲突。

一、《行政复议法》视阈下的清税前置条件

清税前置条件的一个重要因素是清税期限:纳税人只有在税务机关指定的期限内清税,才能满足清税前置条件;假如未能在税务机关指定期限内清税,即使全额缴纳了税款和滞纳金,也不算满足清税前置条件,无法提起行政复议。清税前置条件要求的清税期限与《行政复议法》规定的申请行政复议的期限相冲突。《行政复议法》规定行政相对人的申请期限是60日,自行政相对人知道或者应当知道该行政行为之日起计算,纳税人作为行政相对人也应该享有这个权利。但是《税收征收管理法实施细则》和《税务行政复议规则》将纳税人取得行政复议的期限限缩在15日之内,而对于满足清税前置条件的纳税人,复议申请期限自满足清税条件之日起开始计算,即实际享有的申请期限长于60日。

《税收征收管理法实施细则》是行政法规,《税务行政复议规则》是部门规章,《行政复议法》是法律。根据上位法优于下位法原则,下位法与上位法冲突的,下位法应属无效或者被废止;即使来不及废止,行政复议机关和司法机关判案时也应当选择适用上位法。据此,清税前置条件因与《行政复议法》的规定冲突,应当被废止,不应该根据清税前置条件的规定限制纳税人的法律救济权。

二、《行政诉讼法》视阈下的清税前置条件

法院在行政诉讼中的任务是分清是非,支持行政机关的合法行为,追究其违法行为。为实现这个目的,2014年中央提出,"变立案审查制为立案登记制"[①];随后《行政诉讼法》要求人民法院保障起诉权,最高人民法院明确规定人民法院对依法应该受理的一审行政诉讼实行立案登记制。为防止法院不接收起诉材料,要求法院一律接收诉状,出具书面凭证并注明收到日期,不能以起诉材料不符合规定不受理案件;对于当事人提交的诉状和材料不符合要求的,人民法院应当一次性书面告知,不能一次次地要求当事人补交材料或者修改起诉状,人为设置障碍。对于起诉不予立案的,应当出具书面裁定或者决定,并载明理由。由此可见,清税前置条件将部分纳税人挡在行政诉讼的大门外,与《行政诉讼法》的进步理念形成鲜

---

① 《中共中央关于全面推进依法治国若干重大问题的决定》,载中华人民共和国中央人民政府网,https://www.gov.cn/zhengce/2014-10/28/content_2771946.htm。

明对比。

三、《行政强制法》视阈下的清税前置条件

滞纳金是清税前置条件的重要组成部分,从滞纳税款之日起,按日加收滞纳税款 0.05% 的滞纳金,因此有些案件的滞纳金远超滞纳税款。根据《行政强制法》的规定,滞纳金不属于税款,而是强制执行方式。公民、法人或者其他组织对滞纳金的缴纳有异议的,无须先缴纳滞纳金,即有权依法申请行政复议或者提起行政诉讼。清税前置条件将滞纳金与滞纳税款捆绑在一起,要求纳税人同时缴纳税款和滞纳金,否则不能申请行政复议或提起行政诉讼,这个规定显然与《行政强制法》的规定相冲突。

《税收征收管理法》与《行政强制法》都是法律,《行政强制法》是新法,《税收征收管理法》是旧法,根据新法优于旧法原则,应当适用《行政强制法》的规定。但有观点认为《行政强制法》是一般法,《税收征收管理法》是特别法,根据特别法优先于一般法原则,应当适用《税收征收管理法》。尽管有不同的观点,但实务中的处理出奇一致,从来没有一个法院在判决清税前置条件引发的争议案件时选择适用《行政强制法》。

第四节 清税前置条件的废止与案件数量增长

前文已说明清税前置条件与国家税款流失没有相关性,剩下的问题是:废止清税前置条件,是否会引发税务行政案件出现井喷式增长,导致已经不堪重负的法院雪上加霜?基于这种担忧,2025 年《税收征收管理法》修改草案征求意见稿在废止清税前置条件的呼声中,只是将清税前置条件后移,改为"纳税人、扣缴义务人、纳税担保人同税务机关在纳税上发生争议时,可以依法申请行政复议;对行政复议决定不服的,必须先依照税务机关的决定缴纳或者解缴税款及税款迟纳金或者提供相应的担保,然后可以依法向人民法院起诉,人民法院应当凭税务机关出具的缴税证明或者担保证明受理。当事人对税务机关当场作出的处罚决定不服的,应当先依法申请行政复议,对行政复议决定不服的,可以依法向人民法院起诉"。虽然无条件赋予纳税人行政复议权,将清税前置条件挪到税务行政诉讼之前,但仍然将税务行政争议挡在法院的大门外。

这种设计受到质疑。因为税务行政复议机关的中立性、独立性欠缺,且纳税人的复议听证权得不到充分保障,即使法律赋予纳税人行政复议权,纳税人的合法权益也难以通过行政复议得到保障。

实际上,没有必要过于担心税务行政案件的增长。

首先,目前我国税务行政复议案件太少,而不是太多。我国县区级、设区的市级、省级税务局以及国家税务总局都可以作为税务行政复议机关,省市级税务机关共有571家。① 2020~2022年我国税务行政复议案件分别为1243件、2445件、2088件。② 2021年、2022年行政复议案件数量增加的一个原因是社会保险费交由税务机关征收,其中部分行政复议案件由缴费人提起,另一个原因是落实《行政复议体制改革方案》导致2021年全国行政复议案件数量较上一年增长了22.3%。③ 即使按2021年的复议案件计算,不考虑县区级税务局作为行政复议机关,平均每个省、市级税务机关每年复议的案件不足5件。若加入2843个县(区)级税务行政复议机关,④则有近千家税务行政复议机关一年摊不到一个税务行政复议案件。

其次,纳税人可以就非纳税争议行使法律救济权,但未因此出现大量行政复议和行政诉讼案件。复议前置条件针对的是纳税争议,对于行政处罚无此要求,即就同一"违法"行为,纳税人虽然不能无条件地就处理决定提起行政复议,但是可以就行政处罚无条件地选择提起行政复议或者行政诉讼。2019年至2022年税务系统政府信息公开年度报告显示,税务机关作出的行政处罚案件分别为3277879件、2179278件、4213649件、4304698件,⑤税务行政诉讼案件分别仅为659件、688件、1055件、990件。⑥ 这些行政诉讼案件有的来自纳税人对行政处理决定的不服,有的来自纳税人对行政处罚、信息公开、行政不作为等的不服,即便全部来自纳税人对行政处罚的不服,行使法律救济权的纳税人仍然低于被行政处罚的0.05%。由此

---

① 其中省级税务局36个,分别是31个省、自治区、直辖市的省级行政区税务局,以及深圳、青岛、宁波、大连、厦门等5个计划单列市税务局;市级税务局535个。参见《国税地税合并 中国535个市级新税务局集中统一挂牌》,载中国新闻网2018年7月5日,https://baijiahao.baidu.com/s?id=1605150792158246628&wfr=spider&for=pc。

② 参见《司法部2022年法治政府建设年度报告》,载中央人民政府网2023年3月22日,https://www.gov.cn/xinwen/2023-03/22/content_5747914.htm;《国家税务总局2022年法治政府建设情况报告》,载国家税务总局网2023年3月30日,http://www.chinatax.gov.cn/chinatax/n810214/n2897183/c5186040/content.html。

③ 参见《司法部2021年法治政府建设年度报告》,载中央人民政府网2022年3月31日,https://www.gov.cn/xinwen/2022-03/31/content_5682614.htm。

④ 参见《2022年中国统计年鉴》,载国家统计局官网,最后访问日期2024年6月12日,https://www.stats.gov.cn/sj/ndsj/。

⑤ 参见《税务系统2019~2022年度政府信息公开工作年度报告》,载国家税务总局官网,https://www.chinatax.gov.cn/chinatax/n810214/n810641/n810702///index.html。

⑥ 数据源自最高人民法院网站提供的2019年、2020年、2021年、2022年全国法院司法统计公报,载最高人民法院公报网,最后访问日期2024年6月12日,http://gongbao.court.gov.cn/ArticleList.html?serial_no=sftj。

可见,即使无条件赋予纳税人行政复议权,税务行政复议及行政诉讼案件也不会太多。

最后,诸多领域的行政相对人可以无条件申请行政复议,但行政复议案件不多。公安、自然资源、市场监管、房屋征补(拆迁)、人力资源和社会保障、交通运输等领域的行政相对人可以无条件获得行政复议权,也可以选择直接提起行政诉讼;自然资源的所有权或者使用权引发的争议、纳税人与海关因纳税而引发的争议、专利申请人对驳回申请不服引发的争议、对价格主管部门的处罚不服引发的争议有复议前置要求,但对提起行政复议没有设定条件。2021年、2022年我国行政复议案件总计分别仅为26万余件、29.8万件。①

纳税人与税务机关的矛盾并不会因为纳税人被剥夺法律救济权而消失,避谈矛盾、忽视矛盾只会加深矛盾。被清税前置条件限制法律救济权的纳税人,部分会选择信访,将矛盾转移到信访部门;部分被迫或者选择退出市场的,会影响到就业、金融等诸多领域;因法治环境不理想而被迫移民的,会带动巨额财富流向国外。这些都与中共中央提出的"六保六稳"方针相违背。

法治社会应该为每个人都敞开司法救济的大门,使权利受到侵害的人能够通过这一渠道获得有效和公正的救济。② 通过纳税人与税务机关的抗衡,能更多地发现税收立法漏洞,促进科学立法;通过纳税人对税收执法行为的指控,能促使税务机关反思执法行为的不足,更好地规范税收执法行为;通过行政复议、行政诉讼过程中的举证、质证,有助于纳税人明白其税收违法行为给国家造成的损失、对社会造成的危害,从而让纳税人产生悔过之心,提高其税法遵从度。因此,学者们多年来一直呼吁废除清税前置条件。③

---

① 参见《司法部2021~2022年法治政府建设年度报告》,载中央人民政府官网,最后访问日期2024年6月12日,https://www.chinatax.gov.cn/chinatax/n810214/c102384r/index.html?tab=gknb。
② 参见苗连营:《公民司法救济权的入宪问题之研究》,载《中国法学》2004年第5期。
③ 参见付大学:《比例原则视角下税务行政诉讼"双重前置"之审视》,载《政治与法律》2016年第1期;廖仕梅:《废除税务行政救济前置条件的必要性与可行性》,载《行政法学研究》2017年第1期。

第八章 行政复议:化解税务行政争议的主渠道

化解税务行政争议的机制有行政复议、行政诉讼、调解及和解。从案件受理的数量来看,目前化解税务行政争议的主渠道是行政诉讼。2023年9月修订的《行政复议法》第1条要求"发挥行政复议化解行政争议的主渠道作用",并因此作了三个方面的修订:建立专业化、职业化行政复议人员队伍;删除书面审理原则,规定重大、疑难、复杂的行政案件应当听证审理;公开行政复议决定书。

税务行政复议属于行政复议的范畴,但有自身的特点,比如在纳税上与税务机关发生争议的纳税人需要满足清税前置条件才能申请行政复议,税务行政复议机关由作出行政行为的上一级税务机关担任等。因此有必要探讨以下问题:税务行政复议在解决税务行政争议方面较行政诉讼有哪些优势?其作为化解税务行政争议主渠道的基础是什么?如何保障纳税人的行政复议权?如何建立专业化、职业化的税务行政复议人员队伍?删除书面审理原则是否意味着纳税人的复议听证权有了保障?

第一节 行政复议发挥化解税务行政争议主渠道作用的学理分析

调解及和解机制有利于实质化解税务行政争议,但立法对适用该机制解决税务行政争议的范围作了严格限制,导致能适用该机制化解的税务行政争议很少,其功能难以充分发挥。行政诉讼有相对完善的审理程序,审理经验更加丰富的法官,其独立性与公正性也强于税务行政复议人员;但法官的审理任务繁重,且法官对税收的了解往往不如税务行政复议人员。为更好地保护纳税人的合法权益,节约纳税人的维权成本,实质化解税务行政争议,行政复议应成为化解税务行政争议的主渠道。

一、税务行政复议人员的专业化

税务行政案件具有专业性、复杂性,以逃税案为例,行政复议人员首先要明确的问题是纳税人依法应该缴纳什么税、多少税。解答这些问题需要从民商法入手,梳理出纳税人进行过什么类型的交易,其产权是否进行了转移,是否取得或者拥有某项财产等。其次要明确纳税人未纳税或者少纳税是通过什么手段实现的:是隐瞒收入,还是虚增成本?主观上是否有逃避缴纳税款的故意?最后要辨别税务机关的行政行为是否有法律依据,适用法律是否正确,在执法过程中是否有违法行为,是程序违法还是程序瑕疵等。行政复议人员只有精通民商法、行政法、行政程序法、税法以及财务知识,才有可能作出公正的复议决定。因此,为正确处理专业问题、提高行政复议效率及公正性,《行政复议法》要求初次从事税务行政复议的人员拥有法律职业资格,税务行政复议机关应当建立专业化、职业化的行政复议人员队伍。

税务系统有大量的专业人才储备。国家税务总局在扬州设立国家税务干部学院,同时在北京、长沙、大连设立分校区,为税务干部提供全面、专业、系统的法制、税务、财会教育培训,培养税务领军人才、专业骨干、岗位能手,落实行政执法人员持证上岗和资格管理制度。同时以鼓励税务干部参加全国统一法律职业资格、税务师、注册会计师(以下简称"三师")考试等方式提升其业务能力。

在税务机关的培养与鼓励下,税务综合性、专业化人才得到快速增长。2023年天津市税务局持有"三师"资格证书的干部高达885名,占系统总人数的10%[1],山东省税务系统取得"三师"资格证书的干部比例达到8.5%[2],贵州省税务系统近千人取得"三师"资格证书[3]。"三师"队伍成为税务行政复议机关的人才储备库,相对于法官与一般行政复议人员,税务行政复议人员对税务及财务知识了解得更全面、掌握得更扎实。

二、税务行政复议机关的审理范围

行政复议机关及法院对案件的审理范围即为对纳税人权利的保护边界,审理范围越大,对纳税人的保护力度则越大。税务行政复议机关与法院的审理范围不一样。如行政诉讼以合法性审查为原则、以合理性审查为例外,[4]仅审理"明显"不当的行政行为。《行政复议法》的立法目的是防止和纠正违法的或者"不当"的行政行为。这里的"不当行政行为"没有"明显"不

---

[1] 参见张欣、王欣:《选育结合 天津税务培养高端人才》,载《中国税务报》2023年5月29日,第4版。
[2] 参见李峰:《营造学以广才的良好氛围》,载《中国税务报》2023年4月26日,第6版。
[3] 参见肖张:《完善税务人才引进培养使用机制》,载《中国税务报》2023年7月21日,第6版。
[4] 参见王东伟:《行政裁量行为的合理性审查研究》,载《北京理工大学学报(社会科学版)》2018年第6期。

当的限制性要求,既包括明显不当的行政行为,也包括不明显的不当行政行为,即行政复议将审查行政行为的合法性与合理性排在同等重要位置。

税务机关执法不当给纳税人造成损害的现象不是偶发性的,主要源于以下几种原因:有的是规范性文件不具有合理性,不合理的规范性文件导致对纳税人权益的不合理侵犯;有的源于立法不完善或者立法滞后,依据这类条文进行税收征管会出现合法不合理的现象;有的是税务机关对涉案细节考虑不周全,导致处理处罚结果合法不合理,等等。

对于并不罕见的不当执法行为,立法未明确不当执法是否明显的衡量标准,纳税人很难证明税务机关的不当执法行为已达到了明显的程度,法官在审判中也很难深入剖析某一个执法行为是否明显不当。在中国裁判文书网没有找到支持纳税人提出撤销税务机关明显不当执法行为要求的行政判决书。由此可见,当税务机关执法不当时,纳税人很难通过行政诉讼维权;行政复议能更好地保护纳税人的权益,因为纳税人无须证明税务机关的不当执法行为已达到"明显"的程度。

三、税务行政复议机关的审理权限

一般认为,法院不宜过度干预行政行为,不能审理行政裁量问题。[①]故《行政诉讼法》第 77 条只赋予法院有限的司法变更权。法院对于税务机关作出的行政行为,除了行政处罚明显不当,或者其他行政行为涉及对款额的确定、认定确有错误的可以判决变更之外,对税务机关作出的处理或者处罚决定所依据的主要证据不足、适用法规错误、违反法定程序、超越职权或者滥用职权,明显不当的,法院只能撤销税务机关的行政行为。税务机关的处理、处罚决定被法院撤销的,税务机关有权重新作出。纳税人对税务机关重新作出的处理、处罚决定仍然不服的,还需要申请行政复议,甚至进入行政诉讼程序,陷入新一轮诉争。

相对于行政诉讼,行政复议更能达到案结事了的理想状态。税务机关作出的行政行为,假如内容不适当、未正确适用法律,或者事实不清、证据不足,行政复议机关查清事实和证据后有权变更该行政行为。

四、税务行政复议在其他国家的作用

日本纳税人有权通过税收不服申诉和税收诉讼救济权利。税收不服

---

① 参见石俊峰、李衡:《司法变更权的适用条件及强度把握——以某制药公司上诉某区市场和质量监督管理局行政处罚案为研究视角》,载《法律适用》2020 年第 16 期。

申诉类似于我国的行政复议,分为异议申诉和审查请求两个阶段。① 纳税人可以对违法处分、不当处分提起不服申诉。原则上未经过税收不服申诉程序,纳税人不能提起请求撤销税收行政处分的税收诉讼,即日本采取不服申诉前置主义。②

美国没有规定复议前置程序,即纳税人对税务机关的行为不服的,其有权直接提起诉讼,但美国鼓励纳税人选择行政复议解决税务行政争议,对于未申请行政复议即直接提起诉讼的,胜诉后不能得到律师费和其他费用的补偿。③

美国、日本的相关数据显示,税务行政复议是解决税务行政争议的主渠道。2014年至2017年,美国税务行政诉讼案件占税务行政复议案件的比例少于30%;2018年之后,行政复议案件大量减少,税务行政诉讼案件较之前没有明显变化,除2020年占比高达53.7%之外,其他年度的占比为35%~41.9%。由此可见,美国的税务行政复议发挥的是主渠道作用,极大减轻了法院的诉讼负担(见表8-1)。

表8-1 美国2014~2022年税务行政诉讼案件占税务行政复议案件的比例

年份	2014	2015	2016	2017	2018	2019	2020	2021	2022
税务行政诉讼案件/件	29500	29720	31295	29837	32394	35763	30969	29500	30172
税务行政复议案件/件	113608	113870	114362	103574	92430	85286	57573	72216	74408
占比/%	25.9	26	21.6	28.8	35	41.9	53.7	40.8	40.5

数据来源:美国2014~2022年Internal Revenue Service Data Book,载美国税务局官网,https://www.irs.gov/statistics/soi-tax-stats-all-years-irs-data-books。

日本纳税人原则上历经异议申诉、审查请求之后,才能提起税务诉讼。因此,日本2014年至2021年税务行政诉讼案件占税务行政复议案件的比例很低,为10%左右;2018年最低,仅有5.8%(如表8-2所示)。由此可见,日本的税收不服申诉在解决争议中发挥着非常重要的作用,绝大部分

---

① 异议申诉是指对处分行政机关的不服申诉。对处分行政机关以外的行政机关的不服申诉,称为审查请求。参见金子宏:《日本税法》,战宪斌等译,法律出版社2004年版,第525~526页。
② 参见金子宏:《日本税法》,战宪斌等译,法律出版社2004年版,第517~526页。
③ See Richard A. Westin, Beverly Moran & Herwig Schlunk, *Basic Federal Income Taxation of Individuals*, United States: Vandeplas Publishing, LLC, 2013: 16.《美国国内税法典》第7430(a)(2)条规定,在针对美国政府的诉讼中获胜的当事人一方,只要证明符合以下条件,对其合理的诉讼费用,可以获得赔偿判决:(1)已经穷尽所有的行政救济手段……

争议通过税收不服申诉可以得到解决。

表8-2 日本2014~2021年税务行政诉讼案件占税务行政复议案件的比例

年份	2014	2015	2016	2017	2018	2019	2020	2021
税务行政诉讼/件	237	231	230	199	181	223	165	189
税务行政复议/件	2030	2098	2488	2953	3104	2563	2237	2482
占比/%	11.7	11	9.2	6.7	5.8	8.7	7.4	7.6

注：日本对于税务署长及海关长所作的处分，实行异议申诉前置主义。对国税处分不服，异议申诉一般情况下作出处分的行政机关提起；对地方税处分不服，异议申请可向道府县智囊或者市町村长提起。对国内税处分不服，审查请求一般向国税审判所长提出；对关税处分，可向大藏大臣提起审查请求；对地方税处分，审查请求向地方的负责人提起。参见金子宏：《日本税法》，战宪斌等译，法律出版社2004年版，第525~527页。

数据来源：第145回税厅统计年报书，载日本国税厅官网，最后访问日期2024年6月12日，https://www.nta.go.jp/publication/statistics/kokuzeicho/r01/R01.pdf；第146回国税厅统计年报书，载日本国税厅官网，最后访问日期2024年6月12日，https://www.nta.go.jp/publication/statistics/kokuzeicho/r02/R02.pdf；《税务统计》(令和3年度)，载日本国税厅官网，最后访问日期2024年6月12日，https://www.nta.go.jp/publication/statistics/kokuzeicho/sonota2021/pdf/R03_20_fufukushinsa.pdf。

第二节 行政复议化解税务行政争议面临的制度困境

税务行政复议的三大功能，分别是化解税务行政争议、保护纳税人合法权益、监督和保障税务机关依法行政。① 只有实质化解税务行政争议，才能发挥监督税务机关、保护纳税人的作用。或者说，只有税务机关的违法行为得到监督、纳税人的合法权益得到保护，税务行政争议才实质性得到化解。因此，实质化解税务行政争议应该是税务行政复议追求的最高

---

① 三者的关系以及侧重点多有争议，主要有阶梯论、并重论和主导论三种观点。阶梯论认为，解决行政争议为初级目的，监督行政为中级目的，救济权利为终极目的。并重论认为，"这三种功能有着相通的内涵，因此行政复议制度是监督和救济的集合，在制度设计上应当注重不同功能的并重"。主导论则认为，一个制度的多种功能之间的地位关系就如同制度追求的多种价值之间的关系一样，是存在先后顺序的。对于行政复议制度来说，权利救济、内部监督、解决行政纠纷这三种功能在地位上是存在主次之分的，三者之中有一种功能应当作为行政复议的主导功能。参见徐运凯：《论新时代行政复议的功能定位及其评价体系》，载《行政法学研究》2019年第6期。

境界,但目前税务行政复议除存在清税前置障碍外,在实质化解税务行政争议时,在以下几个方面还存在不同程度的困难。

一、税务行政复议机关的独立性

行政复议机关的独立性有利于公正地处理行政争议。因此,2020年行政复议体制改革的一个重要内容是统一行政复议权,由县级以上各级人民政府司法行政部门统一办理本级政府负责的行政复议案件。以教育部门行政处罚为例,在改革之前,行政相对人如果不服某市教育局处罚,可选择向省教育厅或者市人民政府申请行政复议;改革后,行政相对人只能向市人民政府司法行政部门申请行政复议。考虑到税务行政复议案件的专业性,这个改革并未涉及税务行政复议,仍然保留了县级以上税务机关的行政复议权。①

税务行政复议机关与被申请人属于同一税务系统的上下级关系,两者在行政管理、人事安排、案件办理、完成税收任务等方面存在紧密联系,很多情况下是利益共同体。因此,税务行政复议机关在行政复议过程中更偏向于站在税务机关的立场看待案情,比较容易忽视纳税人的利益。且少数税务处理处罚决定书需要经过上级税务机关审查,个案处理上经常由上级税务机关指导下级税务机关办案。因此,部分案件的处理处罚决定虽然以下级税务机关的名义作出,但实则为上级税务机关的意见。比如某市税务局第三稽查局在诉讼中承认,其曾经给某公司作出过一份处理决定书,送往某市税务局审查。而某市税务局实为该份处理决定书的复议机关。②

有学者认为,日本国税不服审判所的审判官与普通税务人员一样,同属行政官,且国税不服审判所的主管部门之间经常进行人事交流,导致国税不服审判所作为"独立性裁判机关"的功能在现实中几乎丝毫没有发挥出来。③

二、书面审理方式

行政复议有书面审理与听证审理两种方式。听证审理时,争议双方可以通过举证佐证自己的观点,通过质证反驳对方观点,通过辩论归纳、总结并强化己方观点;书面审理案件,争议双方无当面交锋机会,难以对争议焦

---

① 参见马怀德:《行政复议体制改革与〈行政复议法〉修改》,载《中国司法》2022年第2期。
② 参见浙江省高级人民法院行政判决书,(2020)浙行再6号。
③ 参见[日]北野弘久:《税法学原论》(第4版),陈刚等译,中国检察出版社2001年版,第306页。

点进行全面及深度的剖析,容易导致复议工作经验不足的行政复议人员对案件事实作出误判、错误适用法律等。故2023年修订的《行政复议法》将"行政复议原则上采取书面审查的办法"改为"审理重大、疑难、复杂的行政复议案件,行政复议机构应当组织听证"。这些修订内容将会增加行政复议听证审理的机会,但书面审理方式不会因此退出历史舞台。因立法未规定"重大、疑难、复杂的"行政复议案件的衡量标准,税务机关认为案件未达到重大、疑难、复杂程度的,即可采用书面审理方式。

书面审理意味着纳税人无法当面陈述自己的观点,无法对税务机关出示的证据当面质证,无法就税务机关的观点深入辩论。真理不辩不明,未经当面举证、质证、辩论的案件,在保护纳税人权利方面较听证审理的力度要小。若行政复议决定书说理不透彻,容易让纳税人质疑背后有"暗箱操作"。

三、税务行政复议人员的职业化

公正的税务行政复议决定需要专业化、职业化的税务行政复议人才队伍。具有丰富税务行政复议经验的综合型人才,能够灵活、准确、综合运用税收、财会、法律知识,深入理解法律原则与法条、法律与政策之间的关系,尤其在法律规定不明确或者没有规定、法律之间相互冲突、下位法违背上位法时,能正确选择审理依据,以提升复议决定的公正性。

税务系统有一批熟悉法律、精通税务、了解相关会计知识的综合型人才,但部分综合型人才缺乏行政复议经验,难以正确处理税务行政复议案件。各级税务局每年招聘专职律师作法律顾问,涉及税务行政诉讼时聘请专业律师出庭应诉即为例证。出现这种情况有三个方面的原因:一是未能人尽其才。通过访谈部分税务系统工作人员,发现税务机关安排工作岗位时不太注重税务人员的知识储备,不会因为税务人员持有"三师"资格证书而将其安排在行政复议岗位上。二是税务行政案件较少。目前我国税务行政复议案件最多的年份只有3131件,[①]全国税务行政复议机关共有3400余家,[②]平均一家行政复议机关一年办不到一个行政复议案件,且大部分案件集中在北京、上海、深圳等经济相对发达地区。笔者访谈过部分

---

① 参见《国家税务总局2023年法治政府建设情况报告》,载国家税务总局官网2024年3月29日,https://www.chinatax.gov.cn/chinatax/n810214/n2897183/c5222130/content.html。
② 参见《国税地税合并 中国535个市级新税务局集中统一挂牌》,载中国新闻网2018年7月5日,https://baijiahao.baidu.com/s?id=1605150792158246628&wfr=spider&for=pc;《2022年中国统计年鉴》,载国家统计局官网,最后访问日期2024年6月12日,https://www.stats.gov.cn/sj/ndsj/。

市、县级法制部门工作人员,相关人员声称工作多年从未办理过一个税务行政复议案件。三是法制部门工作人员的流动性比较大,没有足够时间积累行政复议工作经验。笔者在走访中发现,在法制部门工作10年以上的人数不多。

四、税务行政复议决定的公信力

行政复议决定的公信力越高,纳税人选择行政诉讼的概率越低。从2014~2023年全国税务行政复议与税务行政诉讼案件的数量来看,税务行政复议后大部分纳税人选择提起税务行政诉讼,加之非纳税争议的大部分纳税人选择直接向法院起诉,导致2015年税务行政诉讼案件的数量占税务行政复议案件的92.4%;除2021年、2022年、2023年之外,其他年份两者的占比也都高达55%以上(见表8-3)。

表8-3 中国2014~2023年税务行政诉讼案件占税务行政复议案件的比例

年份	2014	2015	2016	2017	2018	2019	2020	2021	2022	2023
税务行政诉讼/件	398	636	367	555	641	659	688	1055	990	1253
税务行政复议/件	680	688	456	752	752	1063	1243	1875	2088	3131
占比/%	58.5	92.4	80.4	73.8	85.2	62.0	55	56.27	47.4	40.0

数据来源:参见2014年至2023年《全国法院司法统计公报》,载最高人民法院公报网,最后访问日期2024年6月12日,http://gongbao.court.gov.cn/ArticleList.html?serial_no=sftj;2014~2022年全国行政复议行政应诉案件统计数据,载司法部官网,最后访问日期2024年6月12日,https://www.moj.gov.cn/pub/sfbgw/zwxxgk/fdzdgknr/fdzdgknrtjxx/。

从表8-3可以推断,纳税人能选择直接提起诉讼的,一般不会选择申请行政复议;需要以行政复议为诉讼前置条件的,行政复议后会选择继续提起诉讼。之所以如此,皆是因为纳税人对税务行政复议决定的信任度不高。

行政复议委员会可以汇聚各领域的专家学者,吸纳专业意见,作出正确、公正的行政复议决定;故2023年修订的《行政复议法》第52条第1款规定,县级以上各级人民政府应当建立行政复议委员会。因税务行政复议机关不是县级以上各级人民政府,这个规定对税务行政复议不适用。各级税务行政复议机关可以设立行政复议委员会,也可以不设立。即使税务行政复议机关设立了行政复议委员会,其发挥的作用也不大。首先,行政复议委员会只能就案件的处理提出建议,没有决定权,行政复议决定权由税务行政复议机关的行政首长行使;其次,因案件保密的需要,税务行政复议机关一般不邀请税务机关以外的专业人士加入行政复议委员会,导致难以获取各领域专家的意见。

五、税务机关的自行纠错机制

税务机关若自行纠错意愿高,则会在行政复议过程中正视自己的执法行为,虚心听取纳税人的意见,行政复议机关也无须偏袒作出行政行为的税务机关,纳税人则更愿意选择通过行政复议机制化解与税务机关的争议。然而实践中,税务机关往往缺乏充分利用行政复议自行纠错的强烈意愿。

首先,税务机关除行政复议外缺乏个案处理的内部监督机制。税务机关有一些内部监管机制,但都与税务稽查个案处理的关联性不大。"一案双查"查的是税务人员在工作中是否存在违法违纪行为,比如是否与纳税人相互勾结,是否有索贿、受贿、徇私舞弊、失职渎职等行为。国家税务总局组织的系统督查是为了确保党中央和国务院重大决策部署、国家税务总局重要工作安排的落实,以及重点难点问题的解决。执法督察的重点是税收法规的执行情况、重要决定部署的落实情况、涉税文件的合法性等。《税务稽查案件复查暂行办法》(国税发〔2000〕54号)(已失效)第2条规定,由上级稽查局对下级稽查局调查处理的案件进行复查,复查调查和审理程序是否合法、事实是否清楚、证据是否充分、案件处理适用法律依据是否正确等。

因此,除行政复议外,对于税务机关作出的行政行为是否合法缺乏相应的内部监督机制。一旦纳税人不能获得行政复议权,或者案件在上级税务机关的指导下办理,处理、处罚决定实为税务行政复议机关的意见时,税务机关对纳税人作出的处理、处罚决定即使有错,税务机关内部其他部门也几乎不会提及。

其次,法院对税务机关的外部监督不力。除了应该完善内部监督机制监管税收征管行为外,税收征管行为还应受到法院的外部监督,内外监督机制共同作用,才能更好地促使税务人员主动纠正自己的违法行为。但法院在外部监督中发挥的作用不大。除了清税前置条件使法院无法对税务机关的部分执法行为进行监督外,个别法院对税务机关的偏袒倾向也削弱了法院对税务机关的外部监督作用。以某龙公司案为例,丹东市公安局、丹东市交警支队出具证明,自认是涉案土地、房屋的房产税、城镇土地使用税纳税义务人,某宝区税务机关无视这个证据,在对涉案房产、土地权属未查清楚,对谁是实际使用人也没有做现场调查的情况下,坚持某龙公司是纳税义务人。一审、二审法院忽视某宝区税务机关在处理决定中事实认定不清、两处适用法律错误、三处程序违法等情况,支持某宝区税务机关作出的税务处理决定。①

第三节　促进行政复议成为化解税务行政争议主渠道的制度设想

一、在省级司法行政部门设立税务行政复议处

针对税务行政复议制度存在的问题,国家税务总局曾提出,要推进行政复议和应诉工作专业化,在国家税务总局机关和省级国家税务机关成立专门的税务行政复议办公室。这个要求未得到全面落实,许多省级税务局没有设立行政复议办公室。有些地区的省级税务局设立了行政复议办公室,但没有专职的行政复议和应诉人员,②行政复议办公室与负责法制工作的办公室是"一套人马,两块牌子"。

推进行政复议工作专业化是必要而且可行的,在国家税务总局和部分省级税务局成立税务行政复议办公室较之前也有所进步。但是,将税务行政复议办公室设在税务机关内部,仍然难以在独立性与公正性方面取得实质性进步。

我国于2015年开始要求实行法官办案质量终身负责制和错案责任倒查问责制,③但在落实方面存在困难。原因在于大部分案件的办案法官不能个人决定案件的审判结果,错案不是办案法官个人造成,由法官承担终身责任不公平。且判决结果生效后,启动再审程序很难,被认定为错案的可能较小。因此,与其相对应,复议人员个人负责制在我国短期内无法实现,因为税务行政案件的复议人员不是决策者,目前税务机关也少有专职行政复议人员。

笔者建议,在省级司法行政部门设立税务行政复议处,将其称为税务行政复议机构,负责复议全省税务行政案件,以提升税务行政复议的独立

---

① 参见辽宁省高级人民法院行政判决书,(2020)辽行再12号。
② 广东省税务局设立了行政复议办公室,且行政复议办公室有专职人员负责行政复议和应诉工作。
③ 中共中央办公厅、国务院办公厅印发《关于贯彻落实党的十八届四中全会决定进一步深化司法体制和社会体制改革的实施方案》。

性与公正性。理由如下：

首先,此举有利于提升纳税人对复议机关的信赖。由上一级税务机关承担复议下一级税务机关行政行为的职责,可能存在"自己做自己的法官"的问题,即便能作出公正的复议决定,纳税人也不一定认为是复议机关秉公执法的结果。正如学者所言,法官在审理"自己案件"的过程中,即便能够做到铁面无私和大义灭亲,也无法消除人们对其公正性的合理怀疑,其审判无法取得当事人以及社会公众的普遍信赖和接受。[1] 正义必须植根于信赖,当心地正直的人们转而认为法官有偏私时,信赖也便荡然无存了。[2] 因此,若将税务行政复议机构设在省级税务局,在独立性上很难取得纳税人信任。税务行政复议机构一旦独立于税务机关,作复议决定时无须过多考虑被申请人的税收任务能否完成、被申请人的利益关系是否受到影响等,有利于提高税务行政复议决定的公正性,纳税人更容易接受处理结果。

其次,有利于培养专业化、职业化的税务行政复议人才。县级、市级及大部分省级税务机关没有设立税务行政复议办公室,复议人员主要由法制办公室的工作人员兼任,[3]不能全心投入复议工作,加之税务行政复议岗位人员流动频繁、税务行政复议案件不多,部分税务行政复议人员很难积累足够的办案经验。法律的生命不在逻辑而在经验,缺乏办案经验的行政复议人员很难办出令人信服的公正案件。若能设立一个独立于税务机关的税务行政复议机构,则岗位和人员相对稳定,复议人员能接触并办理更多的案件,并能长期专注于税务行政案件的研究。

最后,符合行政复议体制改革要求。为贯彻落实全面依法治国基本方略,统筹行政立法、行政执法、法律事务管理和普法宣传,推动将政府工作纳入法治轨道,2018年国务院开始进行机构改革,将司法部和国务院法制办公室的职责进行整合,重新组建司法部。自此,由县级以上各级政府司法部门负责本行政区域内的行政复议工作,除海关、金融、国税、外汇管理

---

[1] 参见陈瑞华:《无偏私的裁判者——回避与变更管辖制度的反思性考察》,载张江莉主编:《北大法律评论》第6卷第1辑,法律出版社2005年版。
[2] 英国的丹宁勋爵语,参见[英]威廉·韦德:《行政法》,徐炳译,中国大百科全书出版社1997年版,第117页。
[3] 以下为北京市国税局法制工作部门的职责:拟订并组织实施本系统依法行政、依法治税工作方案;组织协调涉及多税种、综合性税收政策的落实工作;组织开展综合性税收政策调研;承担机关有关规范性文件的合法性审核工作,并定期进行清理、评估和反馈;承办局外涉及多税种、综合性税收政策文件会办工作;牵头重大税收案件审理及规范税务行政审批工作;承办税收规范性文件的备案审查工作;办理行政复议、赔偿案件及行政诉讼案件;组织反补贴案件的应对工作。

等实行垂直领导的行政机关和国家安全机关之外,行政相对人对行政机关的行政行为不服提请行政复议的,复议机构是司法行政部门。司法行政部门作为行政复议机构,较上一级行政机关作为复议机关具有更强的独立性。至2022年年底,31个省(区、市)和新疆生产建设兵团全部出台本地区改革实施方案,基本实现省、市、县三级行政复议职责集中。[1]

有的省市将行政复议工作列为司法行政部门职责的组成部分,比如黑龙江省,在省、市、县三级司法部门内设行政复议与应诉处(科、室);[2]有的省在市、县级司法局挂行政复议局牌子,比如浙江省在司法厅内设复议综合处、复议一处、复议二处,[3]在市级司法局挂行政复议局的牌子,市级司法局局长兼任行政复议局局长,即"一套人马,两块牌子"。[4] 无论设的是行政复议处(科、室),还是命名为行政复议局,都属于司法行政部门内的一个机构。

在省级司法行政部门内加设税务行政复议处,有利于集中税务行政复议权,更好地发挥监督作用,集中力量解决税务行政争议专业性问题。

此外,部分域外税务行政复议机关具有高度的独立性,值得研究。如美国的税务复议办公室设在其国内税务局(Internal Revenue Service)[5],但独立于征收部门,内部实行垂直领导,复议官员接受授权,独立处理案件,且复议官员被禁止与其他税务雇员接触,以保证复议机构独立行使职权。[6] 日本国税不服审判所属于国税厅的下属机构,独立于国税征收机关,专门负责审理与国税有关的复议案件。虽然国税不服审判所所长表面上由国税厅长官任命,但实际上国税厅长官并没有人事决定权,决定权在财务省、原大藏省大臣。国税不服审判所所长拥有独立的复议审理和决定权,不受国税厅长官干预,依法令作出不同于国税厅长官已发布的通告

---

[1] 参见《司法部2022年法治政府建设年度报告》,载中央人民政府官网,https://www.gov.cn/xinwen/2023-03/22/content_5747914.htm。

[2] 黑龙江省司法厅内设行政复议与应诉一处、行政复议与应诉二处、行政复议与应诉三处,参见《机构职能》,载黑龙江省司法厅官网,最后访问日期2024年6月12日,http://sft.hlj.gov.cn/sft/c112708/public_tt.shtml。

[3] 参见《厅内设机构》,载浙江省司法厅官网,最后访问日期2024年6月12日,http://sft.zj.gov.cn/col/col1229285483/index.html。

[4] 参见《机构概况》,载浙江省舟山市司法局官网,最后访问日期2024年6月12日,http://zssfj.zhoushan.gov.cn/art/2022/10/25/art_1229664652_58920448.html;《机构职能》,载义乌市司法局官网,http://www.yw.gov.cn/col/col1229138461/index.html。

[5] 参见 Collection Appeals,载美国国内税务局官网,最后访问日期2024年6月12日,https://www.irs.gov/pub/irs-pdf/p1660.pdf。

[6] See Camilla E. Watson & Brooks D. Billman, Jr. *Federal Tax Practice and Procedure*, West, 2012, p. 311-314.

的解释，或者就尚未规定的问题作出具有行政先例的复议决定，国税厅长官应该基于国税审查会的决议进行指示。① 澳大利亚税务行政复议机构为行政复议庭（Administrative Appeal Tribunal），独立于税务机关，除复议纳税人针对税务机关提起的复议案件外，还复议澳大利亚政府各部、委、州政府及非政府团体根据联邦法律作出的行政决定。②

二、建设职业化及专业化的税务行政复议人才队伍

法律需要税务行政复议人员落实、证据需要税务行政复议人员认可，税务行政复议人员的专业性对提升复议决定的公正性很重要。因此，2023年修订的《行政复议法》对行政复议人员提出两点要求：一是建立专业化复议人员队伍，要求初次从事行政复议工作的人员，应当通过国家统一法律职业资格考试取得法律职业资格，并参加职前培训；二是建立职业化复议人员队伍，行政复议人员不会被频繁轮换岗位。按照前一个要求，非公职律师将逐步退出税务行政复议人员队伍，被税务公职律师取代。后一个要求在短期内还难以实现，因为目前税务行政复议案件太少，税务行政复议机关分散，导致税务行政复议机关人员岗位调换频繁，能长期坚守在行政复议岗位上专职税务行政复议工作的人不多，未能形成税务行政复议队伍。若能在省级司法行政部门设立税务行政复议处，集中处理税务行政复议案件，使税务行政复议人员有案可办，岗位相对稳定，则税务行政复议职业化可以实现。

税务行政复议人员的专业化水平应当高于一般行政复议人员。税务行政复议人员除了应有一定的法律知识储备外，还应该具备一定的财会、税务知识，只有能将财务、税务与法律知识结合起来的行政复议人员才能处理好税务行政复议案件。因此，税务行政复议人员除被要求有律师证之外，还应该有通过税务师或者注册会计师考试的要求。在不缺乏掌握法务、财务、税务基础知识的税务干部的情况下，下一步要做的是安排部分综合型人才到税务行政复议岗位上，增加他们处理税务行政复议案件的经验，充分发挥他们的特长。

日本对税务行政复议人员有较高要求。日本国税不服审判所的审判官员大多从国税局和税务署借调，有的从司法界等其他领域任命，要求有

---

① 参见［日］金子宏：《日本税法》，战宪斌等译，法律出版社2004年版，第534~536页；［日］北野弘久：《税法学原论》（第4版），陈刚等译，中国检察出版社2001年版，第305~306页。
② 参见 What We Do？，载澳大利亚行政复议庭官网，最后访问日期2024年6月12日，http://www.aat.gov.au/about-the-aat/what-we-do。

担任律师、税务师、公认会计师、大学教授或者副教授、法官或者检察官的经历。为增强行政复议机关的中立性,日本政府增加起用律师、税务师等民间人士担任国税审判官的数量。①

三、完善税务行政复议委员会制度

基于目前部分税务行政复议机关未设立税务行政复议委员会,以及税务行政复议委员会发挥的作用不大等问题,有必要从以下两个方面进行完善:

首先,立法要求税务行政复议机关设立复议委员会。2023年修订的《行政复议法》第52条规定,"县级以上各级人民政府应当建立相关政府部门、专家、学者等参与的行政复议委员会,为办理行政复议案件提供咨询意见……"税务行政复议制度也应该借鉴这一规定,邀请税务系统外专家、学者参与复议委员会,可通过签订保密协议的方式消除税务行政复议案件内容泄密的风险。

行政复议委员会的专家、学者来自不同领域,对相关理论与实务都有深入研究,看问题时能跳出个别法律条文,综合立法宗旨、原则、其他相关法规进行分析,不会囿于条文的字面意思,有利于全方位、综合性考虑问题。来自税务系统之外的专家审议案件时更多关注的是事实与法律,与税务人员不熟悉,可以减少偏袒之虞。邀请税务系统外的专家、学者参与复议委员会的,可以通过签订保密协议的方式防止专家泄密。

其次,提高税务行政复议委员会的参与度。目前税务行政复议委员会只能提供咨询意见,不能参与决策,作为咨询机构的税务行政复议委员会很可能只是行政复议机构的"花瓶",无助于税务行政复议成为解决税务行政争议的主渠道。② 江苏省税务局行政复议委员会从高校、律师事务所、会计师事务所聘请专家组成行政复议外部专家委员会,将征求专家委员会意见和建议作为处理行政复议案件的必经程序,③这个做法值得借鉴。

日本的行政复议委员会成员为来自各领域的专家,且对案件的审理有决定权。日本国税不服审判所的行政复议委员会称为国税审查会,由10名以上有学识、有经验的临时性工作委员组成,监督国税厅厅长,以避免其

---

① 参见[日]金子宏:《日本税法》,战宪斌等译,法律出版社2004年版,第525~526页;[日]北野弘久:《税法学原论》(第4版),陈刚等译,中国检察出版社2001年版,第305~306页。
② 参见王敬波:《行政复议委员会是行政复议体制改革的靶点》,载《中国司法》2022年第2期。
③ 参见夏亚非:《推进行政复议实质性化解争议 实现行政复议"案结事了政和"》,载《中国税务报》2022年12月21日,第7版。

在国税不服审判所所长行使审查裁决权时肆意行使指示权。①

四、以听证审理为原则

"正义不仅应得到实现,而且要以人们看得见的方式得到实现",听证审理即为一种看得见的实现正义的方式。若能以听证审理为原则,更有利于实质化解税务行政争议。

首先,听证审理方式有利于征税机关接受纳税人与社会的监督。书面审理效率高,但存在一定的局限性,具体表现在过程处于封闭状态,申请人不知道具体的案件审理人员,无法申请回避。听证审理方式有利于纳税人监督复议审理人员,对有利害关系的复议人员提出回避申请,同时社会大众也可以通过旁听实现对税务行政复议的监督。

其次,听证审理有利于充分剖析案情。听证审理有举证、质证、辩论过程,通过质证、辩论,能充分表达双方观点,事实将在辩论过程中变得更加清晰,对法律的理解也会更加深入。一方面,有利于审理人员更好地了解案情,作出更加公正的复议决定;另一方面,有利于当事人接受复议决定。

最后,有利于纠纷多元化解机制的运用。和解与调解是和平解决税务行政争议的重要方式,但书面审理无法让申请人与被申请人当面交流与沟通,有的税务机关不会主动提议争议双方进行和解或调解,纳税人在听证申请被拒绝的情况下丧失当面申请调解及向税务机关当面求和解的最佳机会,相关法规也未规定调解是行政复议的必经程序。因此,在听证缺位的情况下,和解及调解制度将形同虚设。而公开听证能为双方提供当面辩论与交流的机会,使和解与调解成为可能。

鉴于听证审理较书面审理更有利于税务行政争议的实质化解,在美国、日本、澳大利亚、德国,纳税人申请听证的,复议机关都会举行听证。美国《国内税法典》(26. U. S. Code/Internal Revenue Code)第6320节、第6330节规定,当纳税人财产被留置时纳税人提出听证要求的,复议机关必须进行听证。在扣押纳税人财产前,必须通知纳税人有提出听证申请的权利;没有告知纳税人享有听证权的,征税机关不能扣押纳税人的财产。只要纳税人在规定的时间内以书面形式提出听证请求并说明听证的理由,复议机关就必须举行听证。② 日本的异议申请与审查请求都以书面审理为

---

① 参见[日]金子宏:《日本税法》,战宪斌等译,法律出版社2004年版,第525~526页;[日]北野弘久:《税法学原论》(第4版),陈刚等译,中国检察出版社2001年版,第305~306页。

② See Daniel J. Lathrope, *Selected Federal Taxation*, West Publishing Corporation, 2014, p. 832-835.

原则,但当纳税人申请听证时,被申请方应给予其口头陈述意见的机会。①澳大利亚税务行政复议程序设置了比较完善的听证制度,假如纳税人与税务机关在行政复议前期比如会谈(conference)期间不能解决争议,行政复议庭就会安排听证,地点一般位于省级城市的行政复议庭办公室,陈设类似于法庭。纳税人可以亲自参与公开听证,也可以邀请朋友、家人、律师或者其他专业人士提供帮助。② 根据德国《租税通则》第 364 条、第 365 条的规定,纳税人申请听证的,复议机关应该举行听证,就事实认定及法律适用进行讨论;或者复议机关认为有听证审理必要的,也可以通知纳税人及被申请人进行听证讨论。

---

① 参见[日]金子宏:《日本税法》,战宪斌等译,法律出版社 2004 年版,第 530~532 页。
② 参见 *Hearings*,载澳大利亚行政复议庭官网,最后访问日期 2024 年 6 月 12 日,https://www.aat.gov.au/steps-in-a-review/taxation-and-commercial/taxation-and-commercial/hearing。

第九章 税务行政诉讼:税务司法专业化

相较于一般行政案件,税务行政案件的专业性更强,对法官综合能力的要求更高。普通法官不具备审理税务行政案件所需的税务、财务知识,对税法的理解不深入,对税收事实难以独立作出判断,更倾向于相信税务机关的"一家之言"。因为税务机关代表国家征税,纳税人往往被视为"追求利益最大化而不择手段者"。法官对税务机关的过分信任会影响对纳税人合法权益的保护。因此,亟须建立一支专业税务法官队伍,以提升税务司法的效率及公正性。但如何组建一支专业化且具有稳定性的税务法官队伍?是否应该设立税务法院?假如设立,是"一步到位"直接设立税务法院还是先从税务法庭开始逐步设立?税务法院的案件管辖范围仅限于税务行政案件,还是"三审合一"包括涉税刑事和涉税民事案件?这些问题都需要深入探讨。

第一节 税务审判队伍专业化建设

有观点认为,普通法官也能作出公正的税务行政判决。如刘某秀案,①该案判决书涵盖从税收的概念到基本构成要素,从税收原则和税法宗旨谈到行政执法的合法性、合理性,对《税收征收管理法》第51条存在的问题进行了全面剖析,说理透彻,判案结果公正,得到诸多业内人士的认可,②但此类优秀案例不多。因为财税案件具有较高的专门性与复杂性,实非一般法官所能胜任。司法裁判在本质上是一种法律推理或法律论证,法官需要举出规范性理由和事实理由来支持最终得出的具体判决,③法官举出规范性理由和事实理由的能力在一定程度上决定着司法公正的

---

① 参见北京市西城区人民法院行政判决书,(2017)京 0102 行初 813 号。
② 参见何锦前、唐靖萱:《虚增利润型退税争议之厘清》,载《税务研究》2023 年第 5 期;史杜江、宋诗:《〈民法典〉实施背景下合同竞争力变动对纳税义务的影响》,载《湖南税务高等专科学校学报》2022 年第 2 期;程国琴:《应税行为被撤销后退税的理论反思与实现路径》,载《税务研究》2022 年第 2 期;侯卓:《税法裁判中法律适用的特征及不足》,载《法学》2020 年第 10 期。
③ 参见舒国滢、王夏昊、雷磊:《法学方法论》,中国政法大学出版社 2018 年版,第 169 页。

实现程度。① 任何一个涉税问题,都不仅仅局限于税收学、税法学,必然与会计学、其他部门法学等紧密关联。要成为一名合格的税务法官,知识储备较普通法官要更全面。虽然财税法官没必要精通数学,只要会运用加、减、乘、除等数学方法说明潜在的原理,能把关键的"收入"计算出来即可;②但是,税务行政案件涉及的会计、税收问题对未深入研究过这些学科的法官来讲是一个极大的挑战。法兰西水泥案即能很好地诠释这点。

一、普通法院审理税务行政案件面临的挑战

2012年5月3日,法兰西水泥(中国)以5.04亿元将富平水泥100%的股权转让给集诚公司,并于2012年6月18日办理完股权变更手续。富平水泥曾于2012年4月27日向意大利裕信银行上海分行取得了一笔贷款,意大利裕信银行为贷款担保人,法兰西水泥为意大利裕信银行提供了反担保(见图9-1)。

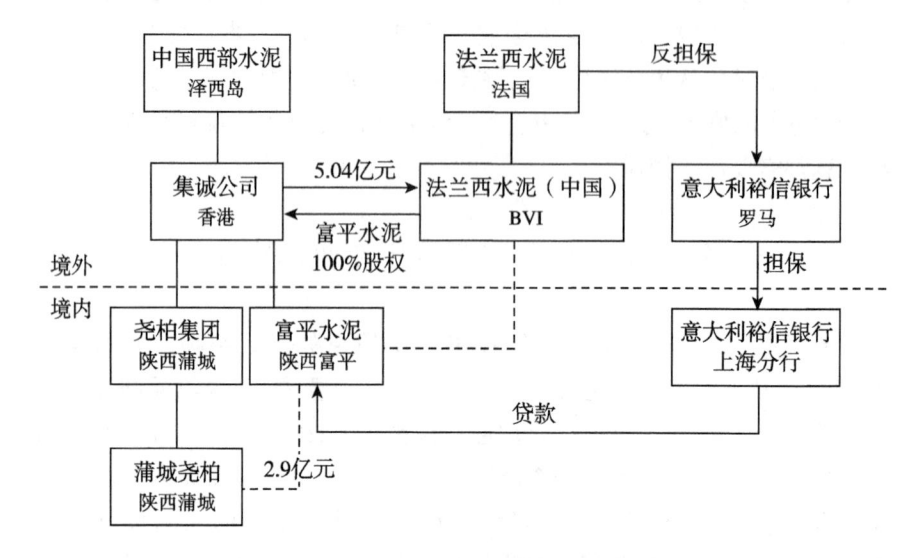

图9-1 富平水泥公司股权交易概况

股权转让协议约定,中国西部水泥承诺在股权交割后3个月内免除和解除反担保人在该反担保中承担的任何及全部义务。否则,集诚公司及中国西部水泥赔偿法兰西水泥因承担反担保义务而产生的或与之相关的任何及全部损失。

---

① 参见陈恩泽、肖启明:《当前法官纠纷化解能力的现状及对策》,载《法学评论》2009年第2期。
② See Deborah A. Geier, *U. S. Federal Income Taxation of Individual*, Call eLangdell Press, 2014: XVI.

2012年9月,尧柏集团要求其全资子公司蒲城尧柏将约2.9亿元转入富平水泥,富平水泥于该月27日用此笔资金偿还了意大利裕信银行上海分行的本金及利息。至此,法兰西水泥的反担保义务解除。

蒲城县税务局认为,法兰西水泥(中国)转让富平水泥的股权转让收入为5.04亿元加上蒲城尧柏向富平水泥转付用于解除法兰西水泥反担保义务的2.9亿元,减除股权成本后的应税所得约为2.27亿元。因该所得源于中国境内,应当在中国缴纳企业所得税约0.227亿元。

2012年9月24日,尧柏集团向税务机关出具书面意见,将涉税资料提交和税款缴纳事宜委托蒲城尧柏履行。随后,蒲城县税务局向蒲城尧柏作出税务事项通知书,要求其履行涉案税款的代扣代缴义务。同时向法兰西水泥(中国)作出税务事项通知书。

法兰西水泥(中国)不服蒲城县税务局所作的《税务事项通知书》,相继提起行政复议、一审及二审诉讼。一审、二审法院均认为,依据《企业所得税法》第37条的规定,蒲城县税务局作为蒲城尧柏的主管税务机关,对该案有税收征管权。买卖双方签订了以免除和解除法兰西水泥公司反担保义务为条件的股权转让协议,属于附条件的民事法律行为,蒲城税务局认定尧柏集团用于解除反担保义务而支付的2.9亿元为实现合同目的而支付的价外费用并无不当。据此,法兰西水泥(中国)在一审、二审诉讼中均败诉。① 从这两份判决书可以看出法官因缺乏税务、财务知识,对事实作出的误判与对法律的误用。

一是误判财务事实。法兰西水泥对富平水泥2.9亿元借款承担的是反担保责任,反担保责任不是一般债务,是或有负债。只有一般债务的免除,债务人才需要在税务上确认收入,或有负债的免除,不需要确认税收收入。

或有负债是指由过去的交易或者事项形成的潜在义务,其存在须通过未来不确定事项的发生或不发生予以证实,或过去的交易或者事项形成的现时义务,履行该义务导致经济利益流出企业或该义务的金额不能可靠计量的可能性较小。或有负债的特征表现在以下几个方面:(1)或有负债是过去形成的。(2)或有负债的结果只能由未来发生的事项确定。(3)或有负债的结果是不确定的:一方面表现在或有负债的结果是否发生不确定,另一方面表现在或有负债即使已被预料发生,但具体发生的时间或发生的金额具有不确定性。反担保责任之所以属于或有负债,原因在于签订

---

① 参见陕西省蒲城县人民法院行政判决书,(2013)蒲行初字第00007号;陕西省渭南市中级人民法院行政判决书,(2014)渭中行终字第00003号。

反担保合同时,当事人并不能准确预测反担保人是否需要承担反担保责任,也不能精确计量将承担多大的反担保责任。

反担保人承担反担保责任取决于以下三个条件:(1)主债权债务合同以及作为从合同的担保合同有效;(2)反担保合同本身有效;(3)当债务人以外的其他人为反担保人且为一般反担保时,担保人履行了担保义务,且经过审判或者仲裁并就主债务人财产依法强制执行仍不能实现追偿。只要前述任何一个条件不符合,反担保人即无须承担反担保责任,即反担保人是否应该承担责任不确定;即使最终需要承担责任,具体承担责任的时间以及承担责任的金额也是不确定的。因此,反担保责任是或有负债。

二是误判税收事实。因企业的收入来源渠道不影响企业所得税税率和企业所得税计税方法,故在《企业所得税法》中没有价外费用的概念。价外费用只规定在增值税、消费税等相关方面的法规中,目的是防止纳税人利用增值税有三档税率、消费税只针对部分产品征收的规定少缴税或者不缴税。

根据《增值税暂行条例》及《消费税暂行条例》的规定,价外费用的收款人是销售方,由销售方向购买方收取。该案2.9亿元的收款人是富平水泥,其既不是股权的销售方,也不是股权的受让方,只是股权转让的目标公司。被解除反担保责任的是法兰西水泥,也不是股权转让方法兰西水泥(中国)。

即使该案股权转让需要就2.9亿元缴纳企业所得税,代扣代缴义务人也不是尧柏集团。根据《企业所得税法》及其实施条例和国家税务总局《关于非居民企业所得税源泉扣缴有关问题的公告》的规定,对非居民企业代扣代缴企业所得税的义务人是依据法律规定或者合同约定对非居民企业直接负有付款义务的支付人。假如支付人自行委托代理人或指定其他第三方代为支付相关款项,或者因担保合同或法律规定等因素由第三方保证人或担保人支付相关款项,仍由委托人、指定人或被保证人、被担保人承担扣缴义务。该案股权转让合同的付款义务人是集诚公司,不是其子公司尧柏集团,也不是其孙子公司蒲城尧柏。假如股权转让有企业所得税需要代扣代缴,代扣代缴义务人应该是集诚公司。

三是误判法律事实。该案股权转让协议中免除和解除法兰西水泥反担保义务的约定不属于附条件的民事法律行为。附条件的民事法律行为,是指以条件的成就作为发生法律效力或者使法律效力消灭的民事法律行为。该案股权转让合同只约定了一旦不能免除和解除法兰西水泥反担保义务,由股权受让方及其保证人承担损害赔偿责任,并没有约定免除和解除法兰西水泥反担保义务是股权转让协议的生效条件。①

反担保人法兰西水泥是法兰西水泥（中国）的母公司，两者为独立民事主体，即使反担保责任免除，反担保人法兰西水泥公司取得2.9亿元收入，法兰西水泥（中国）也无须就2.9亿元缴纳企业所得税。

富平水泥收到2.9亿元的时间是2012年9月，早在2012年6月18日富平水泥已不是法兰西水泥（中国）的子公司，富平水泥收到多少钱都跟法兰西水泥（中国）不再有关系。

从该案可以看出，因司法人员缺乏财务知识，不了解或有资产及其会计处理方法，不能对反担保责任的免除是否属于取得收入作出准确判定；因缺乏税法知识，不能准确计算出应税所得额及应纳税额，无法正确判定纳税人与代扣代缴义务人。司法裁判活动并不是僵化地适用概念、文义和语词的过程，而更应是一个发掘和主张价值、目的和意义的过程。② 只有税务法官才能在税法的词语之外发现"意义"，在众多税种法未写明立法目的的情况下言明"客观的立法目的"，税务法官是实现税务诉讼公正裁判的前提。"没有高素质的司法队伍，司法权力运行机制再科学，也难以实现司法公正。"③因此，为保障税务案件的公正处理，有必要组建一支合格的税务法官队伍。

二、税务法官队伍的组建

税务法官有两个来源渠道：一是公开选拔，二是从现有法官中培养。无论通过哪种方式，都应该注重专业知识的考察与培养。专业法院对法官都有专业性要求，比如知识产权法院要求审判员必须有知识产权方面的专业知识，选任的审判人员应当具有从事知识产权及相关审判工作的经历，或者有从事知识产权法律实务、法学研究和法学教学的经历。④

（一）遴选税务法官

《法官法》第4条要求法官必须具备普通高校法学类本科学历并获得

---

① 股权转让协议约定："买方集诚公司及保证人中国西部水泥承诺在股权交割后三个月内免除和解除反担保人在该反担保中承担的任何及全部义务。否则买方及其保证人应赔偿反担保人因承担反担保义务所产生的或与之相关的任何及全部损失。"

② 参见舒国滢、王夏昊、雷磊：《法学方法论》，中国政法大学出版社2018年版，第171页。

③ 党的十八届三中全会后，《中央司改办负责人就司法体制改革试点工作答问》谈到，"没有高素质的司法队伍，司法权力运行机制再科学，也难以实现司法公正。建立符合职业特点的司法人员管理制度，是建设高素质司法队伍的制度保障，在深化司法体制改革中具有基础性地位，是必须牵住的'牛鼻子'"。参见《中央司改负责人就司法体制改革试点工作答问》，载中央政府门户网，https://www.gov.cn/xinwen/2014-06/15/content_2701248.htm。

④ 《知识产权法院法官选任工作指导意见（试行）》第3条。

学士及以上学位,或者获得法律硕士、法学硕士及以上学位……初任法官应当通过国家统一法律职业资格考试取得法律职业资格,未要求掌握税法相关知识。

我国法律职业资格考试极少涉及税法知识,因为我国法学教育并不十分注重税法教学,财税法尚未被认定为一门独立学科。早期财税法被认定为行政法的组成部分,现被归属于经济法范畴。根据 2018 年教育部发布的《法学类专业教学质量国家标准》,法学本科专业核心课程采取"10+X"分类设置模式。① 财税法被列入"X"的范畴,各院校根据办学特色可以将财税法列入必修课程,但目前只有少数几个学校将财税法列入法学本科必修课。该课程共计 32 个课时,仅够简单介绍财税法领域的一些基本概念和基本原则,无法就各税种法深入学习。②

法学研究生阶段的税法教学情况同样不容乐观。全国范围内目前仅厦门大学招收财税法专业硕士研究生,且该校 2024 年招收的 25 个名额中,有 20 个名额面向全球,只有 5 个招生名额面向国内。③ 武汉大学的财政税收法作为经济法学科 7 个子类研究方向之一进行招生,2024 年共招生 12 人,④分摊到财政税收法方向最多不会超过 2 个名额。其他高校的法学院的研究生招生目录或者招生计划中看不到"财税"或者"税法"二字。⑤

综上所述,拥有普通高校法学本科或者研究生教育背景,甚至通过国家统一法律职业资格考试的法官候选人,对税法领域不一定了解,有的甚至完全陌生,难以应对税务行政案件带来的压力与挑战。因此,税务法官的遴选有必要在现有法官遴选条件的基础上,增加对税法、财务知识的考核。比如要求税务法官候选人除通过全国统一法律职业资格考试外,还需要通过税务师或者注册会计师考试,或者具有财税法专业或者方向的硕士

---

① "10"指法学专业学生必须完成的 10 门专业必修课,包括法理学、宪法学、中国法制史、刑法、民法、刑事诉讼法、民事诉讼法、行政法与行政诉讼法、国际法和法律职业伦理。"X"指各院校根据办学特色开设的其他专业必修课,包括经济法、知识产权法、商法、国际私法、国际经济法、环境资源法、劳动与社会保障法、证据法和财税法,"X"选择设置门数原则上不低于 5 门。

② 参见刘剑文主编:《财税法学》(第 4 版),高等教育出版社 2004 年版。本书为"十二五"普通高等教育本科国家级规划教材,全书除导论外共 10 章,主要包括财政法总论、财政收入法、财政支出法、预算法、政府间财政关系法、税法总论、商品税法、所得税法、财产税法、税收程序法。

③ 参见《厦门大学 2024 年硕士研究生分专业招生计划》,载厦门大学官网,最后访问日期 2024 年 6 月 12 日,https://zs.xmu.edu.cn/info/1174/26251.htm。

④ 参见《2024 年武汉大学研究生院招生目录》,最后访问日期 2024 年 6 月 12 日,https://gs.whu.edu.cn/info/1253/11233.htm。

⑤ 参见《2024 年北京大学法学院硕士招生专业及招生人数》,最后访问日期 2024 年 6 月 12 日,https://admission.pku.edu.cn/zsxx/sszs/zyml/2024/yx/zsml_ss_yx_00029.pdf。

研究生及以上学历。

也可以从税务律师或者税法教学、研究人员中公开选拔税务法官。目前有部分律师取得了税务师资格证书、注册会计师资格证书,并代理过涉税案件。虽然代理税务行政案件的经验有限,但代理涉税刑事案件、涉税民事案件的经验相对丰富。高校有专门从事税法教学研究的老师,部分税法老师具有兼职代理涉税案件的经验,可以作为税务法官的储备人才。

为遴选到优秀的税务法官,应重视税法教学,以储备税法综合型人才。比如美国、德国、瑞士的大学法学院开设有多门税法课程,①其中最为著名的是纽约大学,其每学期开设120门左右税法课程供学生选择,授课形式包括线下授课与线上培训,有权授予学生税法学硕士和税法学博士学位。②

(二)培养税务法官

除公开遴选税务法官外,还可以从现任法官中挑选优秀人才参加税法、财务知识方面的培训。现任法官已拥有丰富的办案经验,若在此基础上进一步加强对税法、财务等专业知识的培训,将快速成长为合格的税务法官。

从现任法官中培养税务法官,需要进行专门培训。一方面,要加强税务知识培训。我国目前共有18个税种,每个税种都有各自独立的法规体系,加之税收征管程序法不同于一般行政程序法,税收实体法与税收程序法形成了一个庞大的税收法律体系,需要长时间、系统性的学习才能掌握。税务法官的培训应当包括长期培训、每年的定期培训、经常性的网络视频培训等。长期培训比如定向攻读财税法方向研究生,或者鼓励法官通过线上培训自行参加税务师或者注册会计师考试。每年的定期培训时间应该长于10日,因为税务案件的专业性要强于一般的行政案件,且税务规范性文件的立废过于频繁,每年新制定和被废止的税务规范性文件都数以百件计,③税务法官需要花更多的时间去跟进和适应这些变化。另一方面,需要进行财务知识培训。税务法官有必要了解基础财会知识,能辨析会计利润与应税所得额的区别,掌握税会之间的差异。

---

① 参见陈少英:《我国高校税法教学改革的思考》,载《云南大学学报》2005年第1期。
② 参见 Course Descriptions,载美国纽约大学官网,最后访问日期2024年6月12日,https://its.law.nyu.edu/courses/index.cfm#searchResults2。
③ 比如2022年全国制发税务规范性文件460件,废止税务规范性文件366件。参见《税务系统2022年度政府信息公开工作年度报告》。

第二节 设立税务法院

一、设立税务法院的必要性

我国有设立专业法院的先例,针对专业性比较强的知识产权案件,在北京、上海、广州、海南自由贸易港设立4家知识产权法院,同时在成都、南京等26地设立知识产权法庭;针对网络纠纷,在北京、杭州、广州设立互联网法院;针对金融案件,设立北京金融法院、上海金融法院、成渝金融法院。因此,有观点认为税收法定原则的落实导致税务法院的设立成为必然,[①]还有观点认为税务法院是通向税务司法专业化的最优进路。[②] 为实现对涉税案件专业问题的裁判,提高司法效率与审判的公正性,笔者赞同设立税务法院,具体理由如下:

(一)税务法院有利于税务审判队伍专业化建设

中共中央办公厅、国务院办公厅2015年12月印发的《深化国税、地税征管体制改革方案》提出,"加强涉税案件审判队伍专业化建设,由相对固定的审判人员、合议庭审理涉税案件"。普通法院很难培养出专业的税务法官队伍,也很难稳定住综合性、专业性强的税务法官,只有税务法院才有可能实现这一目标。

首先,税务法院可以给予法官充足的学习时间。在清税前置条件(纳税人与税务机关因纳税问题产生争议的,只有按税务机关的要求缴纳税款、滞纳金,才能取得行政复议资格)被废止之前,我国税务行政案件的数量难以得到明显增长,若设立税务法院,在税务行政领域不会存在法官人少而案件过多的问题,可以在税务法官任职前进行为期一年至两年的学习与训练。

普通法院的法官没有足够时间用于税法及财务知识的学习。最高人民法院工作报告显示,2023年全国法官人均办案357件。[③] 一年365日,除去法定节假日(不考虑年休假)仅剩下250日,即法官平均每个工作日要办理1.43个案件,扣除开庭审理时间外,留给法官查阅案卷的时间已极其有限,再难挤出足够时间进行系统性学习。在新经济形态不断涌现、

[①] 参见苏如飞:《从税权配置看跨行政区划税务法院设立》,载《经济研究参考》2016年第59期。
[②] 参见梁汪洋:《我国税务法院的设立:逻辑成因与建构思路》,载《税务研究》2021年第10期。
[③] 参见2024年《最高人民法院工作报告》,载最高人民法院官网2024年3月8日,http://gongbao.court.gov.cn/Details/91879661d9288abc72798a23b1ecec.html。

国际税收秩序不断变革、国内税制改革不断深化的大背景下,即便法官已具备一定的税收法律功底,长时间不学习也很难应对国际国内税务案件的挑战。

其次,税务法院可以为法官提供充足的涉税案件办理机会。"法律的生命不在于逻辑,而在于经验",拥有扎实的税收法律知识和财务知识只是成为税务法官的前提条件之一,一名合格的税务法官更需要拥有丰富的税务案件办理经验。

普通法院的法官办理涉税案件的机会较少。根据目前涉税行政案件的受理情况来看,行政庭法官遇到税务行政案件的概率极低,难以积累税务行政案件审判经验。以2021年、2022年为例,我国一审税务行政案件分别为1037件、990件,其中包括因信息公开引发的行政诉讼案件分别为132件、144件,[1]以及因行政许可、行政审批、税收保全措施、强制执行措施、税务机关不依法履行职责等引发的与税收专业性知识关联性不大的案件,真正涉及税收专业性知识的案件不多。全国四级法院共计3503家,[2]平均一个法院一年也难收到一件因纳税争议引发的税务行政案件。即使一家法院一年能收到数起涉税行政案件,因我国法院分派案件的随机性强,[3]能持续将涉税案件分到某个法官的可能性也不高。非专职于税务案件审理的法官,即使拥有深厚的税法学、会计学知识,也会因长时间不使用而使知识荒废。

(二)税务法院有利于判案法官集思广益

为了集众人之智慧以提升司法公信力,立法要求适用普通程序审理的案件由3人以上组成合议庭进行审理,并建立专业法官会议、审判长联席会议、人民法院审判委员会等制度,以推动疑难、复杂、重大案件的审理。这些制度能够发挥集体智慧的前提是法官们对某一类案件有自己独到的见解。普通法院很少有人专注于税务案件的研究,也缺少相应办案经验,因而也无相关智慧和经验可供分享。只有设立税务法院并建立起一支合格的税务法官队伍,才能博采众长,充分调动众人的智慧,凝聚众人之

---

[1] 参见《税务系统2021年度政府信息公开工作年度报告》,载国家税务总局官网2022年1月28日,https://www.chinatax.gov.cn/chinatax/n810214/n810641/n810702/c5172524/content.html。
[2] 参见《全面推进人民法院减刑假释案件在阳光下进行》,载最高人民法院官网2022年1月15日,https://baijiahao.baidu.com/s?id=1721948873430358339&wfr=spider&for=pc。
[3] 海南法院全面实行以随机分案为主、指定分案为辅、指定分案留痕的分案规则,确保分案工作公开、透明、有序运行,从源头上杜绝人情分案、关系分案、腐败分案。参见《海南法院全面实行随机分案为主的分案规则》,载海南省人民政府网,https://www.hainan.gov.cn/hainan/tingju/202112/4b7b70ed8b544e8fa9235d1fe425a81b.shtml;北京市高级人民法院《关于随机分案的规定(试行)》(北京市高级人民法院审判委员会第3次会议讨论通过)。

力,合力解决疑难、复杂涉税案件的办理难题。

法官面对不熟悉的涉税案件,都希望能够与人探讨或咨询案件处理意见,咨询税务人员虽然最为便捷,但当税务机关作为行政案件的被告方时,法官咨询税务人员意见显然容易导致司法不公。而且有些税务人员未系统学习过法律,对税收和法律制度的理解不太准确,表达不够精准,有可能误导法官,从而引发错案。

(三)税务法院有利于减少地方行政干预

"人人有权完全平等地由一个独立而不偏倚的法庭进行公正的和公开的审讯"①,"确保人民法院依法独立公正行使审判权","法官依法履行审判职责受法律保护"②。这种提法有利于实现司法公正,是我国司法制度改革的追求目标。但目前地方政府干扰法院作出公正判决的因素依然存在。

首先,目前司法体制难以完全杜绝政府干预司法的现象。我国行政管理范围与司法管辖范围完全重合,部分法院的人员编制、物资保障来自同级政府,③"国家权力和结构中行政权过强、司法权威不足,在个案层面和制度层面均制约法院作出实质裁判"④。中央办公厅、国务院办公厅曾发文禁止领导干部干预司法活动、插手具体案件的处理,⑤在某种程度上减少了行政对司法的干预,但基于地方政府与司法机关之间的人、财、物关系,很难完全杜绝地方行政对司法的干预。

其次,税务机关与本地法院联系紧密。《深化国税、地税征管体制改革方案》第30条提出,"司法部门要依法支持税务部门工作,确保税法得到严格实施",各地税务机关与其管辖法院纷纷建立起税务司法协作关系。如山东省、青岛市、福建省、浙江省等地的税务机关与当地人民法院签订协

---

① 《世界人权宣言》第10条,英语原文为:Everyone is entitled in full equality to a fair and public hearing by an independent and impartial tribunal, in the determination of his rights and obligations and of any criminal charge against him.《公民权利和政治权利国际公约》第14条对此作了相同内容的规定。
② 《关于完善人民法院司法责任制的若干意见》(法发〔2015〕13号)。
③ 中央全面深化改革领导小组(2018年改为中央全面深化改革委员会)第三次会议审议通过的《关于司法体制改革试点若干问题的框架意见》提出,对人的统一管理,主要是建立法官、检察官统一由省提名、管理并按法定程序任免的机制。对财物的统一管理,主要是建立省以下地方法院经费由省级政府财政部门统一管理机制。但这个改革要求未得到全面落实。参见《最高人民法院关于人民法院全面深化司法改革情况的报告——2017年11月1日在第十二届全国人民代表大会常务委员会第三十次会议上》。
④ 王万华:《行政复议法的修改与完善——以"实质性解决行政争议"为视角》,载《法学研究》2019年第5期。
⑤ 参见《领导干部干预司法活动、插手具体案件处理的记录、通报和责任追究规定》。

议,建立行政审判与行政执法良性互动机制,在案例指导、信息共享和协助执行方面深化合作。[1] 虽然税务司法合作衔接机制以及行政审判与行政执法良性互动机制有利于建立相对稳定的涉税案件审判队伍,促进税务司法专业化,但不利于税务行政案件的公正审判。

为避免地方政府对司法裁判工作的干预,法院系统自上而下曾在多方面努力探索,但效果并不明显。比如,自2012年铁路法院从铁道部转归省级党委和高级法院直接管理之后,开始跨区域受理行政案件,其中包括税务行政案件。马超研究员等人对中国裁判文书网24万份判决书的研究结果显示,铁路基层法院抗干扰能力较普通法院强一点,但铁路中级法院与普通法院没有明显区别。[2]

税务法院对涉税案件的跨区审理不仅要跨县、区,还应该跨市。如果能在各省成立一家税务法院,审理全省的涉税民事、行政、刑事案件,或者全国成立一家税务法院,仅审理涉税行政案件,则能在一定程度上减少地方政府的干预。

(四)税务法院有利于同案同判

同案同判是维护国家法制权威的重要保证,是发挥法律预测作用的前提,是保护纳税人合法权益的必然要求。但是,在税务行政案件的审理中,同案不同判现象比较常见。究其原因,主要在于立法不完善、一般法官审理税务行政案件时面临的挑战太大等。

税收立法不完善包括税种法不完善与税收程序法不完善,在税收立法不完善的情况下,司法公正在一定程度上取决于办案法官对立法目的、法律基本原则的理解,以及对税务规范性文件的了解程度。普通法官在对税收领域比较陌生的情况下,很难全面把握立法目的与法律基本原则,更难以找全、找对相应的税务规范性文件。

比如,有些房屋拍卖公告明确要求且在拍卖成交确认书中明确约定由竞买方承担一切税费。个别竞买方以纳税义务是法定义务,不能通过约定将纳税义务转嫁给竞买方,诉请法院判令税务机关向房屋销售方征收税款并为其办理契税缴纳手续时,有的法官不予支持,理由是"虽然我国税收征管方面的法律法规对于不同税种的征收均明确规定了纳税义务人,但税费具有金钱给付的特征,不具有人身专有属性,因而税费的实际承担者可以

---

[1] 参见郭瑞发:《规范税务行政应诉工作 深化依法治税实践》,载《中国税务报》2018年1月8日,第6版。
[2] 参见马超、郑兆祐、何海波:《行政院的中国试验——基于24万份判决书的研究》,载《清华法学》2021年第5期。

由当事人约定（拍卖成交确定书确认），我国法律法规也未对纳税义务人与他人约定由他人承担税款作出禁止性规定"①。个别法院根据税收法定原则，认为应当由卖方承担其依法应当承担的税费，理由是"拍卖文件对税费承担的约定不能用以否定卖方作为纳税人的法定义务"②。

普通法官很难从浩如烟海的税务规范性文件中找到审判依据，因为错综复杂的税务规范性文件基本上不能通过搜索关键词找到。以卓某英案为例，③法院认为税务机关在税收征管中不应该受最高人民法院《关于审理偷税抗税刑事案件具体应用法律若干问题的解释》（法释〔2002〕33号）（已失效）的约束，因为普通法官检索到国家税务总局曾经发布国税发〔2002〕146号文通知各级税务机关学习贯彻法释〔2002〕33号司法解释的概率极低，从而导致同样是关于偷税的税务行政案件，卓某英案的审理法院拒绝适用法释〔2002〕33号作为判案依据。在德通焦化厂案中，法院依据法释〔2002〕33号维持了税务机关对德通焦化厂偷税的认定。④

有时同案不同判并非源自立法不完善和法官不了解税务规范性文件，而是源自法院对税务机关的偏袒。比如物权公示公信原则，法学专业学生都能理解也必须掌握，部分法院也能依法判决，如在郑某阳案中，闻都置业公司欠缴税款，喀喇沁旗税务局将登记在闻都置业名下的房产拍卖以补缴税款。郑某阳控告喀喇沁旗税务局，理由是拍卖房产归其所有，其已与闻都置业签订商品房预售合同，收据及（2016）内0404民初1553号民事调解书等证据能够证明，案涉房产不归闻都置业公司所有。法院判喀喇沁旗地方税务局胜诉，理由是案涉房屋产权仍登记在闻都置业公司名下。⑤在张某文案中，高某君欠债未还，从汇星公司购买的房产（未办理房产证，只有购房合同备案号）被拍卖，被张某文成功竞买。按拍卖文件约定，拍卖房产所需的一切税费由竞买方张某文承担。中山市税务局某税务分局要求高某君缴纳增值税、城市维护建设税、教育费附加等共计16万余元。张某文以高某君的名义缴纳了上述费用，之后相继提起行政复议和行政诉讼。张某文认为，高某君未就涉案房产办理过户登记，未取得所有权，房产仍然登记在汇星公司名下，高某君取得的仅为要求汇星公司依约交房的债权，其拍卖的也是债权。销售债权不属于增值税征税范围，依法

---

① 徐州铁路运输法院行政判决书，(2016)苏8601行初280号。
② 广东省中山市中级人民法院行政判决书，(2018)粤20行终1024号。
③ 参见海南省琼海市人民法院行政判决书，(2014)琼海行初字第8号。
④ 参见辽宁省海城市人民法院行政裁定书，(2021)辽0381行初6号。
⑤ 参见内蒙古自治区赤峰市中级人民法院行政判决书，(2020)内04行终186号。

无须缴纳增值税、城市维护建设税、教育费附加。法院对物权公示公信原则采取忽视态度,判决书认定高某君拍卖的是房屋所有权,是增值税、城市维护建设税和教育费附加的纳税义务人,按照拍卖合同约定应该由张某文缴纳相关税费。①

税务法官的专业性能更好地处理税收立法不完善等导致的司法问题,税务法院能减少地方行政干预,减少法院对税务机关的偏袒。因此,设立税务法院将有利于减少同案不同判现象。

(五)税务法院有利于解决涉外税务纠纷

涉外税务纠纷包含国际税收因素,较一般税务行政案件的专业性、复杂性更强。法官除了需要掌握国内税制外,还需要了解国际税收协定、多边国际公约等相关内容。我国除与其他国家及地区正式签署的111个避免双重征税及防止偷漏税协定之外,还于2013年签署《多边税收征管互助公约》、2015年签署《金融账户涉税信息自动交换多边主管当局间协议》、2017年6月签署《实施税收协定相关措施以防止税基侵蚀和利润转移的多边公约》等。② 只有精通法律、税收及英语的法官,才能读懂多边国际公约与双边协定。能够精准理解双边协定与多边国际公约的法官将能更加公正地处理涉外税务行政争议,更加精准地打击国际骗逃税行为。这种具备超高综合素质的税务法官只有税务法院才有可能培养,因为全国的涉外税务纠纷较少,给予法官锻炼的机会并不多。

虽然涉外税务纠纷案较少,但涉外税务纠纷的审理事关我国在国际社会的声誉。若法官对多边国际公约、国际税收协定理解不到位,导致跨国投资公司对审理结果不服,会影响跨国公司在我国的投资信心;若误判跨国投资公司胜诉,则不但会造成税款流失国外,而且会影响我国在国际社会中的形象。因此,涉外税务行政案件的审理需要更加慎重。

二、域外税务法院

(一)美国税务法院

美国纳税人一旦与税务机关发生争议,可以在税务法院、联邦地方法院及联邦索赔法院中选择一家提起诉讼。③

---

① 参见广东省中山市第一人民法院行政裁定书,(2020)粤2071行初963号。
② 参见《我国签订的多边税收条约》,载国家税务总局官网,最后访问日期2024年6月12日,http://www.chinatax.gov.cn/chinatax/n810341/n810770/common_list_ssty.html。
③ See Camilla E. Watson & Brookes D. Billman, Jr. *Federal Tax Practice and Procedure*, West, a Thmson Reuters business, 2005, p.65.

美国税务法院根据美国《宪法》第1条设立,由19名经总统任命的法官组成。① 税务法院总部设在华盛顿,但是会派法官在一年当中的不同时期前往全国各地审理案件。② 比如,在每年的1月左右派一名法官前往休斯顿。纳税人对税务法院的判决不服的,可以向判决作出地享有司法管辖权的巡回上诉法院提起上诉,比如纳税人对税务法院在休斯顿作出的判决上诉,可以向第五巡回上诉法院提出;假如判决是税务法院在旧金山作出的,其上诉请求就得向第九巡回上诉法院提出。正常情况下,对上诉法院的判决不服的,可以向美国联邦最高法院提请再审。

向税务法院起诉前可以不用缴纳争议中的税款、利息和罚款;向联邦地方法院和联邦索赔法院起诉前,必须缴纳争议中的税款、利息和罚款。税务法院的缺点是没有陪审团,很多人认为税务法院更多地站在政府一边。虽然联邦索赔法院也没有陪审团,但一些专业人士认为联邦索赔法院能支持纳税人的观点,法官在处理税务案件时追求精益求精。选择联邦地区法院的话,有权得到陪审团的审判,假如案子是悲剧,能引起人们的广泛关注,则陪审团可能会同情纳税人。③

美国税务法院的司法管辖权是有限的,主要审理因要求补缴欠缴(claims involving deficiency)的所得税(income)、遗产税与赠与税(estate and gift),以及特别消费税(certain excise tax)引发的案件。④ 但美国税务法院允许的诉讼代理人范围大于其他法院,一般法院只允许律师做纳税人的诉讼代理人,美国税务法院允许会计、注册税务代理人,以及通过法院组织的考试符合执业条件的人代表纳税人参与诉讼。⑤

(二)加拿大税务法院

加拿大税务法院(Tax Court of Canada)根据加拿大《税务法院法》第4条成立于1983年,独立于税务机关(Canada Revenue Agency)和其他政府

---

① 美国《国内税法典》L. R. C. §7443(a), The Tax Court shall be composed of 19 members. L. R. C. §7443(b) Judges of the Tax Court shall be appointed by the President, by and with the advice and consent of the Senate, solely on the grounds of fitness to perform the duties of the office。
② 参见 About the Court,载美国税务法院官网,最后访问日期2024年6月12日, https://www.ustaxcourt.gov。
③ See Richard A. Westin, Beverly Moran & Herwig Schlunk, *Basic Federal Income Taxation of Individuals*, United states, Vandeplas Publishing, LLC, 2013, p. 18-19.
④ See Camilla E. Watson & Brookes D. Billman, Jr. *Federal Tax Practice and Procedure*, West, a Thmson Reuters business, 2005, p. 1232.
⑤ See Camilla E. Watson & Brookes D. Billman, Jr. *Federal Tax Practice and Procedure*, West, a Thmson Reuters business, 2005, p. 64.

部门。该法院在全国有18个案件登记办公室(registry offices),配有听证协调员(hearings coordinator)。税务法院属于高等法院(superior court of record),由首席大法官、首席大法官助理、人数不超过20名的其他法官组成。主要受理所得税、商品税、服务税以及就业保险方面的案件。当事人对税务法院的判决不服的,可以上诉到联邦上诉法院。[1]

(三)德国财政法院

德国财政法院(Fiscal Court)成立于1918年,[2]分州财政法院与联邦财政法院(the Federal Fiscal Court)两级,实行两审终审制。法院的组织、管理以及法律程序由德国《财政法院程序法》进行规范。

州财政法院是一审法院,受理一审税务行政案件,不管辖涉税刑事诉讼与行政罚款,为各州高级法院。[3] 18个州财政法院经常由三个专业法官、两个名誉法官共同审理案件。名誉法官除了参与开庭审理(oral proceeding)外,对判决的作出并不起决定性作用。州财政法院审理的案件中,大约有5%的案件因为当事人不满判决或者因宪法性控诉上诉到联邦财政法院。

联邦财政法院审理税务与关税上诉案件,是税务与关税案件的终审法院,依德国《基本法》(Basic Law)第95条设立于慕尼黑,为德国5个联邦最高法院之一[4]。联邦财政法院有11个审判委员会(senate),共计60名法官。一般情况下,每个审判委员会由1名庭长及4名法官组成。[5] 联邦财政法院主要审判有关税收与关税评估合法性的上诉案件,以及儿童津贴案、投资津贴案等,除行政罚款与刑事案件外,对财政法案件都有司法管辖权,但只对法律问题进行审理,事实不清的案件得退回财政法院重审。联邦财政法院的主要职责是通过对法律的解释确保法律应用与执行的一致性。

---

[1] 参见 The Court,载加拿大税务法院官网,最后访问日期2024年6月12日,https://www.tcc-cci.gc.ca/en/pages/about/the-court。

[2] 参见葛克昌:《税法基本问题(财政宪法篇)》,北京大学出版社2004年版,第6页。

[3] 德国其他专门法院与普通法院都实行三级终审制,因此,财政法院的一审法院就相当于其他法院的中级法院级别。

[4] 财政法院与普通法院(审判民事和刑事案件)、行政法院、劳工法院、社会法院的地位平等且相互独立。德国的最高法院一共有5个,分别为联邦最高法院(普通法院系统的最高法院)、联邦劳工法院、联邦财政法院、联邦社会法院、联邦行政法院。

[5] 参见 The Federal Fiscal Court-Supreme Court of Germany for tax law and customs and Customs and Excise Duties,载德国财政法院官网,最后访问日期2024年6月12日,https://www.bundesfinanzhof.de/en/court/organisation/。

三、税务法院的制度构建

（一）分步设立税务法院

对于如何设立税务法院，学者有不同意见。刘剑文教授建议分两步走，先在北京第四中级人民法院、上海第三中级人民法院分别设立跨行政区划税务法庭，受理来自全国各地的一审税务行政案件，待条件成熟时，再设立跨行政区划税务法院；①也有学者建议一步到位，直接设立税务法院。② 笔者赞同分步走观点。

纵观中外，部分专业法院的设立有一个循序渐进的过程。比如，中国知识产权法院经历了从设立专门审判庭，到"三审合一"③知识产权审判庭，再到知识产权法院的演进过程；为推进环境资源司法专业化，截至2023年年底，自最高人民法院到基层法院，全国共有环境资源专门审理机构、组织2813个；④美国于1924年设立税收复议委员会（the US Board of Tax Appeals），到1942年更名为美国联邦税务法院（the Tax Court of the United States），1969年由行政机构变更为司法机构，后又更名为美国税务法院（the United State's Tax Court）；⑤加拿大于1918年成立临时审判团，1948年改成审理委员会，直至1983年才成立税务法院；⑥德国于19世纪中叶设立税收陪审法院，1918年成立财政法院。⑦

有观点认为，我国行政案件体量大，应该在各基层法院设立税务法庭，⑧这个观点是不成立的。2021年至2023年我国的税务行政案件数量有所增长，但最多的年份也不过3131件，⑨约为10名法官的工作量。因

---

① 参见刘剑文：《如何推进我国税收司法的发展》，载搜狐网2018年1月4日，https://www.sohu.com/a/214840815_765457。
② 参见卢慧菲：《税务与司法对话：如何推进涉税案件审判队伍专业化？》，载《中国税务报》2018年5月22日，第7版。
③ "三审合一"是指将知识产权民事、刑事、行政案件统一集中审理的审判机制。
④ 参见《最高人民法院关于人民法院环境资源审判工作情况的报告——2023年10月21日在第十四届全国人民代表大会常务委员会第六次会议上》。
⑤ 参见 The United States Tax Court：An Historical Analysis（Second Edition） by professors Harold Dubroff and Brant J. Hellwig，载美国税务法院官网，最后访问日期2024年6月12日，https://www.ustaxcourt.gov/history.html。
⑥ 参见冀保旺：《加拿大税务司法体系的特点及启示》，载《涉外税务》1999年第8期。
⑦ 参见池生清译著：《德国美国税务诉讼法》，人民出版社2020年版，第13页。
⑧ 参见李晓安：《设立税务法庭：税收司法专业化改革的必然选择》，载《税务研究》2020年第1期。
⑨ 参见《国家税务总局2023年法治政府建设情况报告》，载国家税务总局官网2024年3月29日，https://www.chinatax.gov.cn/chinatax/n810214/n2897143/c5222130/content.html。

此,基于税务行政案件数量不多的现状,不宜在所有的基层法院或者中级人民法院设立税务法庭,建议以省为单位,先在各省设立一个税务法庭,审理全省范围内的一审税务行政案件。2024年2月,上海市高级人民法院开展试点工作,在上海铁路运输法院设立税务审判庭,受理全市应由基层法院受理的税务行政案件;在上海市第三中级人民法院设立税务审判庭,审理全市应由中级人民法院受理的税务行政案件。

若能在全国推广税务法庭,具有专业素养的税务法官将极大提高税务行政案件的审判质量,地方行政干预度会大幅下降,税务行政诉讼案件的数量将会有所增加。随着税务行政案件的增加及各税务法庭法官审判经验的不断积累,成立税务法院将水到渠成。

(二)税务法院的基本制度设计

关于税务法院的设立地点、设立数量,有学者建议设立跨行政区划税务法院,由税务法官巡回审理案件。① 从比较法视野看,美国在全国范围内只设立了一家税务法院,但纳税人有权在税务法院、联邦地方法院及联邦索赔法院中选择一家提起税务行政诉讼。②加拿大在全国范围内只设立了一家税务法院,但在全国有18个案件登记办公室(Registry offices),配有听证协调员(hearings coordinator)。③ 德国则有18个州财政法院。④ 因此,应综合考量我国幅员辽阔、纳税人数以千万计等各方面因素,建议在各省(自治区、直辖市)设立一家税务法院,借鉴海南知识产权法院模式,受理一审涉税民事、行政与刑事案件。具体理由如下:

首先,在税务法院内设立民事庭、行政庭、刑事庭分别审理涉税民事案件、行政案件和刑事案件符合分案受理制度,也符合目前的司法体制改革方向。比如,2023年11月厦门市开始试点工作,在思明区法院设立涉税案件合议庭,集中管辖厦门市一审涉税刑事案件、民事案件、行政案件。⑤

其次,涉税民事、刑事案件同样存在税收专业性、案情复杂性问题,普通法院的民事庭、刑事庭法官在审理涉税案件中同样面临严峻挑战。刑事

---

① 参见马蔡琛、桂梓椋:《税务法庭建设的国际经验与启示》,载《税收经济研究》2018年第2期。
② See Camilla E. Watson & Brookes D. Billman, Jr. *Federal Tax Practice and Procedure*, West, a Thmson Reuters business, 2005, p. 65.
③ The Court,载加拿大税务法院官网,最后访问日期2024年6月12日,https://www.tcc-cci.gc.ca/en/pages/about/the-court。
④ The Federal Fiscal Court-Supreme Court of Germany for tax law and customs and Customs and Excise Duties,载德国财政法院官网,最后访问日期2024年6月12日,https://www.bundesfinanzhof.de/en/court/organisation/。
⑤ 参见《首个涉税案件合议庭在厦门揭牌成立》,载厦门市税务局官网2023年12月6日,http://xiamen.chinatax.gov.cn/xmswcms/mobile/content/S54632.html。

案件事关纳税人的人身自由,更加需要关注判决的正确性与公正性。但部分判案法官对逃税、虚开增值税专用发票、骗取出口退税等领域不了解,难以准确理解虚开增值税专用发票是否对国家税款造成损失、造成多大损失,也难以理解在何种情况下构成骗取出口退税罪。成立税务法院有利于精准打击骗逃税行为、保护人权、优化营商环境。

涉税民事案件事关企业存亡。以发票为例,销售方收取货款后,开具发票是主要义务还是附随义务?销售方无故不开具发票的,是否属于根本违约?在合同对价款的约定不明确时,是含税价还是不含税价?一般法官很有可能因对税法不了解从而对案情把握不准,一旦误判,即有可能导致一方当事人企业倒闭。因为增值税税率高达13%,企业所得税税率高达25%,一旦采购方支付货款后不能取得发票,则既不能抵扣进项税,又无成本可扣除,巨额增值税与企业所得税可能给企业带来灭顶之灾。

最后,基于涉税案件数量的考量。一方面,我国税务行政案件太少,一年2000件左右的税务行政案件不足以支撑全国34个省级行政区划内的34家税务法院;另一方面,我国涉税民事、刑事案件数量庞大。2018年8月至2021年年底,税务机关依法查处涉嫌虚开骗税企业47万余户;①2022年累计检查虚开骗税企业20.48万户,涉及税额1353.1亿元,②2023年检察机关起诉骗取出口退税、虚开增值税专用发票等涉税犯罪共计5.8万人,比前5年上升29.3%。③涉税民事案件虽然没有具体统计数据,但因税收负担、发票开具、合同价款是否为含税价等问题引发的争议不在少数。

在税务法院的级别定位方面,可以借鉴专业法院与跨行政区划法院模式。知识产权法院,金融法院,④北京、上海两个跨行政区划法院都定位为中级人民法院,税务法院作为专业性较强的跨区区法院,也应该定位为中级人民法院。由税务法院所在地的高级人民法院受理涉税上诉案件,实行

---

① 参见《国家税务总局2021年法治政府建设情况报告》,载国家税务总局网2022年3月30日,http://www.chinatax.gov.cn/chinatax/n810214/c102374/c102386/c5192090/content.html。
② 参见《国家税务总局2022年法治政府建设情况报告》,载国家税务总局网2023年3月30日,http://www.chinatax.gov.cn/chinatax/n810214/n2897183/c5186040/content.html。
③ 参见《最高人民检察院工作报告》,载最高人民检察院官网2024年3月15日,https://www.spp.gov.cn/spp/gzbg/202403/t20240315_649603.shtml。
④ 参见《法院概况》,载北京金融法院官网2021年3月18日,https://bjfc.bjcourt.gov.cn/cac/1615255030016.html;《上海金融法院简介》,载上海金融法院官网,最后访问日期2024年6月12日,http://www.shjrfy.gov.cn/jrfy/gweb/seconds.jsp?type=fyjj&dm=aRllRU1cxNT-MzMzcyNjI0NTU0z&english=About%20the%20Court;《成渝金融法院简介》,载成渝金融法院官网,http://cyjrfy.cqfygzfw.gov.cn/article/detail/2022/12/id/7072436.shtml。

两审终审制。

为吸引专业人才、稳定税务法官队伍,可以有不同于普通法院的管理体制。知识产权法院、北京市第四中级人民法院及上海市第三中级人民法院都实行与普通法院不一样的管理体制。比如,知识产权法院法官的任职条件相较于《法官法》第12条的规定,要求更高、更严、更具体,要求知识产权法院任职法官必须具有四级高级法官任职资格,具有6年以上相关审判工作经验。同理,税务行政案件的专业性、复杂性、对税务法官的高要求决定了税务法院必须实行不同于普通法院的管理体制,对法官进行分类管理,实行新的考核机制,这样才能吸引并留住高素质综合人才。

在方便纳税人、保护纳税人权益方面,有观点认为,中国地域辽阔,设立税务法院不方便纳税人诉讼,会增加纳税人的诉讼成本。随着互联网的发展,网上立案成为主要立案方式,纳税人已无须到法院提交立案材料,且可以申请采用线上开庭方式。① 因此,设立税务法院并不会增加纳税人过多诉讼成本。当然,基于税务案件的复杂性,线下审理将更加有利于查清事实;可以赋予纳税人法院选择权,涉税民事、行政案件的当事人既可以选择税务法院,也可以选择当地普通法院提起税务行政诉讼和涉税民事诉讼;也可以采取巡回审理模式,为纳税人提供更为便捷的审理方式。

第三节 促进税务司法专业化的其他措施

设立税务法院、培养税务法官队伍只是提高司法效率、提升司法公正的基础,为确保税务法庭、税务法院更加公正、高效地处理涉税案件,使纳税人权利得到实质性保护,有必要通过以下几个方面进一步完善相关制度。

一、对税务行政案件实行立案登记制

当事人提起行政诉讼,只要有明确的被告、具体的诉讼请求和事实根据,属于人民法院受案范围和受诉人民法院管辖的,法院应当登记立案。但部分纳税人被清税前置条件挡在了司法的大门之外,即因纳税产生的争议不能适用立案登记制,纳税人必须按税务机关的要求缴纳税款、滞纳金、罚款,才能申请行政复议,对行政复议决定不服的,才能提起诉讼,从而导

---

① 《2022年最高人民法院工作报告》显示,2021年全国法院在线立案1143.9万件,在线开庭127.5万场。

致税务行政案件立案难的问题一直未得到解决,存在以下弊端:

一是浪费司法资源。部分认为税务机关的行政行为侵犯其权益而又不能清税的纳税人,为获得行政诉讼权,一再到法院起诉、上诉并申请再审,给法院增添了不少工作量。而且,处理这类案件耗费大量司法资源却不能推动纠纷解决,会让纳税人更加感受不到公平正义。比如某鸿公司案中,某鸿公司为取得行政复议权提起一审行政诉讼,被法院驳回后,又上诉到中级人民法院。[①] 若直接赋予纳税人申请行政复议的权利,或者适用行政诉讼立案登记制,则此类为争取法律救济权而引发的税务行政诉讼案件数量将大幅度下降。

二是法院难以对税务机关行使监督权。纳税人的诉讼权利不能得到保障,法院将无法监督审判税务机关的行政行为,即使税务机关执法错误,也无法得到纠正。前述某鸿公司请求法院判令复议机关受理其复议申请的请求被一审、二审法院驳回后,仍然不愿放弃,历经近两年时间的争取,于2016年7月取得行政复议权,继而取得行政诉讼权,最终税务机关的处理决定被法院撤销。该案说明税务机关确实存在部分错误执法行为,若不是某鸿公司多方寻求帮助,最终成功提起行政诉讼,则税务机关的错误执法行为将无法得到纠正。

三是部分纳税人无法感受到司法公正。清税前置条件使大部分纳税人丧失了获得法院公正裁判的机会,"努力让人民群众在每一个司法案件中感受到公平正义"的追求将难以落到实处。

综上所述,只有对税务行政案件实行立案登记制,让纳税人有提起税务行政诉讼的机会,法院有足够数量的税务行政案件审理,税务司法专业化的作用才能进一步得到彰显。

二、落实行政正职负责人出庭应诉制度

(一)正职负责人出庭应诉制度未得到全面贯彻落实

《行政诉讼法》第3条第3款规定,"被诉行政机关负责人应当出庭应诉……"最高人民法院《关于适用〈中华人民共和国行政诉讼法〉的解释》对此进行了扩张解释,一方面将"行政机关负责人"扩展到副职负责人以及其他参与分管工作的负责人,另一方面允许行政机关负责人在有正当理由时可以委托行政机关相应工作人员出庭。这种扩张解释使"负责人应当出庭应诉"的规定被架空。

---

① 参见浙江省高级人民法院再审行政判决书,(2020)浙行再44号。

首先,一般情况下"相应工作人员"可以无条件受托出庭应诉。因为法规对于何为相应工作人员未作进一步解释,原告很难找出证据证明税务机关中哪个岗位的工作人员不属于相应工作人员的范畴。由于法律对委托相应工作人员出庭应诉没有设置任何门槛,税务机关在派员出庭应诉时比较随意。

其次,法律没有明确何为"正当理由"。对于涉及重大公共利益、社会高度关注或者可能引发群体性事件等案件,行政负责人有正当理由不能出庭应诉的,向人民法院提交情况说明后可以不出庭。但何为"正当理由"?税务机关负责人只要在正常上班,没有离岗离职,是否都属于正当理由?是否应该告知原告行政负责人不出庭的"正当理由"?以什么形式告知原告?法律都未作出明确规定。因此有的原告要求税务机关公开行政负责人不能出庭的正当理由,甚至还引发了一些政府信息公开案件,即原告要求公开导致行政负责人不能出庭应诉、参与公务活动的政府信息。①

最后,税务机关正职负责人很少出庭应诉。《税务行政应诉工作规程》(税总发〔2017〕135号)第4条、第28条规定,"各级税务机关的主要负责人是本机关行政应诉工作的第一责任人,应当积极出庭应诉","涉及重大事项的案件及人民法院书面建议负责人出庭应诉的案件,税务机关负责人应当出庭应诉。对于因纳税发生的案件,地市级税务局负责人应当出庭应诉。县级税务局和县级以下税务机构负责人对所有案件均应当出庭应诉"。在正职行政负责人出庭应诉制度落实不力的大背景下,国家税务总局能提出如此要求,足见其对税务行政诉讼的重视程度,但是这个规定并未得到全面贯彻落实。笔者在中国裁判文书网上共搜到2023~2024年22份一审税务行政判决书(有的判决书有两个被告),其中,税务机关正局长出庭的1份,该案被告为县级税务机关,副局长出庭的共8份,含糊其词以负责人、副负责人出庭的7份,巡视员出庭的2份、党委委员出庭的1份、总会计师出庭的2份、高级主办出庭的1份,仅律师出庭的1份。

(二)由正职负责人出庭应诉是可行且必要的

首先,正职负责人有出庭应诉的时间。我国"民告官"的案子不多,尤其是纳税人告税务机关的案件更少。近10年来,税务行政案件最多的是2023年,全国共有3131件,②平摊到全国的税务局、税务分局、稽查局,一

---

① 参见程琥:《解决行政争议的制度逻辑与理性构建——从大数据看行政诉讼解决行政争议的制度创新》,载《法律适用》2017年第23期。
② 参见《国家税务总局2023年法治政府建设情况报告》,载国家税务总局官网2024年3月29日,https://www.chinatax.gov.cn/chinatax/n810214/n2897183/c5222130/content.html。

个税务机关一年平均不到一个案件,假如开庭日与负责人的其他重要工作安排冲突,可以与法官协商更改开庭日期。因此税务机关正职负责人没有时间出庭参加诉讼应该是小概率事件。

其次,正职负责人出庭应诉符合首长负责制。税务稽查过程中调取纳税人账簿、采取及延长税务强制措施、强制执行等均由税务局局长决定。重大案件审理委员会实行主任负责制,审理委员会主任由税务局局长担任,即重大案件审理委员会实行的是局长负责制;各级税务机关的行政首长是行政复议工作的第一责任人,这里的行政首长指的也是税务局局长;由此可见,自案件稽查、作出处理处罚决定,到行政复议的整个过程,决策者都是税务机关的正职负责人。一旦因行政行为或者税务行政复议决定与纳税人发生争议,由税务局局长出庭应诉符合权责一致原则。

最后,由正职负责人出庭应诉有利于提升税务人员的整体法治意识。税务人员法治意识不强主要表现为:重领导意见轻法律法规、重实体轻程序、重税务规范性文件轻法律。法庭经过举证、质证、辩论查明事实,法院判案以法律、行政法规、地方性法规为依据,参照适用规章,规范性文件不是法院的判案依据。正职负责人通过庭审,能更加深刻感受到依法征管的重要性,明白事实需要证据来还原,证据有客观性、关联性、合法性的要求。正职负责人法治意识的提高,有利于带动全体税务人员加强学习,提高税务人员整体法律素养。

税务人员整体法律意识增强、法律素养提高可以减少一些不必要的执法错误,减少税务行政争议,减少对司法资源的消耗,税务法官则会拥有更多时间研究复杂疑难案件。

三、将行政复议机关排除在被告名单之外

2014年修改的《行政诉讼法》之所以规定复议维持双被告制度,源于行政复议的维持率高、纠错率低。[1] 希望通过将复议机关列为被告,倒逼行政复议机关提升公正性,充分发挥保障和监督行政机关依法行政的作用。但事实证明,这个目标并未实现。2010年至2014年,行政复议纠错率分别为8.3%、8.5%、8.7%、8.2%、10.0%。2015年至2018年,年纠错率分别为13.33%、16.75%、14.58%、15.11%,纠错率有所提高。但是,2015年以后,复议后又起诉的案件量及行政机关败诉率均明显升高。[2] 具体到税

---

[1] 参见信春鹰主编:《中华人民共和国行政诉讼法释义》,法律出版社2014年版,第73页。
[2] 参见曹鎏:《作为化解行政争议主渠道的行政复议:功能反思及路径优化》,载《中国法学》2020年第2期。

务领域,2010年至2014年,税务机关的行政行为被法院撤销的案件数量与法院收案数量的占比分别为3.50%、2.20%、3.89%、4.14%、8.54%,2015年与2016年较之前几乎没有变化,分别为4.09%、3.95%,且税务行政诉讼案件由2015年之前的每年400件左右提升到2015年、2016年每年600多件。[①]

有学者建议,无论复议机关是否作出维持原行政行为的复议决定,都应坚持"谁复议、谁出庭应诉、谁举证质证"原则,让复议机关单独作为被告。[②] 笔者对此观点不敢苟同,行政复议机关并不是涉案执法主体,若由行政复议机关单独作为被告,原行政机关无须承担败诉责任,则无法实现对原行政机关的外部监督。行政复议有时会采用书面审理方式,且一般情况下复议机关未参与具体执法,对案情只是间接了解,仅以行政复议机关作为被告,会增加法官查清事实的难度,若法官再坚持卷宗审查主义,则案涉事实认定不清的概率会大幅度上升。不宜将复议机关列为被告,还有以下原因:

其一,将行政复议机关列为被告会增加纳税人的维权难度。因为纳税人需要多面对一个抗辩主体,争议范围扩大,矛盾进一步升级。而且行政复议机关的级别比被申请人高,若由市级或者省级税务机关的正职负责人出庭应诉,很容易出现基层法院法官不敢挑战市级、省级税务局的领导权威从而偏袒税务机关的情形。

其二,将行政复议机关列为被告会严重影响到行政复议机关的权威性。虽然学界普遍认为行政复议权是准司法权,但无法与法院的司法权同日而语,因为拥有这个准司法权的行政复议机关转瞬即有可能成为行政诉讼的被告,从而导致行政复议机关在复议过程中会更多地迎合法院,使行政复议与司法审判同质化,比如复议人员忽视对合理性问题的审理,以研讨、经验交流、合作办案等形式主动与法官加深感情,了解法官观点等。

其三,将行政复议机关列为被告不利于专业化、职业化的行政复议人员队伍建设。初次从事行政复议工作的人员,应当通过国家统一法律职业资格考试取得法律职业资格。税务行政复议除了复议人员的专业化之外,还有必要让复议人员专职从事行政复议工作,增加复议经验、研究复杂疑难案件的处理等。但应付行政诉讼会消耗复议人员大量精力,无法专注

[①] 参见2015~2016年《中国统计年鉴》,载国家统计局官网,最后访问日期2024年6月12日,https://www.stats.gov.cn/sj/ndsj/。
[②] 参见耿宝建:《行政复议法修改的几个基本问题》,载《山东法官培训学院学报》2018年第5期。

于行政复议工作。

因此,当行政复议机关被赋予居中裁判地位时,不应当将其与行政复议的被申请人捆绑在一起作为共同被告。因为行政复议机关应该与法院、仲裁委员会一样,是一个居中裁判的独立主体。行政诉讼当事人对一审法院判决不服上诉时,并没有将一审法院当成被上诉人,劳动者不服劳动仲裁裁决的,也不能将劳动仲裁委员会列为被告。

第十章 税务行政争议非诉解决机制：调解

随着全面依法治国深入推进，公民的权利意识和法治意识不断增强，[1]行政复议和行政诉讼由于自身的局限性，不能完全满足人民群众对公平和效率的新期待、新要求。因此，充分利用调解机制来解决纠纷即成为当前的选择。我国有人民调解、行业调解、商事调解、律师调解、公证调解、仲裁调解、个人调解、行政调解和司法调解等多种形式。其中适用于税务行政争议的是行政调解和司法调解。

为贯彻落实《关于进一步深化税收征管改革的意见》，国家税务总局要求进一步完善税务行政复议工作体制及和解、调解等制度，将"枫桥经验"应用于税收实践，推动建设"公职律师涉税争议咨询调解中心"。[2] 2022年3月，河南省税务部门推动建设"公职律师涉税争议咨询调解中心"，[3]同年4月，拉萨市税务局公职律师涉税争议咨询调解中心挂牌、[4]重庆市两江新区税务局挂牌成立"税费争议调解中心"[5]。至2022年年底，共建立1500多个"公职律师涉税争议咨询调解中心"。[6]"枫桥式"税务分局、咨询调解中心对纳税人与税务机关的调解发生在纳税人提请税务行政复议之前，目前立法未对其进行规范，故本章不讨论行政复议前调解。

司法调解方面，《行政诉讼法》规定了适用调解的范围，最高人民法院没有颁布相关司法解释。但部分高级人民法院出台了针对行政调解的解

---

[1] 参见母光栋：《修改〈行政复议法〉在法治轨道上推进行政复议体制与时俱进》，载《中国司法》2022年第2期。

[2] 参见国家税务总局《关于开展2022年"我为纳税人缴费人办实事暨便民办税春风行动"的意见》（税总纳服发〔2022〕5号）。

[3] 参见《河南：确保新的组合式税费支持政策落地生根》，载国家税务总局官网2022年4月6日，http://www.chinatax.gov.cn/chinatax/n810219/n810739/c5174317/content.html。

[4] 参见《西藏税务系统第31个全国税收宣传月正式启动》，载国家税务总局官网2022年4月3日，http://www.chinatax.gov.cn/chinatax/c102110/c5174296/content.html。

[5] 参见《税收宣传月活动精彩纷呈，看这里》，载国家税务总局官网2022年4月2日，http://www.chinatax.gov.cn/chinatax/c102110/c5174254/content.html。

[6] 参见《国家税务总局2022年法治政府建设情况报告》，载国家税务总局官网，最后访问日期2024年6月12日，https://www.chinatax.gov.cn/chinatax/n810214/c102374/c102386/c5192091/content.html。

释，如天津市高级人民法院《关于加强行政案件协调和解工作的若干意见》(津高法发〔2010〕2号)、山东省高级人民法院于2019年发布的《关于建立行政争议审前和解机制的若干意见》(鲁高法〔2019〕28号)。《最高人民法院工作报告》(2022)显示，目前法院系统在全国范围内已形成了以"源头预防为先，非诉机制挺前，法院裁判终局"为核心的"诉源治理"机制。这个机制应该包含了对税务行政案件的调解。

第一节 调解机制的优势

调解虽然在行政复议阶段与行政诉讼阶段进行，且由复议人员、法官主持，但有着行政复议与行政诉讼不可比拟的优势。

一、调解能满足审理机关的需求

调解可以规避税收立法不完善问题。无论是行政复议审理还是行政诉讼判决，都应该严格以法律为准绳。对于因税收立法滞后、税法与其他法律规定有冲突，以及立法漏洞等引发的税务行政争议，采用调解方式结案无疑是最佳选择。调解员主持调解工作，相较于对案件作出复议决定或者裁判结果，可以降低对案件把握的精准程度。调解员无须寻找精准的审判依据，无须纠结举证责任分配，无须判断证据是否具有客观性、合法性和关联性，也无须作出非此即彼的艰难抉择。

二、调解有利于避免立法差异带来的困扰

行政复议与行政诉讼在立法上主要有两大差异。首先，两者审理的范围不一样。行政复议既纠正违法行为，又纠正不当行政行为，因此，行政复议会对税务机关执法行为的合理性进行审查。但是，当纳税人对行政复议决定不服，起诉到法院后，因行政诉讼原则上不审理合理性问题，对于合法但纳税人认为不合理的问题，假如法院在判决书中不提及或者不作出相应裁判，纳税人会难以接受。其次，两者处理的依据不一样。法院审理案件的依据是法律、行政法规、地方性法规，规章只作为参考，税务规范性文件不是法院审理案件的依据。但《行政复议法》无此限制性规定，其只赋予纳税人就规范性文件的合法性提请附带审查的权利。因此，行政复议决定依据税务规范性文件认定税务机关执法正确的行政行为，在税务行政诉讼中可能被撤销或者被变更，对此税务机关会难以接受。适用调解方式则可以规避上述因立法差异带来的困扰。

三、调解能满足纳税人的需求

调解有助于快速高效地实现纳税人对公平公正处理案件的需求。首先,调解有利于节约纳税人的时间。法律救济的周期长,行政复议的结案时间一般不会少于2个月,行政诉讼的结案时间一般不会少于半年。以税务机关停止供应发票为例,在法院判纳税人胜诉前该停止供应状态持续,即使纳税人最终在行政案件中胜诉,也早已因不能给客户开具发票而被逼停业。税务机关错误的税收保全措施、强制执行措施,拒绝颁发税务登记,拒绝开具、出具完税证明、外出经营活动税收管理证明等行为都有可能导致纳税人一夜之间倒闭。因此,税务行政争议解决越快,越有利于纳税人回归正常生产经营状态。其次,调解有利于实现公平公正。实践中存在税收执法人员机械执法的现象,比如,有些税务机关为减少暗箱操作、规范执法行为,对某类违法行为统一处罚口径。这种统一执法口径的做法容易忽略个案的特殊性,对个案的处理难以满足合理性要求。调解相对于判决,更注重实质化解纠纷,不会过度纠结于证据、程序等问题,更有利于纳税人获得一个公平公正的结果。

四、调解能满足税务机关的需求

一是调解有利于减少执法错误给税务机关带来的消极评价。税务机关执法过程中可能存在法律依据不足、事实认定错误、程序违法等问题,这些执法错误有些可以通过努力予以规避,有些难以避免。比如在事实认定方面,事实需要证据还原,税务机关应该在查明事实的基础上依法作出行政行为。然而,证据总不如人们希望的那样确实、充分。相对于公安侦查人员,税务稽查人员往往缺乏证据学方面的基础理论知识与调查取证方面的技巧,强制手段与权限也有限,有时会因为客观因素,或者主观上的疏忽,导致据以作出处理或者处罚决定的事实不清、证据不足。在行政复议及行政诉讼过程中,税务机关依法不能再补充证据,这时行政复议机关或者法院撤销税务机关作出的处理、处罚决定可能会放纵违法行为,而维持税务机关的处理、处罚决定则有包庇税务机关的违法行为之嫌。有些纳税人在调解的友好氛围中会自认某些违法行为,或者按税务机关的要求提供某些证据,这有利于避免因证据不足给税务机关带来的否定性复议决定或者判决。

二是调解有利于建设"服务型"税务机关。纳税人在依法治国、税收法治的改革中已逐渐增强权利意识,但部分税务人员未完全从"征管型机关"的定位中觉醒,服务意识不够。税务机关如能及时认识到不足并自愿、主动地与纳税人沟通,达成调解协议,有利于平衡纳税人与税务机关的地位,提升税务机关的服务质量。

第二节 适用调解处理税务行政争议的困境

调解是解决争议最古老的方式之一,具有高效、彻底、经济、无讼、息争等优点。但在解决税务行政争议方面还存在以下困境。

一、清税前置条件阻碍调解作用的发挥

能适用调解机制化解的纳税争议局限于因核定税额或者应税所得率引发的争议,纳税人不能满足清税前置条件的,不能提起行政复议和行政诉讼。因大部分纳税人不能按税务机关要求清税,从而无法提起行政复议与行政诉讼,行政调解与司法调解机制也因此丧失发挥作用的舞台。

因核定税额或者应税所得率引发的争议能进入税务行政复议程序,说明纳税人在调解程序启动前已按税务机关的要求足额缴纳税款和滞纳金。调解成功则意味着税务机关需要退回部分或者全部税款及滞纳金,税务机关一般不会自找麻烦选择调解机制。

二、税务行政调解程序制度不完善

行政复议阶段难以启动调解程序。调解不是行政复议的必经程序,复议人员没有主动启动调解程序的职责,立法也没有规定如何启动调解程序;纳税人作为复议申请人,要求复议机关撤销或者变更行政行为,一般不会主动提及调解;作为被申请人的税务机关,主动提及调解会被误认为因作出的行政行为缺乏事实或者法律依据而心虚,因此被申请人也不会主动提及。

立法未明确规定由谁做调解员,调解员需要做哪些准备工作,用什么方式调解,调解期限多长,等等。

三、缺少合格的税务行政案件调解员

合格的税务行政案件调解员需要具备一定的专业知识、掌握一定的调解技巧、有相关调解经验。很少有税务行政复议机构配备专职复议人员和专职调解员,而兼职人员因其他工作任务繁重很难潜心研究调解技巧。因调解机制有适用范围的限制,能适用调解方式结案的税务行政争议不多,导致部分税务行政复议人员缺乏调解经验。法院有专职调解员,也可以邀请有经验的调解员,但因法院的税务行政案件数量少,调解员普遍欠缺税收、财务知识,以及税务行政争议调解经验。因此,行政调解与司法调解都缺乏既能灵活运用调解技巧,又具有专业知识且调解经验丰富的调解员。

四、可以适用调解方式处理的税务行政争议很少

2023年修改的《行政复议法》第5条第1款规定,行政复议机关办理行政复议案件可以进行调解,这是《行政复议法》的重大改变之一。但调解在税务行政复议阶段的适用范围暂时不会因此扩大,因为该法同时规定,调解不得违反法律、法规的强制性规定。税法是强制法,在《行政复议法实施条例》第50条第1款、《税务行政复议规则》第86条以及《行政诉讼法》第60条未作相应修改之前,税务行政复议和税务行政诉讼都不会因《行政复议法》的修改而自动扩大调解的适用范围。

目前,立法将调解的范围局限于四类,(1)税务机关行使自由裁量权作出的行政行为,即行政处罚、核定税额、确定应税所得率等;(2)行政赔偿;(3)行政奖励;(4)存在其他合理性问题的行政行为(仅适用于行政复议阶段)。难以准确统计出因上述因素引发的税务行政争议占全部税务行政争议的比例:一是绝大部分因税务行政处罚引发的争议中包含行政处理纠纷,即同一个案例中既有行政处罚的争议,也有行政处理的争议,两者密切关联。二是有的案件争议焦点是应否适用核定征收方式,对这类案件是否属于核定税额、确定应税所得率的争议不好作出判断。三是行政复议案件的审理过程及复议决定未在网上公开,对于因其他合理性问题引发的争议的数量无从得知。基于这些原因,本文仅介绍调解适用的四类行为以及与四类行为关联密切或者相对应的行政行为,让读者对可适用调解的范围有一个大致了解。

(一)行政处罚少于行政处理

税务行政处罚是指税务机关对违反税收管理法规的纳税人,以减损权益或者增加义务的方式予以惩戒的行为。具体包括罚款、没收财物和违法所得、停止出口退税权等。因上述处罚引发的争议,在行政复议及行政诉讼过程中,都可以通过调解方式解决。

行政处罚与行政处理紧密关联,两者在很多情况下如影随形。(1)税务机关在两种情况下有权没收违法所得或作案工具。"税务机关没收非法印制发票者的违法所得和作案工具"的概率极低,因为电子发票的普及以

及金税工程强大的稽核比对能力,使非法印制发票行为无操作空间;没收"为纳税人非法提供银行账户、发票、证明或者其他方便,导致未缴、少缴税款或者骗取国家出口退税款者的违法所得",必然与补税、缴纳滞纳金紧密关联,而税务机关的要求纳税人补税、缴纳滞纳金属于行政处理行为。(2)纳税人被罚款主要源于其有未缴、少缴税款的行为。未缴或者少缴税款的行为人都必须先按税务机关的要求补税、缴纳滞纳金,但不一定被处以罚款,比如《税收征收管理法》第 68 条、第 70 条规定对该行为可以罚款,第 52 条未规定罚款,第 86 条明确规定不能给予行政处罚。(3)纳税人被罚停止出口退税权的,通常会被税务机关同时要求退还出口退税款,补缴出口环节的增值税等。但被要求退还出口退税款的纳税人,不一定被罚停止出口退税权,也许仅仅被要求暂缓办理出口退税,有些被认定为善意取得虚开增值税专用发票的,只需要补缴出口环节增值税,不会被行政处罚。由此可见,行政处罚的情形少于行政处理,且纳税人对税务机关作出的补税、缴滞纳金等行政处理不服的,无法就基于此作出的处罚决定进行调解。

(二)核定税额、确定应税所得率少于查账征收

税务机关在核定征收的过程中,有权在一定条件下按合理方法核定应纳税额或者应税所得率。由于税务机关在核定征收时有权使用其认为合理的核定方法,而不同的核定方法会出现不同的核定税额,又因法定的应税所得率幅度过大,税务机关在核定征收的过程中有很大的自由裁量权,一旦纳税人对此不服,很难通过行政复议与行政诉讼寻求救济,所以法律允许通过调解方式解决此类纠纷。

查账征收是主要的征收方式,市场主体在一般情况下都需要根据《会计法》的规定设立账簿,实行查账征收,核定征收只在例外情况下适用。查账征收是一种羁束行政行为,法律对纳税义务的发生时间、应纳税额的计算方法、征税程序等都有明确规定。税收法定原则要求税务机关严格依法征管,不能自由裁量纳税人的应纳税额及适用的税率等。因此,税务机关在查账征收的过程中与纳税人产生争议的,按目前立法不能采用调解方式结案。

(三)行政赔偿案少于税务行政诉讼案件

税务机关所作的决定违法且给纳税人造成损失的,税务机关未依法及时解除税收保全措施、滥用税收保全措施、滥用强制执行措施,使纳税人的合法利益遭受损失的,纳税人有权提出赔偿请求。对于因这些赔偿引发的争议,可以通过调解方式结案。

行政赔偿以税务机关在行政诉讼中败诉并给纳税人造成经济损失为

前提,假如纳税人没有证据证明税务机关的违法行为给自己造成经济损失,则即使税务机关败诉,也无须向纳税人赔偿。以 2010~2016 年的税务行政诉讼为例,全国税务机关在所有税务行政诉讼中向纳税人赔偿的案件分别为 3 件、0 件、1 件、1 件、1 件、2 件、2 件,行政赔偿数量占收案总数的比例最高只有 7.5‰,最低为 0(见表 10-1)。

表 10-1　中国 2010~2016 年税务行政诉讼收案及赔偿案的情况

年份	2010	2011	2012	2013	2014	2015	2016
收案/件	398	405	436	362	398	636	683
赔偿/件	3	0	1	1	1	2	2
赔偿与收案比/‰	7.5	0	2.3	2.7	2.5	3.1	2.9

数据来源:参见《2010 年至 2016 年全国法院司法统计公报》,载最高人民法院公报网,最后访问日期 2024 年 6 月 12 日,http://gongbao.court.gov.cn/Details/3a82b22d6c8acbf96732d4e61e2a3c.html。2017 年之后不再公布赔偿案件数据。

(四)行政奖励少于行政不作为

行政奖励适用于纳税人向税务机关检举违反税收法律、行政法规的行为,经查证属实的情形。检举事项经查证属实,为国家挽回或者减少损失的,税务机关应当对实名举报人给予相应的奖励。实务中因举报索取行政奖励的争议较少,更多的争议源于纳税人举报税收违法行为,税务机关认为被举报人没有违法行为,进而不予查处,①或者税务机关对举报长期不作为引发的争议。②

(五)存在其他合理性问题的行政行为少于存在合法性问题的行政行为

对于何为"存在其他合理性问题的行政行为",法律未作明确规定。根据《行政复议法》第 63 条第 1 款第 1 项"事实清楚,证据确凿,适用依据正确,程序合法,但是内容不适当"的规定,可以将"存在其他合理性问题的行政行为"定位为合法但不适当的行政行为。合法但不适当的行政行为可能在以下两种情形中出现:一是税务机关行使自由裁量权时;二是税务机关执法依据的法规不合理时。合法性问题包括执法主体、执法程序、作为征管依据的规范性文件是否合法等,以及适用法律是否正确。税务行政争议的焦点基本为在税务机关的行政行为是否合法,很少涉及合法但不合理的问题,因为法院基本上不审理合理性问题,除非纳税人能举证证据证

---

① 参见北京市第一中级人民法院行政判决书,(2021)京 01 行终 997 号。
② 参见浙江省温州市中级人民法院行政判决书,(2020)浙 03 行终 672 号。

明税务机关的执法行为明显不当。

通过上述不同角度的对比,可知调解在税务行政争议中可适用的范围很窄,且从《全国法院司法统计公报》公开的资料可以发现,2010年至2016年调解成功的案例都集中在行政赔偿领域。2017年之后该公报未标明调解适用的案件类型,但因调解成功的案件数量较之前几乎没有变化,由此可以推测出调解仍然局限在行政赔偿领域,其他税务争议领域几乎没有调解成功的案例。

第三节 域外税务行政争议中的调解

"和谐无讼、调处息争"不仅是中国传统司法文化追求的最高境界,也是世界法治文化思想的瑰宝。[①] 美国、澳大利亚都注重发挥调解在解决税务行政争议中的作用。

一、美国的调解制度

美国对调解制度的重视具体体现在以下几个方面:

一是针对不同纳税人在不同阶段制定了不同的调解制度。美国处理税务行政争议的替代性争议解决方式(Alternative Dispute Resolution,ADR)较多,其中,以调解命名的有3个。根据纳税人以及案件所处阶段的不同(征收阶段、复议阶段、诉讼阶段),调解程序也不一样。快速调解程序(fast track mediation)适用于解决小企业及自由职业者类型的纳税人与税务机关在征收阶段发生的争议。行政复议后调解程序(post appeal mediation)则适用于在行政复议阶段解决所有纳税人(包括大企业及跨国企业、小企业及自由职业者、免税者及政府机关)与税务机关的争议。[②] 司法调解(mediation)适用于税务行政诉讼阶段。

二是调解适用的范围非常广泛。根据1998年美国《国内税务局重组和改革法》(the Internal Revenue Service Restructuring and Reform Act of 1988),下列事项可以调解:(1)事实问题,如转让定价、合理赔偿、评估,但不包括产业专业化问题(industry specialization issue);(2)征收、和解要约、分期付款协议、正当征收程序;(3)法律问题,如税法遵从问题(compliance

---

[①] 参见蒋惠岭主编、最高人民法院司法改革领导小组办公室编:《域外ADR:制度·规则·技能》,中国法制出版社2012年版,第2页。

[②] Appeals-Mediation-Programs,载美国国内税务局官网,最后访问日期2024年6月12日,https://www.irs.gov/Individuals/Appeals-Mediation-Programs。

coordinated issue)、复议协调问题(appeal coordinated issue);(4)根据美国《国内税法典》第7121条试图达成协议而未成功的。[1]

三是制定了详细且可操作性强的调解程序制度。根据《联邦税务公报:2009-40》(Internal Revenue Bulletin:2009-40)的规定,复议后调解的具体程序为几个阶段:(1)申请,纳税人与被申请人同意选择调解方式、填写请求、审议调解要求;(2)双方签订同意书;(3)选择调解员及支付费用;(4)调解会议,会议召开前两周争议双方向调解员递交讨论摘要,调解过程不公开;(5)调解的最后阶段,调解员写一份简短的报告,由争议双方各执一份;(6)全部或者部分达成协议的,争议双方会按已协商好的程序继续进行;未达成任何协议的,可能会申请仲裁。[2]诉讼中的调解必须根据法院设定的、法院认为对当事人合适的程序进行。

四是行政复议机构具有独立性,调解员与审判员、复议审理员分离,纳税人在行政复议和行政诉讼中都有选择调解员的自由。美国的复议部(Appeals Division)设在国内税务局内,独立于稽查或征收部门,内部实行垂直领导,且复议官员被禁止与其他税务人员接触,以保证复议机构独立行使职权。复议人员个别接受授权,独立处理案件。从事复议审理的官员与从事调解的官员是分开的,[3]复议人员来自国内税务局的行政复议部及国内税务局系统外。[4]当事人选择行政复议部的调解员进行调解的,无须付费,而选择国内税务局以外的机构担任调解人的,需要自行承担费用。[5]

在税务行政诉讼调解程序中,假如调解申请特别请求指定某位法官或者特别审判官作为调解员,或者首席大法官下令指定某位法官或者特别审判官作为调解员,则调解员为税务法院的法官或者特别审判官。[6]

---

[1] Appeals Mediation-Alternative Dispute Resolution,载美国国内税务局官网,最后访问日期2024年6月12日,https://www.irs.gov/appeals/appeals-mediation-programs。
[2] 参见Internal Revenue Bulletin:2009-40,载美国国内税务局官网,最后访问日期2024年6月12日,https://www.irs.gov/irb/2009-40_IRB/ar14.html。
[3] 参见史学成:《税收行政争议解决机制研究——比较法的视角》,西南财经大学2009年博士学位论文,第92页。
[4] See Camilla E. Watson & Brooks D. Billman, Jr. *Federal Tax Practice and Procedure*, West, 2012, p.316.
[5] 参见Appeals Mediation-Alternative Dispute Resolution,载美国国内税务局官网,最后访问日期2024年6月12日,https://www.irs.gov/appeals/appeals-mediation-programs。
[6] 参见《美国联邦税务法院程序与实务规则》第124条,Alternative Dispute Resolution,载美国联邦税务法院官网,最后访问日期2024年6月12日,https://www.ustaxcourt.gov/rules/Title_XII.pdf。

二、澳大利亚的调解制度

澳大利亚对调解制度也很重视,具体表现为如下几方面内容。

一是在不同的阶段设置不同的调解制度。澳大利亚的纳税人与税务机关发生争议时,有三个程序涉及调解,分别为:内部处理(in-house faciliation)即在税务机关内部进行的调解、行政复议程序中的调解(mediation)以及诉讼程序中的调解。

内部处理由一名公正的调解员(facilitator)与纳税人、涉案税务官共同解决争议中的问题、发表意见、考虑选择方案、试图达成协议的程序。内部处理免费、快捷、非公开,时间不会超过1日。在调解之前,调解员会分别与纳税人及涉案税务官见面以确定调解方法并回答纳税人的问题。内部处理的程序如下:(1)调解员概述一下会议安排、强调双方对会议预期想要达到的目标;(2)请争议双方发表自己的意见;(3)调解员协助双方分析问题、选择解决方案;(4)调解员帮助双方评估意见、尝试达成协议。[1]

行政复议庭调解分七个阶段,第一阶段至第四阶段及第六阶段至第七阶段通常情况下以联席会议的形式进行。第一阶段,就调解员及其他参与人的职责、调解程序、基本原则作简短介绍;第二阶段,争议双方各自陈述自己的观点,调解员记录、总结并与当事人确认是否正确;第三阶段,用白色书写板或类似的东西把双方在调解中提及的问题写下来,列明的问题将成为有效协商及共同解决问题的基础,问题以中性的语言表达;第四阶段,鼓励争议双方就问题列表中的一个问题进行讨论或者协商,调解员鼓励双方相互直接交流,这时双方的关注点及需求进一步得到明确;第五阶段,假如争议当事人觉得单独会见更好,则有机会单独跟调解员表达自己的想法及提供资料,单独会见有助于当事人为谈判做准备、作出选择以及确保特别的提议具有可行性;第六阶段,通过商讨协议以及在必要情况下的又一次单独会见以及联席会议,为共同解决问题提供基础;第七阶段,调解员、争议双方共同商量问题及可能的解决方案,调解员促成最终协商并调整协议,调解结束。第一阶段至第四阶段是按顺序进行的,其他阶段除联席会议外都可以根据当时的情景作适当调整。[2]

---

[1] In-house Facilitation,载澳大利亚联邦税务局官网,最后访问日期2024年6月12日,https://www.ato.gov.au/General/Dispute-or-object-to-an-ATO-decision/Options-for-resolving-disputes/In-house-facilitation/。

[2] Tax Dispute Resolution:The AAT Perspective,载澳大利亚行政复议庭官网,最后访问日期2024年6月12日,http://www.aat.gov.au/about-the-aat/engagement/speeches-and-papers/the-honourable-justice-duncan-kerr-chev-lh-presid/tax-dispute-resolution-the-aat-perspective-1。

二是调解适用的范围广泛。澳大利亚行政复议庭对调解的适用范围没有限制,每年大约有 80% 的税务行政争议在行政复议庭结案,如在 2011~2012 年,结案率为 79%。

澳大利亚没有税务法院,税务诉讼案件由联邦法院处理。根据《1976 年澳大利亚联邦法院法》第 53A 条的规定,调解不属于 ADR,进入调解程序无须征得争议双方的同意,调解是法官而非当事人的选择。对于调解的适用范围,法律没有禁止性规定,不管案件复杂程度大小,也不管有多少当事人,都可适用调解。①

三是税务行政复议机关具有独立性,案件审理人员与调解员分离。澳大利亚的行政复议庭(AustralianAdministrative Appeal Tribunal)根据《1975 年行政复议庭法》成立于 1976 年 7 月 1 日,对政府依据联邦法律作出的决定行使独立的复议权,1986 年 7 月 1 日,税务行政复议案件的管辖权由原来的税务复议局(Taxation Boards of Review)移至行政复议庭。行政复议庭的调解员与复议审理员是分开的,税务行政诉讼阶段的调解员为立案登记人员(registrar),不是法官。调解过程中双方提交的证据只能用于调解,不能作为复议决定或者法院判案的依据。

三、不允许采用调解方式解决税务行政争议的国家及地区

日本的税收法律不允许纳税人与税务机关通过调解方式解决争议。②加拿大的法律虽然允许私下的无约束力的调解,但这种方式在税务行政争议中很少被使用。③

第四节　税务行政争议调解制度的完善建议

中国调解在处理税务行政争议方面已走在世界前列,但仍有进步空间。根据我国的实际情况,笔者提出以下完善建议。

一、保障纳税人的税收法律救济权

调解的适用建立在纳税人享有法律救济权的基础之上。《税收征收管

---

① 参见《1976 年澳大利亚联邦法院法》;Mediation,载澳大利亚联邦法院官网,最后访问日期 2024 年 6 月 12 日,https://www.fedcourt.gov.au/services/ADR/mediation。
② See Akihiro Hironaka et al., *Japan*, *The Tax Disputes & Litigation Review*, March 2013, p. 155.
③ See Simon Whitehead, *The Tax Disputes and Litigation Review*, Law Business Research Ltd., 2015, p. 81.

理法》第 88 条规定的清税前置条件与《宪法》第 33 条第 2 款规定的法律面前一律平等原则以及《行政诉讼法》第 49 条、第 51 条规定的立案登记制不相一致,应当废止,以保障无钱缴纳税款与滞纳金的纳税人也能行使行政复议权及行政诉讼权。

制定"纳税人权利法",提高纳税人在税务行政争议调解中的法律地位。国家税务总局制定的《纳税人权利与义务的公告》(国家税务总局公告 2009 年第 1 号)(已被修改)不属于法律,且在赋予纳税人税收法律救济权时规定了限制性条件。税收法治的进程与纳税人权利是否得到有效保护有密切关系,为增加纳税人与税务机关进行调解的机会,实现纳税人与税务机关在调解过程中的平等对话,我国有必要制定"纳税人权利保护法"。

二、培训税务行政争议调解员

调解员在一定程度上决定着调解的成功率。优秀的调解员需要具备以下能力:一是能厘清争议双方的争议焦点,识别谁的证据更具有说服力,引导双方进行沟通;二是知道影响达成调解协议的症结所在,能给争议双方提供合法合理的建议;三是确保争议双方能在一个平等、互相尊重的氛围中进行沟通。

为达到上述目标,有必要对调解员进行培训。司法调解已实现了调审分离,但调解员对税收、财务知识并不了解,有必要对调解员做财税方面的培训;税务行政复议人员具备一定的税务、财务与法律知识,但调解经验不够丰富,需要进行调解方面的培训并积累一些调解经验。司法调解员与行政调解员都需要学习研究税务行政案件的调解技巧、调解方案。

三、完善行政复议阶段的调解程序

"没有程序保障的情形下,说服极易变质为压服,同意也成了曲意迎合。"①因此,有必要从以下几个方面规范调解程序。

1. 明确调解的启动程序。目前行政复议阶段缺乏有效的纠纷分流与调解引导机制,申请人一般不知道行政复议阶段可以通过调解方式结案,调解员若对争议双方缺乏引导、对调解机制不作介绍,生硬地、程序化地询问当事人是否愿意调解,处于对立状态中的当事人往往会选择拒绝。

---

① 季卫东:《法律程序的意义——对中国法制建设的另一种思考》,中国法制出版社 2004 年版,第 89 页。

因此,立法应该将调解设置为行政复议人员或者专职调解员的一项职责,要求调解员在事先对案件争议焦点、案情有了解的基础上,向争议双方提出调解建议并询问调解意愿,争议双方同意调解的应该签字确认。同时赋予申请人与被申请人启动调解程序的权利,申请人可以口头提出调解申请,由调解员记录,也可以由申请人与被申请人填写调解申请表。

2. 赋予当事人调解员选择权。调解可能由当事人主动申请启动,也可能由行政复议机关主动询问启动。对于争议双方申请调解的,建议赋予争议双方选择调解员的权利;对于由调解员启动的调解,争议双方对调解员不满意的,应赋予争议双方更换调解员的权利。因为调解员对案件的熟悉程度、对相关法规的掌握、调解经验及其工作态度都会影响调解的成功率。

3. 调解员应向争议双方详细介绍调解规则、程序及注意事项。争议双方对调解程序、规则的了解有助于更好地准备调解所需要的证据材料及意见,对调解协议效力的了解有助于作出是否调解的决定。

4. 确定争议焦点并发表调解意见。争议双方围绕争议焦点发表意见(包括书面意见和口头意见)有利于提高调解效率。调解意见可以三方一起发表、听取,也可以由调解人员分别听取争议双方意见。

5. 调解员协助争议双方达成协调协议。调解协议不但要体现争议双方的意见,还要合法、公平、公正,既不能损害国家税收利益,又不能侵害纳税人权益。

四、扩大调解的适用范围

调解在税务行政争议的适用范围上经历了如下发展过程。2007 年颁布的《行政复议法实施条例》首次规定了行政调解,但将调解的适用范围限定在行政赔偿、行政补偿以及行政机关行使自由裁量权作出的行政行为引发的争议。《行政复议法》直至 2023 年修订时才第一次以法律的形式认可了行政调解,但明确规定调解不得违反法律、法规的强制性规定。1989 年通过的《行政诉讼法》首次规定了司法调解,但仅限于赔偿诉讼,其他行政案件不适用调解。2014 年修正《行政诉讼法》时将调解的适用范围扩大到行政赔偿、补偿以及行政机关行使法律、法规规定的自由裁量权的案件,与行政复议阶段的调解范围基本一致。2004 年制定的《税务行政复议规则(暂行)》(已失效)未提及调解,2010 年制定的《税务行政复议规则》(已失效)在《行政复议法实施条例》的基础上,明确自由裁量权是指"行政处罚、核定税额、确定应税所得率"等,并增加了"存在其他合理性问题的具体行政行为"可以调解,此项规定说明税务行政案件在适用调解时有范围的限制,但有其自身的特定性。

有观点认为,立法限制调解的适用范围主要基于以下三个方面的考虑:一是公权力不可处分,税务机关代表国家行使税收征管权,其作出的行政行为是法律赋予的权力,税务机关无权随意处分;二是当事人法律地位不平等,担心难以达成平等自愿的调解协议;①三是调解不符合行政诉讼的目的,行政诉讼的目的是对行政行为的合法性进行审查,分清是非。法院应当支持行政机关的合法行为,追究行政机关的违法行为。② 前述观点不符合司法部颁布的《关于进一步加强行政复议调解工作推动行政争议实质性化解的指导意见》(司规〔2024〕1号)倡导的"要坚持应调尽调""实现调解工作对各类行政复议案件全覆盖"的精神,有待商榷。

首先,税收法律关系属于行政法律关系,但不同于一般的行政法律关系。一般行政法律关系的核心是行政权,行政法律关系的产生、变更或消灭,大多数取决于行政主体的单方行为。③ 税收法律关系不完全是命令服从的权力关系。从税收实体法的角度来看,纳税义务的发生取决于是否符合法律规定的税收构成要件,而不取决于税务机关。实际上,只有当纳税人进行交易、取得财产,从事某种法律规定的税收行为时,才有可能产生税收。税务机关只在纳税义务发生后,纳税人未主动申报缴纳税款时才行使催告权、强制征收权。因此,税收法律关系的"二元结构说"在我国得到普遍认可,即税收实体法律关系属于债权债务关系,税收程序法律关系才属于权力服从关系。④

适度调解不会造成国家税款流失。有人担心调解过程中税务机关会随意让步而损害国家税收利益,影响税收法定原则的落实。⑤ 税收法定原则要求纳税人、征税对象、税基、税率、税收特殊措施(税收优惠措施、税收重课措施)都由法律规定,税务机关只有依法征税的权力,既不能多征,也不能少征。因此,当纳税人与税务机关因纳税问题发生争议时,税务机关无权通过调解协议减少或者免除纳税人的应纳税额。当然,税务机关也不能通过调解协议强迫纳税人多缴税。税收法定原则的落实以税收立法完善为前提,但目前我国还未达到税收法定的理想状态,一方面,税收立法还存在诸多不完善的地方,另一方面,增值税、消费税、土地增值税等主要税

---

① 参见邹荣、贾茵:《论我国行政诉讼调解的正当性构建》,载《行政法学研究》2012年第2期。
② 参见江必新、梁凤云:《行政诉讼法理论与实务》,法律出版社2016年版,第1190页。
③ 参见胡建淼:《行政法学》(第4版),法律出版社2015年版,第19页。
④ 参见刘剑文、熊伟:《税法基础理论》,北京大学出版社2004年版,第65页。
⑤ 参见黄瑞:《税款追征执法的实践及其信任危机》,载《税务与经济》2020年第3期。

种的征管依据是税务规范性文件,而非法律,容易受到纳税人质疑。对于因立法不完善引发的争议,法院很难给出一个非此即彼的判决,用调解机制化解这些争议,不会被认定为滥用公权力,也不会导致国家税款流失。

调解是在调解人的主持下进行的,经验丰富且精通税收法律制度的调解员能引导、监督调解的内容,确保其合法性和合理性。即使调解员不合格,也不用过于担心国家税款因此流失,上级人民法院、同级人民检察院都有权对司法调解进行监督,一旦发现税务机关通过调解方式损害国家利益和社会公共利益,上级人民法院就可以提审或者指令下级人民法院再审,同级人民检察院可以提出检察建议,也可以提请上级人民检察院向同级人民法院提出抗诉。

其次,纳税人与税务机关的地位可能存在局部的不平等现象,但随着司法体制与财税体制改革的深入,这种不平等关系将有所缓和。比如,税务机关内设纳税服务司(处、科、室),将自己定位于纳税人服务部门。税务机关在纳税人的维权过程中一直占据优势地位,没有强迫纳税人接受调解或者调解协议的必要。相对于税务机关,纳税人更希望通过调解结案。在行政复议阶段,税务行政复议机关是与纳税人发生争议的税务机关的上级机关,其容易站在被申请人的立场看待问题;在行政诉讼阶段,法院有时会表现出对税务机关的偏袒倾向。相比较而言,调解更有利于保护纳税人合法权益。因此,对于当事人法律地位可能存在不平等现象的问题,一方面,可以通过立法提高纳税人的法律地位;另一方面,无须过分强调调解过程中争议双方的地位是否平等,因为调解的本质在于促进双方协商达成一致意见,而非强求地位的绝对平等。

最后,解决行政争议,保护行政相对人的合法权益是行政诉讼法的立法宗旨之一,调解有利于实质化解税务行政争议,有利于保护纳税人的合法权益,近年来最高人民法院陆续出台多个关于调解的司法文件,提出"行政诉讼法规定可以调解的案件、行政相对人要求和解的案件,或者通过和解方式处理更有利于实质性化解行政争议的案件,人民法院可以在立案前引导当事人自行和解或者通过第三方进行调解……"[①]。由此可见,对行政机关的执法行为判明是与非并不是行政诉讼法的唯一立法宗旨。

调解机制在行政争议中的适用范围是随着国家治理体系和治理能力现代化的进程从无到有不断发展的,在中央确定坚持把非诉讼纠纷解决机制挺在前面,将矛盾解决在基层、化解在萌芽的"诉源治理"目标后,我国

---

① 《最高人民法院关于推进行政诉讼程序繁简分流改革的意见》(法发〔2021〕17号)第5条。

部分地区在行政复议阶段已放开调解适用范围,以浙江省为例,2020年受理的行政复议案件数量为12338件,调解结案率高达40.7%,①但该省不可能有40.7%的案件都符合《行政复议法实施条例》第50条的要求。再如南京市溧水区行政复议机关2019年经协调处理的行政复议案件中,80%以上都超出了《行政复议实施条例》规定的调解范围。只是当事人达成调解或和解协议的,对外宣称时不以调解的名义结案,而是以申请人撤回复议申请"终止行政复议"的方式结案。②

对于将调解适用范围扩大到哪些行政争议,目前没有人提出具体方案。有观点认为调解在化解行政争议中的适用范围太窄,但未提及如何解决。③ 也有观点提出调解所需要的条件,认为调解需要当事人一方或者双方必须有处分权,调解引发的后果不能与法律或者公序良俗相违背。④ 笔者认为,适用调解机制实质化解税务行政争议应该满足以下几个条件:一是税务机关不滥用行政处分权;二是符合税收法定原则,不造成国家税款流失;三是不违反法律的强制性规定。基于这些条件,以下税务行政争议可以适用调解机制化解。

(一)因立法不完善引发的争议

税收立法不完善主要表现在立法漏洞、立法滞后、立法冲突、立法不合理等,由这些原因引发的争议,使用调解方式结案更能实现税收公平,符合实质课税原则。

1.因立法漏洞引发的争议

"税收法规的制定有其限定性,无法细腻到明察秋毫。法令的规定除本身具有多义性、模糊性外,亦具有解释的空间(姑且不论是否有人为因素)。"⑤比如,某房地产企业没有按时支付土地出让金,政府要求其支付违

---

① 参见曹水萍、冯娇雯:《提升行政复议调解工作质效的实践与思考——以浙江省推行行政复议调解为例》,载《中国司法》2021年第6期。该文认为,将调解范围限缩于行政机关行使自由裁量权和行政赔偿、行政补偿,是基于行政法"行政权不可任意处分"理论。但从现实情况看,大量调解成功的案件并不涉及行政权的处分。一类是被申请人的行政行为合法有效,仅仅因为被申请人工作方式简单化导致申请人不满而申请行政复议,关键是安抚申请人的情绪。另一类是被申请人的行政行为确实违法,应当予以纠正。这两类案件通过调解化解争议是最理想的结果,如果机械地适用现行法规的调解适用范围,会直接影响行政复议制度自身优势的发挥。
② 参见钱晓芳:《行政复议调解职能扩张的实践探析——以江苏省南京市溧水区为调研样本》,载《中国司法》2021年第1期。
③ 参见邓佑文:《行政复议调解的现实困境、功能定位与制度优化》,载《中国行政管理》2023年第1期。
④ 参见江必新、梁凤云:《行政诉讼法理论与实务》,法律出版社2016年版,第1187页。
⑤ 倪维:《税务约谈法制化建构之研究》,中国政法大学2008年博士学位论文,第2~3页。

约金或者延期付款利息。违约金、利息是不是应该作为契税的税基？假如将其看成契税的税基,在计算增值税、土地增值税时是否应当将其作为土地价款进行扣除？这些问题相关法律并未明确,个别税务机关在计算契税时将违约金、利息算入土地出让金,但在计算增值税、土地增值税时,却拒绝将其算入土地出让金。税务机关的这种做法显然不太合适,可以通过调解让税务机关作出选择,要么在所有税种中将违约金、利息算入土地出让金,要么在所有税种中都不要将其视同土地出让金。

2. 因立法滞后引发的争议

我国市场经济高速发展,经营模式不断创新,税收立法滞后于市场发展的情况比较常见。以对赌协议为例,[1]对赌协议因能在一定程度上保证投资方的投资安全,同时能快速帮助融资方融到所需资金,在资本市场受到青睐。一般情况下对赌双方会约定:投资方以现金(股权)投资,获得目标公司一定比例的股权,N 年后目标公司的利润必须达到目标值,若未达到目标值,则投资方有权抽回投资,或者融资方给投资方经济补偿。目前容易引发税务行政争议的点主要表现在:一是融资方的纳税义务发生时间是对赌协议生效时还是对赌协议约定期限届满时？税务机关认为对赌协议生效即发生纳税义务,融资方认为其将股权转让给投资方时不应该按现行立法缴纳所得税,因为股权虽然过户到投资方,但采用这种转让方式取得的收入具有不确定性,一旦对赌失败,融资方需要将曾经取得的部分或者全部收入退还给投资方,股权也有可能再回到融资方名下;即融资方最终可能未取得股权转让收入或者取得的收入远低于对赌协议签订时约定的金额。二是投资方收到经济补偿款时是否应该缴纳所得税。投资方认为,其投资失败才得到经济补偿,经济补偿不属于应税收入。税务机关认为按目前立法投资方收到经济补偿款不能冲减长期投资,属于营业外收入,需要缴纳所得税。

用现行税务立法套用对赌协议,不符合实质课税原则,因此实务中要么因多纳税问题发生争议,要么因纳税义务发生时间产生争议,诉诸法律纳税人却很难胜诉。采用调解方式结案,更符合实质课税原则的要求。

3. 因立法冲突引发的争议

立法中有时会出现冲突现象,一方面,各部门法的基本原则、立法目的

---

[1] 《全国法院民商事审判工作会议纪要》(法〔2019〕254 号)第 2 部分第 2 段提到,实践中俗称的"对赌协议",又称估值调整协议,是指投资方与融资方在达成股权性融资协议时,为解决双方对目标公司未来发展的不确定性、信息不对称以及代理成本而设计的包含股权回购、金钱补偿等对未来目标公司的估值进行调整的协议。

不一样；另一方面，立法者受到各种因素影响，有时会考虑不周全。以税收征管过程中常见的滞纳金为例，《税收征收管理法》对此无上限规定，《行政强制法》规定滞纳金不能超出金钱给付义务数额。依据新法优先于旧法原则，应当适用《行政强制法》，依据特别法优先于普通法原则，应该优先适用《税收征收管理法》。这种情况的出现，使法官一时难以在判决中说清楚应该适用哪部法律作为判决依据。而且有些案件适用哪部法律判决都会让人觉得不太公平。以某业公司案为例，某业公司于1997年11月申报增值税共计240余万元，多次承诺缴纳而未缴，最终被列入呆账税金。2020年1月，某甸税务分局要求某业公司缴纳滞纳金共计1400余万元。一审法院依据《行政强制法》认为，滞纳金不应该超过应纳税款，二审维持原判。① 某业公司占用国家税款长达22年之久，按银行同期贷款利息计算，利息已经超出所欠税款，假如算上货币的时间价值则利息会更高，显然这种情况下适用《行政强制法》是不合适的。但适用《税收征收管理法》则滞纳金高出本金5倍有余，显然也不合适。该案若通过调解方式化解，结果可能会更加公平公正。

即使不涉及立法冲突，因滞纳金引发的争议也可以适用调解方式解决。

首先，滞纳金不属于税的范畴，根据《行政强制法》的规定征收滞纳金是一种强制执行方式，行政机关可以在不损害公共利益和他人合法权益的情况下，与当事人达成执行协议。执行协议可以约定分阶段履行，当事人采取补救措施的，可以减免滞纳金。相关税务规范性文件也对减免滞纳金的情形进行了规定。由此可见，滞纳金不同于无磋商余地的查账征收的税款。

其次，部分滞纳金的收取依据被质疑。比如，房地产开发企业未在税务机关规定的时间内预缴土地增值税的，税务机关会要求其缴纳滞纳金。这种规定的合法性有待商榷。一是缺乏上位法。《税收征收管理法》及其实施细则都没有规定未按期缴纳预缴税款的需要加收滞纳金。二是规范性文件在缺乏上位法的情况下加重了纳税人的负担。预收税款对没有利润预期的纳税人是一个极重的负担，加收滞纳金无异于雪上加霜。三是对有足够证据证明将来没有应纳税额的，不应该再要求纳税人预缴税款。法规要求纳税人预缴土地增值税，应当是基于纳税人的房地产开发项目有增值，有缴纳土地增值税的义务，只因土地增值税汇算清缴需要等到房屋销

---

① 参见河北省石家庄市中级人民法院行政判决书，(2020)冀01行终476号。

售完毕才能进行,会影响土地增值税的入库时间,故要求纳税人先预缴一部分。假如纳税人有足够证据证明其开发的房地产项目亏损,不会有应税所得额,则不应该要求纳税人预缴土地增值税,更不应该就未预缴的土地增值税征收滞纳金。因为继续要求纳税人预缴土地增值税有可能导致纳税人资金链断裂。

最后,滞纳金的减免有利于保护税源。由于一年的滞纳金高达18.25%,有些欠税期限长的滞纳金会多于欠缴税款,税款、滞纳金加上罚款足以将企业逼到破产境地。企业破产对国家税收不利自不待言,一方面税源因此减少,另一方面税务机关将几乎丧失收回滞纳金的可能。因企业破产意味着已资不抵债,在优先支付破产费用、员工工资及社会保险、偿还担保债权及税款的情况下,很难有足额资金偿还被纳入破产债权的滞纳金。因此,与其将企业逼到破产境地,还不如通过调解协议减免滞纳金,帮助企业走出困境,为税收"蓄水养鱼"。

4. 因合理性问题引发的争议

行政复议过程中,可以通过调解解决因合理性问题引发的争议,但《行政诉讼法》未将合理性问题引发的争议纳入调解范围,可是,行政诉讼中同样存在因立法不合理导致的税务机关执法行为合法不合理现象。比如在刘某秀案中,刘某秀将涉案房屋抵债给沈某,并于2011年9月5日缴纳营业税等共计4万余元。办理涉案房屋过户过程中,刘某秀与前夫刘某之间产生系列诉讼,最终法院判决涉案房屋归刘某所有,刘某秀因此无法将涉案房屋过户给沈某。刘某秀认为,其未将涉案房屋抵债过户给沈某,没有纳税义务,遂于2016年12月13日向税务机关提出申请,要求税务机关退还其缴纳的税款4万余元。税务机关认为刘某秀的退税申请已超过《税收征管法》第51条规定的3年退税申请期限,故拒绝退还。刘某秀起诉到人民法院,一审法院以不当得利判决税务机关退还所收税款。税务机关自认为其属依法征管,不服一审判决提出上诉,二审法院维持原判。① 对于这类因理论与实务界都已形成共识的不合理法条引发的争议,②通过调解方式结案,既可以保护纳税人的权益,又可以避免税务机关在依法行政的情况下败诉。

---

① 参见北京市第二中级人民法院行政判决书,(2019)京02行终964号。
② 参见朱禹臣:《论退税请求权的司法审查:〈税收征收管理法〉第51条的实体与程序》,载《税务与经济》2022年第5期;宫池清:《嗣后无法根据:退税请求权的困境与突破——以〈税收征管法〉第五十一条修改为线索》,载《税务经济研究》2022年第2期。

(二)因税务机关执法程序错误引发的争议

税务机关执法错误包括适用法律错误、事实认定错误、执法程序错误等。限制调解适用范围的理由之一是行政权力的不可处分性,担心税务机关在调解中让步,损害国家税收利益,法律的权威及行政权被动摇。这种担心只会发生在税务机关执法完全正确,但在调解过程中对纳税人无原则作出让步的情况之下。当税务机关执法程序错误时,与纳税人通过调解机制纠正税务机关的程序违法行为,保护纳税人的合法权益,并不会损害国家和社会公共利益,也不会损害法律的权威。比如《行政强制法》规定可以就强制执行达成执行协议。

法院有通过行政诉讼监督税务机关执法的职责,有权判决税务机关执法程序违法。但这类判决不能给纳税人带来实质性利益,因为有时法院只在判决书上声明税务机关具有轻微行政违法行为,并不会因此撤销税务机关作出的行政行为,即便撤销,税务机关也可以重新作出相同的行政行为。因此,对于因程序违法引发的争议,调解结案还有可能给纳税人带来些许利益。

某地税务机关曾发文规定,对于明确违法的行政行为,除非税务机关自行纠错,否则只能由复议机关裁决,不能作调解处理。这个规定有待商榷。首先,调解之前很难判断争议是由税务机关执法错误引起,还是纳税人胡搅蛮缠导致,且有时未经调解程序,税务机关并没有深刻认识到自己的执法错误;其次,假如有专业的调解员,在经过调解员的努力才让税务机关深刻认识到自己执法错误的情形下,却不能通过调解方式结案,不能将实质化解争议的成果归功于调解员,不利于激励调解员的工作;最后,与税务机关自行纠错、复议机关裁决税务机关执法错误相比,税务机关通过调解方式认错对国家、社会和纳税人都不会造成损失,对税务机关的公信力、权威性都不会有更大损害,调解结案也不会导致税务机关的违法行为因此得以存续。

(三)因事实不清引发的争议

《税务行政复议规则》要求在查明案件事实的基础上才能进行调解,而有些案件的争议焦点恰好在事实的认定上。调解没有举证、质证、辩论过程,调解员很难就事实作出明确且公正的判断。有些案件事实因证据不足,即使设置了举证、质证与辩论环节也难以查清,比如小规模纳税人认为销售的是自己使用过的固定资产,应该按减2%的征收率缴纳增值税,但税务机关认为销售的是新产品,应该按3%的征收率计征。产品已销售出去,无法将产品取回情景再现,双方都没有足够的证据支持各自的主张。

这种情况下行政复议机关或者法院支持任何一方观点都有不妥。

根据税收法定原则,税款的征收建立在事实认定正确的基础之上。假如事实不清、证据不足,税务机关作出的行政行为会被法院否定,即使法院基于对税务机关的充分信任支持了税务机关的行为,纳税人也会不服,司法裁判的公正性会遭到质疑。但因此完全否定纳税人的纳税义务,有时会造成税款流失。

因此,在税务机关坚信纳税人有违法行为,但又无法取得足够证据予以证明的情况下,通过调解结案不失为一个折中的办法,以免案件久拖不决。有观点认为,"查明事实往往成为调解不成的原因,而模糊事实反而有利于调解的达成"①。在严格限制行政调解的德国,对于不确定的事实和法律,也可以适用和解方式结案。②

(四)因信赖利益保护引发的争议

从法律层面看,我国只在《行政许可法》中规定了信赖利益保护原则。从税务规范性文件上看,税务系统注重信赖利益的保护,将信赖利益保护的范围扩大到所有已生效的行政决定、行政处罚。不过实务中被信赖利益保护原则保护的纳税人不多,在中国裁判文书网只检索到1个案件中的纳税人主张信赖利益保护,且法院未支持其主张。③

因信赖利益保护原则受益的纳税人很少,根源在于信赖利益保护原则的适用范围太窄。北京大学法学院姜明安教授认为,行政信赖保护原则是指政府对自己作出的行为或者承诺应守信用,不得随意变更、反复无常。④姜教授给出的这个定义是纳税人所期盼的,但我国立法所保护的范围远小于姜教授给出的定义范围,只保护因行政许可、生效行政行为引起的信赖利益,不保护政府工作人员口头承诺、口头指令等引发的信赖利益。从最高人民法院选编、公布的5个有关行政允诺的典型案件来看,法院认可的行政允诺以"通知""奖励办法""公告""优惠办法"等规范性文件的形式表现。且无论用哪种方式审查,法院都会首先审查行政允诺的合法性,对于不合法的行政允诺不予支持。⑤ 实际上,信赖利益保护原则适用的应该是政府所作的行政行为或者承诺不合法的情形,假如政府所作行政行为或

---

① 章剑生:《行政争议诉前调解论:法理、构造与评判》,载《求是学刊》2023年第4期。
② 《德国联邦行政程序法》第55条规定,经过对事实现况和法律规定的理性评估,行政机关和相对人可以通过相互让步的方式消除事实和法律规定中存在的不确定性。
③ 参见辽宁省营口市中级人民法院行政判决书,(2018)辽08行终266号。
④ 参见姜明安:《行政法基本原则新探》,载《湖南社会科学》2005年第2期。
⑤ 参见颜冬铌:《行政允诺的审查方法——以最高人民法院发布的典型案例为研究对象》,载《华东政法大学学报》2020年第6期。

者承诺合法,则无须适用信赖利益保护原则保护行政相对人。

　　有些税务人员在给纳税人答疑时作出错误答复,或者税务人员在审核资料时出现疏忽等,这些都不属于税务机关作出的生效行政决定,也不是行政许可,但事关纳税人对税务机关的信赖。纳税人基于对税务机关的信任,按税务人员的错误指令进行纳税申报,或者因税务机关未指正其纳税申报行为而误认为自己的纳税申报行为无误等引发争议,这时便有必要保护纳税人的信赖利益。比如,纳税人的出口退税资料经税务机关审核,符合条件的才能办结出口退税。某纳税人申请出口退税表的填报有错误,但税务人员数次审核时都未发现,导致纳税人一直错误填报,在纳税人有充分证据证明税务人员指令错误或者审核疏忽的情况下,是由纳税人承担退还出口退税的责任,还是应该坚持信赖利益保护,免除纳税人退回出口退税款的责任？这类争议可以适用调解结案。因为纳税人只是资料填报错误,或者在纳税申报过程中出现一些操作上的失误,没有必要因为这些小瑕疵让纳税人承担过重的损失;加之税制复杂,要求纳税人完全掌握不太现实,纳税人在税务人员的指导下办理纳税申报、出口退税手续,税务人员误导纳税人的,这个责任可以通过调解由税务机关承担。

　　因税务人员错误的口头承诺、指令,或者税务人员的工作疏忽等发生争议,在立法未明确保护纳税人权益的情况下,适用调解方式结案更能保护纳税人的利益,也更能促进税务人员提升执法水平。

第十一章 税务行政争议非诉解决机制：和解

和解不同于调解之处在于其无须主持人,没有法定程序要求。调解需要第三方作为调解人,且有法定的调解程序,调解员的综合能力、调解程序的合理程度都会影响调解结案率。和解则无须第三方参与,能否达成和解协议取决于争议双方的相互理解与忍让程度,也无须遵循特定的程序,相对调解更加灵活,是我国熟人社会下纠纷处理的最佳模式,深受纳税人欢迎。

第一节 适用和解机制处理税务行政争议存在的问题

耶林认为和解是最正确的争议解决方法。[1] 但和解机制在化解税务行政争议方面未得到应有的重视。

首先,在行政复议阶段适用和解机制化解税务行政争议有适用范围的限制。有观点认为,"和解是当事人自律空间最大的解纷方式,属于无须法律的秩序"[2]。这一观点不适用于税务行政争议中的和解机制。在行政复议阶段,虽然2023年修订的《行政复议法》规定当事人在行政复议决定作出前可以自愿达成和解,但因税法属于强制法,和解不能违背税收法定原则。因此,在《行政复议法实施条例》第40条以及《税务行政复议规则》第86条未作修改之前,和解在税务行政复议案件中的适用范围不会因《行政复议法》的修改有所扩大,即目前和解只适用于化解因税务机关的自由裁量行为、行政赔偿、行政补偿以及存在其他合理性问题的行政行为引发的争议,与行政调解适用的范围相同。

其次,《行政诉讼法》不认可行政诉讼程序中的和解机制,但部分地方法院允许在行政诉讼中和解,比如,山东省高级人民法院明确行政相对人要求和解的案件以及通过和解方式处理更有利于实质性化解行政争议的

---

[1] 参见[德]鲁道夫·冯·耶林：《为权利而斗争》,郑永流译,法律出版社2007年版,第14页。
[2] 廖永安、王聪：《我国多元化纠纷解决机制立法论纲——基于地方立法的观察与思考》,载《法治现代化研究》2021年第4期。

案件都可以适用和解机制结案。山东省于2023年通过和解方式共化解6837件行政争议,①上海市高级人民法院于2007年4月出台《关于加强行政案件协调和解工作的若干意见》,几乎将存在合法性及合理性问题的行政争议全部纳入和解的范围,2022年通过和解结案的行政案件共计1694件,占一审结案总数的38.72%。②天津市高级人民法院明确,被诉行政行为违法或者存在不当的案件,法律规定滞后、不明确或者法律规定与相关政策不统一,判决结案社会效果不好的案件等都可以适用和解机制。由此可见,在税务行政诉讼中是否适用和解机制、在什么范围内适用和解机制取决于案件审理法院。

以某东公司案为例,江苏省某稽查局曾于2006年对某东公司进行税务检查,仅查出某东公司少缴土地增值税。2010年4月向某东公司下发税务检查通知书,2011年9月开始税务检查,2014年作出宁地税稽罚告〔2014〕131号税务行政处罚事项告知书,2015年12月17日,稽查局向原告送达了宁地税稽处〔2015〕76号税务处理决定书,某东公司提请行政复议,复议机关认为处理决定书适用法律错误,撤销该处理决定书并责令稽查局重新作出行政行为。稽查局于2016年7月22日作出宁地税稽处〔2016〕19号税务处理决定书,3日后又主动撤销了该处理决定书,并给某东公司送达宁地税稽处〔2016〕19-1号税务处理决定书,要求补征2006年、2007年、2010年营业税、城建税、教育费及滞纳金。这是一起因纳税引发的税务行政诉讼,但法院在审理前组织争议双方进行了和解,只是双方最终未达成和解协议。③

第二节 国外税务行政争议中的和解机制

一、对和解机制适用范围作出适当限制的国家

以美国的 Offers in Compromise④ 为例,"an Offering Compromise"是指纳税人与国内税务局因纳税人不能履行纳税义务就行政和刑事责任(包括处罚、利息,以及其他税收附加)以及缴纳多少税款达成的一个有约束力

---

① 参见《山东法院通报2023年审判执行工作情况》,载山东省高级人民法院官网2024年1月23日,http://ytzy.sdcourt.gov.cn/nwglpt/_2343835/_2532828/15140223/index.html。
② 参见《上海高院通报2022年上海法院行政审判情况》,载上观新闻网,https://sghexport.shobserver.com/html/baijiahao/2023/08/16/1099246.html。
③ 参见南京铁路运输法院行政判决书,(2017)苏8602行初43号。
④ 参见26.U.S.C.§7122及Reg.§301-7122(b)。

的协议。① 对于因国内税法引发的任何税务行政和刑事案件,在被移交司法部之前,国内税务局的局长(Secretary)有权与纳税人达成和解协议。和解适用于以下三种情形:(1)纳税人有不能履行纳税义务的嫌疑;(2)纳税人的财产及收入小于应纳税税额,有收不到税款的可能;(3)有利于税务行政管理。2014年至2022年,40%左右的争议通过和解方式解决,比如2022年纳税人共提出36022件和解提议,其中13165件建议被美国国内税务局接受。美国2014年至2022年纳税人和解提议与接受比如表11-1所示。

表11-1 美国2014~2022年纳税人和解提议、IRS接受比

年份	2014	2015	2016	2017	2018	2019	2020	2021	2022
提议案件数/件	68000	67000	63000	62000	59000	54225	44809	49285	36022
接受案件数/件	27000	27000	27000	25000	24000	17890	14288	15154	13165
占比/%	39.7	40.2	42.8	40.3	40.6	32.9	31.8	30.7	36.5

数据来源:美国2014~2022 Internal Revanue Service Data Book,https://www.irs.gov/statistics/soi-tax-stats-all-years-irs-data-books。

美国税务法院鼓励和解,不但对和解的过程不加干预,而且会要求双方当事人在开庭前就事实部分达成协议。② 根据美国《司法》杂志(1989年2月号)的统计,联邦法院归档的诉讼中有90%的案件未通过审判,而是通过和解、调解等方式进行处理。③

法国对和解的适用范围也有一定的限制,规定纳税人可以就直接税的减免问题与税务机关达成和解协议。④ 法国税务机关每年接受纳税人以先行声明的形式提出的行政复议大约有300万件,但主要通过和解、仲裁、调解等方式结案,只有约1%的税务行政争议最终进入司法程序。⑤

二、法律未提及税务行政争议和解机制的国家

德国允许用和解方式解决行政争议,但法律未规定和解可适用于税务行政争议的处理。

---

① See Camilla E. Watson & Brooks D. Billman, Jr. *Federal Tax Practice and Procedure*, West, 2012, p. 939;以及 https://www.irs.gov/pub/irs-pdf/f656b.pdf。
② 参见熊伟:《美国联邦税收程序》,北京大学出版社2006年版,第213页;Camilla E. Watson & Brooks D. Billman, Jr. *Federal Tax Practice and Procedure*, West, 2012, p. 312。
③ 参见李志:《美国ADR及其对中国调解制度的启示》,载《山东法学》1994年第4期。
④ 参见李滨:《法国税收法律争端的解决机制》,载《涉外税务》2006年第4期。
⑤ 参见李滨:《法国税收法律争端的解决机制》,载《涉外税务》2006年第4期。

德国《行政程序法》第55条规定,事实或法律状态具有不确定性的,即可以和解,订立公法契约。这种鼓励性立法使得德国柏林地方行政法院每年以撤回诉讼或和解结案的比例高达97%,[1]但是这一条款在德国《租税通则》中没有体现,基于税收法定原则,德国原则上不赞成采用和解方式解决税务行政争议。但也有例外情况,为避免文物流落国外,根据1999年新增订的德国《租税通则》第224a条的规定,在遗产税与财产税上,可以采用和解方式结案。近年来,德国虽然仍认为税务行政是羁束行为,但不再全面禁止和解方式的使用。为避免长期的不确定和法律争执,对于难以调查的事实,德国联邦财政法院的判决承认就事实部分达成的和解协议。[2]

三、对和解方式"禁而不止"的国家

日本《行政诉讼法》没有关于和解的明文规定,但和解方式在行政诉讼中确实存在。当税务机关认为诉讼难以继续下去时,会主动宣布以前确定的纳税金额(tax assessment)无效,纳税人则会因这个无效宣告而主动撤回诉讼。[3] 一般情况下加拿大税务局无权与纳税人达成和解,但当税务局作为破产案件的债权人,或者根据一些省份的税收法规行使自由裁量权时,则可以与纳税人达成和解。[4]

第三节 税务行政争议和解制度完善建议

一、《行政诉讼法》认可和解机制

《行政诉讼法》之所以未规定和解机制,主要基于以下两个方面的原因:一是行政权具有不可处分性。一般人认为,纳税义务是法定义务,不应该通过协议的方式变更纳税主体,更不应该通过和解协议减轻纳税人的纳税义务,"税法属于强行规定,税捐债务性质上为法定的债务,并不得依据行政契约成立纳税义务,稽征机关对于课税事件是否决定课税与应纳税额多少,并无行政裁量权,纳税人原则上也没有选择权"[5]。二是担心和解机制滋生腐败。有人担心纳税人与税务机关内外勾结,以和解之名行逃税之

---

[1] 参见葛克昌:《行政程序与纳税人基本权》,北京大学出版社2005年版,第184页。
[2] 参见葛克昌:《行政程序与纳税人基本权》,北京大学出版社2005年版,第193~194页。
[3] See Akihiro Hironaka et al., *Japan*, *The Tax Disputes & Litigation Review*, March 2013, p.156.
[4] See Simon Whitehead, *The Tax Disputes and Litigation Review*, Law Business Research Ltd., 2015, p.81.
[5] 陈清秀:《行政程序法在税法上运用》,载《月旦法学杂志》2001年第5期。

实或者违背税收法定原则,①《税务行政复议规则》第 87 条"向行政复议机构提交书面和解协议"的规定不足以保护社会公共利益及其他人的合法权益。② 前述原因不成立,理由如下:

首先,公权力不可处分并不是绝对的。税务机关在核定征收、行政处罚等方面有一定的自由裁量权,即享有法定的处分权;在行政赔偿、行政补偿等方面,税务机关与纳税人之间是平等关系,不是命令服从的行政法律关系。此外,在立法不完善、税务机关执法程序错误、争议事实无法查清等情形下,适用和解方式结案并不会导致国家税款流失。

和解过程中可能滋生腐败并不能成为摒弃和解机制的理由,正如不能因为税收征管过程中滋生过腐败就建议废除税收征管制度一样。腐败现象的减少需要继续完善相关立法,并加大对腐败行为的打击力度。

其次,和解在税务行政争议解决中长期发挥着重要作用。2013 年至 2022 年的 10 年间,税务行政诉讼案中撤诉占结案的比率最高为 50.3%,最低也有 20.3%(见表 11-2)。虽然难以对纳税人的撤诉原因作出详细准确的分析,但不排除其中部分是因为纳税人与税务机关达成了庭外和解或者调解协议。③《中国税务报》曾报道,2013~2016 年,全国税务机关通过调解、和解、当事人撤回起诉等方式结案的比率达 16.7%。④ 和解在行政复议过程中同样大量存在,根据国家税务总局《关于 2014 年税务行政复议应诉工作情况的通报》,2014 年度的税务行政复议案件中,以撤销、变更、责令履行等直接纠错和以调解、和解、申请人撤回申请等方式结案间接纠错的占 54.56%。⑤ 国家税务总局《2017 年法治政府建设情况报告》提到,各级税务机关办理行政复议案件 1554 件,在办案过程中坚持实质化解争议,积极运用调解、和解方式,成功解决汽车金融公司、家电企业系列复议案等金额较大、影响广泛的案件。

---

① 参见颜运秋:《税务和解的正当性分析》,载《法学杂志》2012 年第 8 期。
② 参见叶金育:《税务和解的法律要义:功能、标的与协议要件》,载《云南大学学报(法学版)》2013 年第 5 期。
③ 参见孔繁华:《行政诉讼实质解决争议的反思与修正》,载《法治社会》2022 年第 1 期。
④ 参见《规范税务行政应诉工作,深化依法治税实践》,载《中国税务报》2018 年 1 月 10 日,第 7 版。
⑤ 参见廖仕梅:《论税务行政争议和解机制》,载《税务研究》2017 年第 3 期。

表 11-2　2013~2022 年全国人民法院审理税务行政一审案件收撤案情况

年份	2013	2014	2015	2016	2017	2018	2019	2020	2021	2022
收案/件	362	398	636	683	555	641	659	688	1055	990
撤诉/件	198	137	149	216	195	238	208	182	214	219
撤诉占收案的比例/%	50.3	35.2	23.4	31.6	35.1	37.1	31.6	26.5	20.3	22.1

数据来源：《2013~2022 年全国法院司法统计公报》，载最高人民法院公报网，最后访问日期 2024 年 6 月 12 日，http://gongbao.court.gov.cn/ArticleList.html?serial_no=sftj。

最后，认可和解机制有利于维护《行政诉讼法》的权威。大部分国家和地区允许采用和解方式解决税务行政争议，即使是在法律明确禁止和解的国家和地区，比如日本、加拿大，和解在解决税务行政争议中仍然发挥着一定的作用，我国亦是如此。为满足实务中行政争议当事人对和解的需求，最高人民法院发文允许立案前和解。有些地方法院允许使用和解机制化解行政争议，比如山东省高级人民法院对达成和解协议的案件，采取裁定准予撤诉的方式结案。

和解是一个难以禁止且有一定优势的争议解决机制。虽然立案前和解、庭外和解没有对《行政诉讼法》带来挑战，可以帮助人们构建有创造性的冲突解决方式，但会损害法律的权威，也会损害人们的权利，因为正当程序的保障没有了。① 因此，需要通过法律对其认可、规范，这将更有利于发挥其积极作用，也有利于维护法律的权威。

二、扩大和解适用范围

和解与调解都属于非诉讼纠纷解决机制，《税务行政复议规则》规定调解与和解的适用范围一致，地方税务机关也将调解与和解规定在同一个文件中，两者适用的范围也相同，比如《上海市税务行政复议和解调解实施办法》(上海市国家税务局、上海市地方税务局公告 2017 年第 5 号)(已修改)、《安徽省地方税务系统税务行政复议和解调解办法》(安徽省地方税务局公告 2017 年第 1 号)(已失效)。因此，前述扩大调解适用范围的建议同样适用于和解。

三、赋予和解协议强制执行力

争议双方达成和解协议即意味着签订了一份合约，只要没有违反法律

---

① 参见[美]博西格诺等：《法律之门》，邓子滨译，华夏出版社 2007 年版，第 698 页。

的强制性规定、没有损害国家、集体和他人的合法权益、真实表达了争议双方的真实意思,即有必要赋予其强制执行力。赋予和解协议强制执行力有利于维护社会秩序,有效防止违约,避免放纵失信之人,实质化解税务行政争议。

  在就行政赔偿、行政补偿等达成和解时,税务机关有可能不履行和解协议,因此,强制执行的对象不仅应该包括纳税人,也应该包括税务机关。立法禁止与税务机关达成和解的纳税人就同一事实和理由再次申请行政复议,若法律不赋予和解协议强制执行力,纳税人会面临权利得不到保障的风险。这种风险的存在会导致纳税人放弃和解机制而选择其他纠纷解决方式,难以充分发挥和解机制在实质化解税务行政争议中的作用。

第十二章 多元税务行政争议解决机制的衔接与协调

税务行政复议、税务行政诉讼、调解与和解之间是相互依存、此消彼长的关系。若行政复议能有效地解决争议,则提起税务行政诉讼的数量会大幅度降低;若能通过调解或者和解结案,则会减轻税务行政复议机关与法院审理案件的压力,降低纳税人的维权成本。而调解、和解机制的顺利运行及作用的有效发挥需要以良好的税务行政复议制度与税务行政诉讼制度作为基础。在复议前置的情况下,只有拥有行政复议权的纳税人才有机会感受到司法的公正。因此,一个机制的不完善会影响其他机制功能的正常发挥。纳税人对行政复议不服,即会提起诉讼,对一审、二审判决结果不服的,还会申请再审,或者上访,造成行政资源与司法资源的浪费,也会给社会注入不稳定因素。因此,如何完善争议解决机制,如何促进多元纠纷解决机制之间的衔接与协调等问题值得深入研究。

各争议解决机制都有其优点,但任一争议解决机制不足以解决所有纠纷。行政复议机关与被申请人是垂直领导关系,有自己做自己的"法官"之嫌,故纳税人会质疑复议决定的公正性,从而导致税务行政复议作为解决争议的主渠道的作用未能充分发挥。法院是司法公正的最后一道防线,但有时未能做到案结事了,因为法院一般情况下不会变更税务机关的行政行为(《行政诉讼法》第77条规定的变更行政处罚除外),税务机关作出的行政行为主要证据不足、适用法规错误、违反法定程序、超越或者滥用职权时,法院只能撤销或者部分撤销税务机关的行政行为,税务机关仍有可能在弥补不足后重新作出与之基本类似的、纳税人难以接受的处理决定或者处罚决定。故部分税务行政争议虽历经一审、二审甚至再审程序,仍然不能实质化解纳税人与税务机关之间的矛盾。和解及调解机制有利于实质化解税务行政争议,但适用范围受到限制、发挥作用的空间有限等。

为弥补各争议解决机制的不足,各机制之间有必要通过有效程序衔接,相互协调,发挥制度合力,实现功能互补,最大限度地解决税务行政争议。有效衔接包含以下两个方面:一是程序上的连接,比如诉调机制的对接,是诉前调解,还是诉中调解,如何启动调解程序等;二是内容上的对接,比如纳税人调解程序中提供的证据,是否可以用于诉讼等。

第一节 税务行政复议与税务行政诉讼的衔接及协调

基于行政复议免费、结案时间相对更短、税务机关更专业等原因,非纳税争议中纳税人有时会选择行政复议,加之立法要求纳税争议行政复议前置,故行政复议能起到化解部分税务行政争议的作用。纳税人不服行政复议决定,或者不选择行政复议的,行政诉讼便成为司法公正的最后一道屏障。

税务行政复议机关是作出行政行为的上级机关,税务行政复议在某种意义上讲是税务机关的自我纠错程序,这种行政自治行为若缺乏行政诉讼的监督,其效果必将受到影响;而若非行政复议过滤部分争议,法院将不堪重负。因此,应衔接好两者的关系,相互借力,以更好地促进税务行政争议的解决。

一、赋予纳税人提起行政复议或行政诉讼的选择权

对于税务行政复议是否应该成为税务行政诉讼的前置条件,理论界争议较大。反对观点认为,提高行政复议的公正性才是行政复议改革的根本之策,[1]提高行政复议制度的利用度应以提升行政复议制度有效化解行政争议的能力为基础,不应以实施强制性复议前置为条件;[2]赞成观点认为,应扩大复议前置的范围,用强制性规定将行政争议引入行政复议机关,通过给予行政复议机关作出公正决定的机会来提升行政复议的公信力,[3]贯彻落实行政复议作为化解行政争议"主战场""主渠道"的作用;[4]税务机关作为复议机关具有专业上的优势,较法院能更好地解决专业性极强的税务行政争议,税务行政复议机关解决争议的效率更高、纳税人通过行政复议的维权成本更低。[5] 前述赞成复议前置的理由有一定的缺陷。

首先,税务行政争议案件的专业性、技术性、复杂性不是复议前置的理由。专业性问题应该由专业的人来解决,但是,大部分税务行政复议人员

---

[1] 参见杨伟东:《复议前置抑或自由选择——我国行政复议与行政诉讼关系的处理》,载《行政法学研究》2012年第2期。
[2] 参见王万华:《完善行政复议与行政诉讼的衔接机制》,载《中国司法》2019年第10期。
[3] 参见郭修江:《完善〈行政复议法〉充分发挥行政复议化解行政争议主渠道作用》,载《中国司法》2022年第2期。
[4] 参见耿宝建:《行政复议法修改的几个基本问题》,载《山东法官培训学院学报》2018年第5期。
[5] 参见贺燕:《行政复议前置、税法确定性与税收治理现代化》,载《税务研究》2020年第4期。

并不专职于行政复议工作,税务行政复议委员会的功能未得到很好发挥,加之我国税务行政复议案件太少,复议人员办案数量不多,办案经验有限。办案经验欠缺的行政复议人员很难成为一名优秀的行政复议工作者。

其次,不公正的行政复议会增加纳税人的维权成本。纳税人行使法律救济权需要付出资金成本和时间成本。在时间成本方面,行政复议机关虽然能在较短时间内作出复议决定,但一旦纳税人对复议决定不服,继续诉讼所花费的时间成本更高。在资金成本方面,不同于民事诉讼按涉案标的金额收取案件受理费,行政案件的受理费按件收取,与争议标的额的大小没有关联。目前案件受理费是100元/件,处于纳税人能承受的范围。

再次,发挥行政复议主渠道作用不应该成为复议前置的理由。完善税务行政复议制度的终极目标是实质性化解税务行政争议,行政复议主渠道的作用需要通过提升复议机关的公正性、独立性、专业性来实现,而不能本末倒置地强迫纳税人申请行政复议来提升其公正性。行政复议作为解决行政争议主渠道的衡量标准不仅应该要求受理案件的数量超过行政诉讼,还应该要求实质性化解行政争议的数量超过行政诉讼。当税务行政复议机制能实质性化解税务行政争议,纳税人自愿主动地选择税务行政复议时,税务行政复议的主渠道作用才能真正实现。

最后,行政复议的公信力无须通过强制性复议前置来实现。一方面,行政复议前置不能提升行政复议的公信力。除因纳税产生的税务行政争议外,因海关、金融、外汇管理等引发的行政争议也要求行政复议前置,没有证据表明这些领域的行政复议公信力来自行政复议前置。另一方面,现有的行政复议案件足以发挥宣传行政复议公正性的作用,2022年的行政复议案件有近21万件。行政复议机关只要能公平公正地解决目前的行政争议,即足以吸引行政相对人主动选择行政复议。

从世界范围来看,部分国家的税务行政复议是提起税务行政诉讼的必经程序。日本的行政复议被称为行政不服申请,以国税为例,行政不服申请分为向处分厅提出的异议申请和向国税不服审判所所长提出的审查请求两个阶段。[①] 纳税人首先应该向作出处分的税务署长等以书面形式提出异议申请,不服税务署长等作出的决定的才向国税不服审判所所长提出审查请求。原则上不经过行政不服申请程序就不能提起诉讼;[②] 行政复议

[①] 日本有国税和地税之分,税务争讼制度不论是对国税还是地税,只要税法中未作特别的规定,一般都应依据普通法的行政不服审查法、行政案件诉讼法等的规定进行。

[②] 参见[日]北野弘久:《税法学原论》(第4版),陈刚等译,中国检察出版社2001年版,第300~301页。

在法国被称为先行声明,法国纳税人在起诉税务机关前,必须先向税务机关提出先行声明;[1]德国的行政复议被称为异议,根据德国《租税通则》第347条的规定,纳税人通常需提出异议,才能向财政法院提起诉讼;加拿大纳税人起诉前,需要向税务局发送异议通知(Notice of Objection),税务局对异议通知不回应或者纳税人对税务局的重新评估、确认或者决定不服的,才能起诉至税务法院,即纳税人穷尽行政救济手段之后,才可以向税务法院起诉。[2]

部分国家的税务行政复议不是税务行政诉讼的前置程序。美国《国内税法典》(Internal Revenue Code)未规定行政复议是税务行政诉讼的前置条件,但是纳税人未穷尽行政救济的,在税务行政诉讼中胜诉后不能得到律师费和其他费用的补偿。因此,部分美国纳税人在该规则的利诱下会在诉讼前选择行政复议。[3]澳大利亚纳税人在这方面的自由度最高,对税务机关所作的行为不服,可以向行政复议庭(Administrative Appeals Tribunal)申请复议,也可以直接向联邦法院提起诉讼。[4]

从前述国家行政复议与行政诉讼的关系,不能简单得出行政复议前置更利于税务行政争议公正解决的结论。立法如何选择应该考虑基本国情,在税务行政复议欠缺公正性的情形下强制要求行政复议前置,并不能实质化解争议。赋予纳税人行政复议与行政诉讼选择权,有利于倒逼税务行政复议机关提高其公信力。

二、统一行政复议与行政诉讼的审查标准

(一)统一行政行为合理性的审查力度

合理性是对行政机关自由裁量权的约束,也是对税务机关机械执法的约束,合理性要求可以减少税务机关对法条作断章取义的理解或"一刀切"式执法。行政复议法将审理行政行为的合理性与合法性置于同等重要的位置,但行政诉讼以合法性审查为原则、以合理性审查为例外,法院只可

---

[1] 参见李滨:《法国税收法律争端的解决机制》,载《涉外税务》2006年第4期。
[2] 参见When Can I Come to The Tax Court of Cnada,载加拿大税务法院官网,最后访问日期2024年6月12日,https://www.tcc-cci.gc.ca/en/pages/get-started#whenappeal。
[3] See Richard A. Westin, Beverly Moran & Herwig Schlunk, *Basic Federal Income Taxation of Individuals*, Vandeplas Publishing, LLC 2013, p. 16. 美国《国内税法典》第7430(a)(2)条规定,在针对美国政府的诉讼中获胜的当事人一方,只要证明符合以下条件,对其合理的诉讼费用,可以获得赔偿判决:(1)已经穷尽所有的行政救济手段;(2)在争议中充分占据优势;(3)满足于资本净值需求;(4)政府在诉讼中的立场并不是充分正确的;(5)没有无理地拖延诉讼;(6)所要求的诉讼费用是合理的。
[4] 参见澳大利亚《纳税人宪章》(Taxpayer's Charter)。

以撤销或者部分撤销明显不当的行政行为。因行政诉讼不重视对税务行政行为的合理性审查,加之纳税人很难找到证据证明税务机关的税收征管行为"明显"不当,导致税务机关很少因不合理行政行为败诉。由于缺少司法对税务行政行为合理性的监督,复议机关往往忽视合理性审查,行政复议法的立法宗旨不能很好地实现。

行政行为不仅要合法,更要合理,由人执法而非求诸机器,皆因机械执法侵犯纳税人利益的概率更高,人则能根据具体情况综合分析各种细节、全面考量,从而作出更为合理的执法行为。因此,对税务机关行政行为的合理性审理与合法性审理同等重要。建议《行政诉讼法》将行政行为的合理性审查与合法性审查置于同等重要的位置。

(二)统一对"不当"执法行为的审理

行政复议不同于行政诉讼,复议机关可以审理不同程度的不当行政行为,且能变更不同程度及不同类型的不当行政行为。法院只审理"明显"不当的行政行为,且只能变更"明显"不当的行政处罚行为,对于"明显"不当的其他行政行为,只能撤销,不能变更。这种不同会导致以下三种结果,一是行政复议机关不审理非明显不当行政行为的,在行政诉讼中不会有败诉风险,中立性及独立性欠缺的行政复议机关会忽视对"非明显"不当行政行为的审理。二是纳税人难以就不当的核定征收行为实现法律救济。税务机关核定应税所得率、核定税额只要在法律允许的范围内,即使不当也不属于适用法律、法规错误,纳税人很难提供证据证明其"明显"不当。这种情况下法院既无权判决变更,也无权对其撤销。三是无法做到案结事了。法院撤销明显不当行政行为的,税务机关可以重新对纳税人作出处理处罚决定,纳税人不服的,会开始新一轮法律救济。这三种结果都不利于保护纳税人的权益,不利于实质化解税务行政争议,建议立法赋予法院审理不同程度不当行政行为的权力,同时赋予直接变更不同类型不当行政行为的权力。

(三)统一行政复议与行政诉讼的审理依据

法院只能依据法律、行政法规、地方性法规,参照规章审理税务行政案件,这符合依法行政原则以及税收法定原则的要求,即法院不能以税务规范性文件作为审判依据。但是,行政复议机关审理税务行政案件时,立法未对审理依据作出限制。立法不一致可能出现以下情况,即行政复议机关依据规章、税务规范性文件作出对纳税人不利的复议决定,纳税人起诉后,法院依据法规判纳税人胜诉,税务机关会感觉无所适从,在税务规范性文件的内容更详细、更具有可操作性的情况下,部分税务人员在税收征管过程中倾向于适用税务规范性文件;法院若依据税务规范性文件判纳税人败诉,则会损害行政诉讼法的权威。建议《行政复议法》与《行政诉讼法》的规定保持一致,将规章作为审理案件的参考依据,排除税务规范性文件在行政复议审理中的适用,以落实税收法定原则与依法行政原则,促进税收立法的完善,从根本上改变税务人员对税务规范性文件的"偏爱",让法律成为税收征管的依据。

第二节　调解与行政复议的衔接与协调

目前税务系统有两种调解模式,一种是在行政复议阶段进行的调解,另一种是行政复议前由咨询调解室进行的调解。

一、行政复议前调解与行政复议的衔接与协调

行政复议前调解主要包括来自咨询调解室的调解和"枫桥式"税务所(分局)的调解。这两种模式目前都还处在探索阶段,尚未与行政复议建立有效的衔接机制。首先,"枫桥式"税务所(分局)与咨询调解室的职责范围不明确。有的咨询调解中心的牌子挂在法规部门,由法规部门的公职律师兼任咨询调解中心的调解员,咨询调解中心与行政复议机关的职责交叉重合,且咨询调解室的职责不明;有的咨询调解中心单独挂牌,与法规部门没有紧密关联。其次,哪些案件可以交由咨询调解中心、"枫桥式"税务所(分局)调解,行政复议前调解如何启动,如何从众多的公职律师中确定调解员,如何进行调解等都缺乏统一规定;调解不成功,且纳税人取得行政复议权的,在行政复议阶段是否还有必要进行调解,以及行政复议前调解已就部分争议达成共识的是否可以直接在复议过程中不再审理等也没有统一规定。

复议前调解在行政复议前进行,有利于保护因无法满足清税前置条件而未能取得行政复议权的纳税人。比如,湖北省2022年8月前在17个市州基层建立公职律师涉税争议咨询调解中心,处理涉税争议咨询100多件。[①] 为充分发挥复议前调解的作用,笔者建议从以下几个方面协调复议前调解与行政复议的关系。

一是明确咨询调解中心与行政复议机关的关系。复议前调解属于争

---

① 参见徐卫兴:《争议咨询调解,立足基层内外联动》,载《中国税务报》2022年8月16日,第7版。

议解决机制，是税务机关的执法行为。咨询调解中心应由法规部门管辖，因为行政复议前调解应当是依法调解，设在法规部门有利于对其进行引导、监督，一旦复议前调解未达成协议，法规部门作为行政复议机关，方便机制衔接。

二是统一复议前调解与行政复议中调解的适用范围。调解有利于实质化解税务行政争议，但适用范围应受到限制，调解适用范围的泛化有可能导致税法的权威被弱化，国家税收受到损失。因此，立法应当明确行政复议前调解的适用范围，并与行政复议调解的适用范围保持一致。

三是明确行政复议人员具有引导纳税人进行行政复议前调解的职责。对于未取得行政复议权且不了解行政复议前调解的纳税人申请行政复议的，行政复议机关不应该一拒了之，对于能适用调解机制的税务行政争议，应当引导纳税人自行到咨询调解中心申请调解；对于有行政复议权，且当事人自愿调解、符合调解适用范围的，行政复议机关也可以先行移交咨询调解中心调解，调解不成功的再进入复议程序。

四是明确区分复议前调解员与行政复议人员。目前咨询调解中心的调解员主要是来自税务机关的公职律师，有的税务机关将法制部门的公职律师也纳入了复议前调解人员名单。这种作法不利于区别行政复议中调解与行政复议前调解的关系，应该将法制部门的公职律师排除在行政复议前调解员队伍之外。另外，公职律师的数量庞大，比如，湖北省税务部门截至2022年8月共有公职律师164名，占全省税务人员总数的10%；[1]辽宁省税务系统截至2023年7月共有公职律师329名；[2]广州市税务部门构建执法争议联动治理模式，截至2023年6月共设置调解员528名。[3] 在税务行政案件数量不多的情况下，将全部公职律师列入调解员名单不利于培养调解经验丰富的调解员。建议限定公职律师兼职调解员的人数，同时赋予纳税人选择调解的权利。

五是明确调解结果与行政复议的关系。未达成调解协议的，调解过程中双方为达成调解协议所作的让步不作为行政复议机关审理的依据。对于在调解过程中达成的共识，没有争议的事实和证据，可以在复议阶段不再审理。

---

[1] 参见徐卫兴：《争议咨询调解，立足基层内外联动》，载《中国税务报》2022年8月16日，第7版。

[2] 参见佟海艳：《听！辽宁纳税人口中的十年办税之变》，载《中国税务报》2023年7月10日，第2版。

[3] 参见李源、周凡非：《广州：面向世界的营商"名片"》，载《中国税务报》2023年6月7日，第3版。

二、行政复议中调解与行政复议的衔接与协调

国家税务总局要求各级税务行政复议机关增强运用调解化解税务行政争议的意识,将调解贯穿行政复议全过程。但关于行政复议中调解的立法不太完善,需要从以下几个方面厘清与行政复议的关系,以实现有效衔接。

一是明确调解的启动时间与启动模式。行政复议机关受理纳税人申请后,应当先进入调解程序,还是待一方当事人主动申请才进入调解程序?为避免资源浪费,对于行政复议前经过调解的争议,建议在行政复议中不再组织调解。对于可以适用调解且在行政复议前未调解的税务行政争议,建议立法要求行政复议人员在审理前询问当事人是否有调解意愿,并书面提示调解优劣势,以帮助纳税人作出选择,比如南京市税务局行政复议人员在审理前会主动组织争议双方进行调解。①

二是明确调解的时间。为防止调解拖延时间太长,立法有必要规定调解的持续期限,比如规定调解期限不能超过 30 日。调解期限届满,未达成调解协议,或者当事人双方明确表示放弃调解的,应该进入行政复议程序。

三是行政复议阶段的调解员与行政复议人员分离,以减少调解不成功对行政复议的影响。这个建议自 20 世纪 90 年代即有学者提及并进行了大量研究,在法院早已实现调审分离,即调解员与审理人员分离、调解程序与审理程序分离、调解地点与审理地点分离,②但在税务行政复议中一直未能落实,究其原因,还是在于税务行政复议机构分散、税务行政复议案件少,在行政复议机关一年承办的税务行政复议案件数量为个位数甚至为零时,不会考虑调审分离问题。因此,税务行政复议权集中、废止清税前置条件是实现行政复议与调解分离的前提。

第三节 调解与税务行政诉讼的衔接及协调

对于可以调解的案件,在行政复议阶段应该已考虑过是否调解,或者

---

① "在处理某科技公司不服征税行为的复议案件中,复议机关在收到复议申请的当天,即对争议焦点作了初步审查,促成被申请人与申请人达成一致意见,高效解决了行政争议。"参见夏亚非:《推进行政复议实质性化解争议　实现行政复议"案结事了政和"》,载《中国税务报》2021年12月21日,第7版。

② 参见赵毅宇:《法院专职调解员制度:根据、实践与完善》,载《法律适用》2019年第5期。

已进行过调解。只有在未调解成功,纳税人与税务机关也未达成调解协议,且纳税人对行政复议不服的情况下,才会启动行政诉讼程序。相对于行政调解,司法调解员更中立,调解经验也更丰富。因此,即使在行政复议程序中有过调解,也有必要在诉讼程序中考虑是否进行调解。对于未经行政复议直接提起行政诉讼的情形,更有考虑调解的必要。

一、经过复议的税务行政争议更适合诉中调解

对于依法可以调解的行政案件,人民法院可以在立案前引导当事人进行调解。[①] 调解成功的案件不存在一审判决被二审、再审撤销或者变更,从而给办案法官带来不利后果的风险,因此法院及法官都希望行政争议当事人能达成调解协议。但是诉前调解不太适合解决专业性、综合性、争议性较大且已经过行政复议的税务行政争议。

首先,调解员有必要全面了解案情。对于经过复议的税务行政争议,在复议阶段已考虑过是否进行调解,且大部分案件已经历过听证审理,纳税人不服复议决定才会提起行政诉讼。在纳税人提起行政诉讼那一刻即意味着纳税人与税务机关的分歧已进一步加深,行政诉讼立案前调解员若只简单征求当事人的调解意愿,调解成功的概率很低。为提高调解成功率,调解员对案情应该作全面了解。税务行政争议相对复杂,调解员仅阅卷很难了解案情全貌,调解员对案情缺乏了解会增大调解难度。因此,调解员可以通过参与庭审全面了解案情,并找准当事人的争议焦点,制订出争议双方可能接受的调解方案,更好地引导当事人进行调解。

其次,有的调解以纳税争议已被化解为前提。调解不得违反法律、法规的强制性规定,因此,并不是所有的税务行政争议都可以适用调解方式结案。即使在调解与和解结案率高的美国,调解的适用范围也不是完全放开的。[②]

部分可调解的税务行政争议与不能调解的税务行政争议联系紧密,比如,大部分行政处罚源于查账征收,税务机关要求纳税人补缴税款、缴纳滞纳金,同时对纳税人处以罚款。纳税人一般情况下会同时就补缴税款、缴纳滞纳金与行政处罚提起诉讼。在查账征收的情况下,由补缴税款、缴纳滞纳金引发的争议不能适用调解方式结案,而行政处罚是否合法及合理在很大程度上取决于税务机关要求纳税人补缴税款的决定是否正确。一旦

[①] 最高人民法院《关于推进行政诉讼程序繁简分流改革的意见》(法发〔2021〕17号)。
[②] 1998年《美国国内税务局重组和改革法》(the Internal Revenue Service Restructuring and Reform Act of 1988)。

税务机关要求纳税人补税、缴纳滞纳金的处理决定有错,则行政处罚的基础将不复存在。因此,只有在纳税争议的事实确定、税务机关与纳税人对基础事实和法律适用没有争议的前提下,才有可能就行政处罚的内容进行调解。

二、加大法院在诉前调解中的引导、促进及监督作用

对于未经行政复议即提起行政诉讼的税务行政争议,法院有必要启用诉前调解机制。根据最高人民法院相关司法解释的规定,法院可以在以下情形中于诉前引导纳税人进行调解:(1)行政处理决定已生效,纳税人仅就行政处罚提起诉讼,但行政处理决定认定的事实明显有错误的;(2)税务机关执法程序轻微违法,对纳税人权利不产生实际影响,不足以撤销行政行为的;(3)因税收政策调整、历史遗留问题等产生的争议;(4)行政争议由对法律规范的误解或者当事人之间的感情对立等深层次原因引发,通过裁判方式难以实质化解争议,甚至可能增加当事人之间不必要的感情对立的;(5)类似行政争议的解决已经有明确的法律规范或者生效裁判指引,裁判结果不存在争议的……

纳税人的调解意愿普遍偏高,法院在引导纳税人的同时,需要向税务人员深入剖析诉讼的利害得失,尤其要强调调解的合法性,以及适用调解机制结案不会对国家税收造成损失,以消除税务人员对调解机制的质疑及由此引发的担忧。

在诉前调解过程中,主持人应该引导纳税人与税务机关紧紧围绕争议焦点进行沟通,抓住主要矛盾,避免被非主要问题带偏而引发不必要的争议。达成调解协议后,应督促纳税人与税务机关及时履行调解协议,或者引导当事人自调解协议达成之日起30日内申请有管辖权的法院进行司法确认。在调解过程中发现存在不能继续调解的情形,应当及时终止调解,移送法院登记立案。

对于纳税人与税务机关达成的诉前调解协议,法院要依法进行监督。经审查发现不属于可以调解的行政案件范围的、违反法律的强制性规定的,或者损害国家利益的……人民法院应该裁定驳回司法确认请求。

三、特邀专业调解员以促成税务行政争议调解

基于税务行政案件的专业性与复杂性,人民法院可以设立税务行政争议专业调解委员会,邀请专家、学者、律师等专业人士担任税务行政案件的调解员。需要由专业调解员在调解前甄别争议内容是否属于调解的范围、

找到争议的焦点并灵活运用调解技巧,比如,引导当事人沟通,提出征纳双方都能接受的调解建议等。调解员的专业水平应该高于法官,因为法官只需判断哪一方当事人提供的证据及说理更充分,而调解员还需要提出建设性且能让双方当事人都能接受的调解建议。

法院将税务行政案件经当事人同意委派给特邀组织或者特邀调解员进行调解的,达成的调解协议不具有强制执行的效力,当事人就调解协议的履行或者调解协议的内容发生争议的,还可以向法院提起诉讼。为确保调解协议的执行,纳税人与税务机关达成调解协议后,应该提请法院确认,只有经过司法确认的调解协议,才能申请法院强制执行。

对特邀调解员应该建立考评机制,比如从调解成功率、当事人满意度等方面进行考评,避免调解沦为"走过场"。对于已经过行政复议的税务行政争议,如果调解员不能从事实与法律层面给当事人答疑解惑,或者不能正确归纳、解读当事人的争议焦点,则很难促成调解。因此,有必要建立考评机制,督促特邀调解员认真阅卷、参与庭审、全面了解案情,探索纳税人与税务机关的真实诉求,有效地促成当事人达成调解协议。

四、法院与税务行政复议机关可以联合设立调解中心

调解贯穿于行政复议前、行政复议中、法院立案前、法院审理中等环节。这种重复的调解设置,一方面会造成资源浪费,另一方面会让当事人感觉无所适从,因为不同阶段的调解程序不同,效力也不同,调解员的水平参差不齐,给当事人的建议、引导也不同。建议法院与税务行政复议机关整合资源,共同建立调解中心。

浙江省自 2017 年起在省政府法制办公室与省高级人民法院的推动下,于湖州市安吉县成立行政争议调解中心,至 2019 年实现省、市、县三级行政争议调解中心全覆盖,并制定了地方规范性文件对这种调解行为进行规范,2020 年行政争议调解率相比 2019 年增长了 13.8%。[①] 若税务系统借鉴这种模式,与法院联合设立调解中心,由调解中心调解员对案件全程跟踪,则调解员对案情了解更全面,对当事人的心态把握更加准确,能够捕捉到法律背后的利益诉求,可以提升调解成功率。

---

① 参见曹水萍、冯娇雯:《提升行政复议调解工作质效的实践与思考——以浙江省推行行政复议调解为例》,载《中国司法》2021 年第 6 期。

第四节 和解与税务行政复议及行政诉讼的衔接及协调

一、保障行政复议听证权以提升和解成功率

只有保障纳税人的听证审理要求,纳税人才有见到税务人员并与其深入交流的机会。当面质证、辩论能促进相互理解,增加和解的概率。书面审理只能由争议双方采用书面形式一次性表达观点,没有经过质证、辩论,争议双方难以发现自己所持观点存在的漏洞,容易固执己见,缺少和解之心。

二、赋予税务行政和解协议强制执行力

纳税人与税务机关达成和解协议,经行政复议机关准许终止行政复议程序的,申请人不得以同一事实和理由再次申请行政复议。由此可知,和解协议对纳税人具有法律效力,即达成和解协议后不能反悔。一旦反悔,则既不能再次申请行政复议,也不能提起诉讼,因为纳税人与税务机关在纳税上发生争议,只有对行政复议决定不服的,才能提起诉讼,以和解机制结案的,并无行政复议决定。和解协议对纳税人具有法律效力,则立法有必要赋予其强制执行力。

《行政诉讼法》没有认可和解机制,因此也没有赋予和解协议强制执行力。纳税人与税务机关在诉讼过程中达成和解协议的,部分法院按撤诉处理,不会出具司法确认书。纳税人与税务机关有可能因为毁约或者失信而循环诉讼,这显然是希望案结事了的当事人、法官所不愿意看见的。为适用和解机制实质化解税务行政争议,《行政诉讼法》有必要认可和解机制并赋予和解协议强制执行力。

三、将和解贯穿于税务行政诉讼全过程

因和解无须第三方主持,只要没有违反法律的强制性规定,没有损害国家利益、社会公共利益和他人利益,应当随时可以进行。最高人民法院《关于进一步推进案件繁简分流优化司法资源配置的若干意见》(法发〔2016〕21号)第9条规定可以通过庭前会议促成和解协议,但未就行政争议和解统一立法。立法应当在一定范围内允许和解机制贯穿行政诉讼全过程,因为部分地方法院早已认可和解机制,比如,天津市高级人民法院明

确和解可以贯穿一审、二审和审查再审和再审审理的全过程;山东省高级人民法院发文规定,行政法官收到案件后,先审查是否符合先行和解处理案件范围,属于和解案件范围且当事人同意和解的,移送相关材料到行政争议审前和解中心。二审、再审审查、再审审理程序中的审前和解工作参照一审案件和解程序。原则上一个月内未能达成和解的,转入法院进行审理。

四、法院应当引导和监督税务行政争议和解

为防止税务机关滥用和解机制,避免滋生腐败和国家税收流失,法官有必要在和解过程中作出指导,达成和解协议后,应该进行必要的监督,审查和解是否超过法律许可的适用范围,税务机关的行为是否造成国家不必要的税收损失。可以借鉴山东省的经验,在人民法院设立和解中心,从行政机关选任和解员。和解中心接到和解申请后可以指定和解员,也可以指导当事人经协商后选定和解员。和解员的职责包括:倾听当事人陈述意见、讲解法规和政策,引导当事人自愿达成和解。

第十三章 纳税人在税务行政争议中的应对策略分析

纳税人是税务行政争议的产生者,也是税务行政争议的化解者。减少及实质性化解税务行政争议离不开纳税人自己的努力。

第一节 税务行为合规

纳税人往往不敢与税务机关抗衡,而且在经营过程中也会尽量避免被税务机关关注到。比如,预缴增值税、预缴企业所得税应当年终汇算清缴,经营亏损时可申请退税,有的企业担心税务机关在办理退税过程中查账,即不再申请退税;有的纳税人因变更、解除合同需要开红字发票抵减收入,因担心发票作废、申请退税被税务机关关注而不敢将发票作废。在此情形下,为不缴冤枉税,开票方要求受票方向其开票对冲收入,或者要求受票方向其支付一笔开票费。该作废的发票不作废、不该开具的发票开具了,都是虚开行为。非但应有的税收福利未能享受,而且错上加错,严重的可能被追究刑事责任。这些企业由于此前税务行为不规范,往往情愿财产受损、冒险违法,只求躲避税务机关的注意。当遭遇税务机关不规范的执法行为时,自然不敢拿起法律武器维权。因此,纳税人只有税务行为规范,敢于面对税务机关的深入、全面稽查时,才敢拿起法律武器对抗税务机关不合法的税收征管行为。

纳税人税务行为不合规的原因很多:(1)有些纳税人故意忽略一些小税种,比如印花税、房产税等,忽略的原因是误以为法不责众,税务机关不会在这些小税种上浪费时间。(2)有些纳税人抱有侥幸心理,比如误认为通过私人账户收款,税务机关查不到。(3)依法纳税意识不强,不愿意将辛苦赚来的钱用来缴税。(4)有些纳税人自认为没有违法故意,是被逼无奈才实施虚开发票行为的。比如劳动密集型企业的大量工资支出、从自然人处购进废旧物资等无法取得发票抵扣进项,误以为是没办法才虚开发票抵扣进项税。(5)有些纳税人的违法行为来自无知,老板不懂财务、税务、也不懂法务,又不愿意支出合规成本,任由财务人员、采购人员、销售人员违法操作。比如"灰色支出"(支付给客户员工的回扣)、从"黑煤窑"(未取得煤炭开采资质的开采者）购进煤炭等都不能取得发票，不能扣除成本，面对巨额税负时再通过虚开发票用来虚增成本、抵扣进项税……导致纳税人税收行为不合规的原因众多，纳税人若想做到税收合规，需要从以下几个方面努力。

一、故意违法者需要树立正确的税收观念

故意违反税收法规者，只有树立正确的税收观念才有可能做到依法纳税。首先，依法纳税是企业长期健康稳定发展的前提。从宏观上看，财税是国家治理的基础和支柱，缺少税收则国家机器无法正常运转，无法建设良好的营商环境，恶劣的营商环境将增加企业营利难度。因此，依法纳税实为建设更好的国家、创造一个更好的营商环境，以更好地保护纳税人的合法权益。从微观上看，企业只有依法纳税才能健康发展，逃税、虚开发票、骗取出口退税等违法行为将被行政处罚，甚至被追究刑事责任。其次，摒弃侥幸心理。部分纳税人认为自己的违法行为不为外人知晓，只要自己不说，违法行为即不会被税务机关发现。有些纳税人请财务人员做假账并研究应对金税工程的技巧，误以为只要将负税率控制在监控系统不报警的水平，税务机关就不会发现其税收违法行为。然而事实并非如此，很多违法行为都是交易伙伴、做假账的财务人员或者纳税人自己的股东坚持不懈地举报才被税务机关发现的。有些纳税人误认为自己各方面的人际关系处理得非常好，不会有人举报，实际上之前没出事并不等于以后不会出事，逃税、虚开发票导致的少缴纳的税款没有追溯时效的限制，会被无期限追征。实践中，企业因为10年甚至20年前的税收违法行为被追究行政、刑事责任的情形并不少见。

二、"被逼无奈"型纳税人需要税务合规计划

税务合规计划是指在遵守法律、税法、尊重我国政策的前提下，规避涉税风险、控制或减轻税负，作出有利于实现企业财务目标的规划和安排。税务合规计划不同于逃税。首先，税务合规计划发生在纳税义务产生之前，是纳税人对未来税收行为的一种合法安排；逃税发生在纳税义务发生之后，纳税人为达到少缴纳税款的目的采用欺诈、隐瞒手段进行虚假申报或者不申报，是一种税收违法行为。其次，税务合规计划不同于避税，避税是指纳税人利用法律上的漏洞或含糊之处来安排自己的事务，以减少其应承担的纳税数额。避税不是违法行为，但与税收立法意图相违背，可能被认为不道德。税务合规计划则不会利用税法漏洞和含糊之处进行税收安排。

有些人误认为不虚开发票、不建"小金库"即无法应对高额税负,难以继续生产经营。对于劳动密集型且利润率不高的一般纳税人确实存在这样的困惑,因为大量劳务支出成本无法取得进项税发票,劳动力转化到商品中的这部分价值实际负担的是13%的增值税。这个负税率一般情况下会高于劳动密集型企业的税前利润率,因此有些企业为了"生存"选择虚开发票。实际上,这类企业通过事前税务合规计划,可以将增值税、所得税的税率降到合理水平。比如,某机床生产企业销售生产的机床,每台售价1万元,企业赠送运输、安装、培训、N年维护保养服务。假如只签一个销售合同,则这1万元的增值税税率为13%;假如把运输、安装、培训、维护保养等部门独立出来成立几个小企业,每个小企业的年营业额不足500万元,则作为小规模纳税人依法适用3%的征收率,即部分人力成本没有进项税这块转化的价值,税负从13%降到了3%。不但增值税税负可以合法下降,企业所得税税负也有可能下降,比如小企业的年应税所得额小于300万元,则企业所得税税率可以从25%降至5%。也就是说,即使是劳动密集型企业,也能在依法纳税的前提下生存并盈利。

再生资源回收利用行业存在大量虚开发票的行为,有些纳税人的抗辩理由是从个人散户处收购再生资源无法取得进项税发票,这一问题也可以通过事先规划实现税务合规。比如,某生产企业需要从自然人手中大量收购再生资源又无法取得发票,可设立一家公司专营收购,收购公司将再生资源销售给生产企业的,可以按3%的征收率缴纳增值税,即收购公司不需要虚开进项税发票,至于成本扣除,可以使用自然人销售方开具的收款凭证和再生资源收购公司的收购内部凭证作为成本扣除凭证。再生资源利用企业销售自产的资源综合利用产品的,可享受"即征即退"政策。"即征即退"是比免税更优惠的税收政策,也就是说,国家已经给予这类行业最大的税收优惠政策,企业没有理由虚开发票。

三、"无知"型纳税人需要合规咨询

企业的"灰色支出"非但不能取得发票,而且该行为本身是违法的。比如,给客户员工回扣的行为,严重的会被认定为行贿罪。企业为了将这笔行贿支出扣除,再让他人给自己虚开发票,可能构成虚开增值税专用发票罪。

比如,煤炭行业的虚开发票行为比较常见,既有让他人为自己虚开发票,也有为他人虚开发票的。让他人为自己虚开发票主要是为了给采购的未取得发票的煤炭配发票,有些纳税人认为自己是按采购的煤炭数量与价

格如实购买发票,未获得非法利益不应该被认定为虚开增值税专用发票罪,这是对法律不了解造成的误解。开采"黑煤"者违法,明知是"黑煤"还采购者也违法,采购"黑煤"者有可能被追究掩饰、隐瞒犯罪所得罪,再让他人给自己开票的,严重的构成虚开增值税专用发票罪。煤炭销售公司给他人虚开发票是因为将煤炭低价销售给不要发票的企业和个人,因低价销售没有利润,通过给他人虚开发票获取非法利益。煤炭行业的纳税人只要不搞恶性价格竞争、不低价购进或者低价销售,以正常价格购进或销售并正常开票收票,税收行为自然就合法了。

第二节 勇于维权

纳税人被税务机关误定为税收违法的,应当主张权利,因为纳税人不可承受的损失并非补税和退回出口退税款等财产损失,而是行政处罚。

首先,税务行政处罚会影响到纳税人的后续违法行为是否构成逃税罪。纳税人有逃避缴纳税款行为,经税务机关依法下达追缴通知后,补缴应纳税款,缴纳滞纳金,已受行政处罚的,不予追究刑事责任;但是,纳税人5年内因逃避缴纳税款被税务机关给予两次以上行政处罚的,不管前两次行政处罚的金额是多少,情节是否严重,都会影响到将来逃税罪的构成。因为纳税人被行政处罚两次以后再逃避缴纳税款且符合逃税罪构成要件的(逃税数额10万元以上并且占各税种应纳税总额10%以上),即使补缴税款、滞纳金,接受行政处罚,也会被追究刑事责任。

其次,税务行政处罚会影响企业上市。纳税人一旦受到税务行政处罚且情节严重,则不能公开发行股票并上市。股票发行人不能在最近36个月内有违反税收法规、受到行政处罚且情节严重的情形。税收行政处罚同样会影响新三板挂牌,拟挂牌公司及其控股股东、实际控制人、下属子公司必须在最近24个月内不存在重大违法违规行为。重大违法违规行为是指被行政处罚的实施机关给予没收违法所得,没收非法财物以上的行政处罚的行为。被行政罚款的,除主办券商和律师能依法合理说明或者处罚机关认定相关行为不属于重大违法违规行为外,都视为重大违法违规情形。

最后,纳税人及其他当事人可能因税务行政处罚受到多部门联合惩戒。被税务机关根据《重大税收违法失信主体信息公布管理办法》(国家税务总局令第54号)等有关规定公布的重大税收违法案件信息中所列明的当事人,①将会受到34家单位的联合惩戒,惩戒的内容包括阻止出境、限制担任相关职务、限制取得政府供应土地、禁止部分高消费行为等26项惩戒措施。

基于上述原因,税务行政处罚对纳税人不仅是罚款和没收财产,而且事关企业发展,企业负责人、财务负责人等高管的人身自由、职业前景等重大问题。因此,纳税人一旦认为税务机关作出的处理处罚决定缺乏事实和法律依据,即应拿起法律武器捍卫自己的合法权益。因为"每一项权利,无论是民众的还是个人的,都是以坚持不懈地准备自己去主张它为前提"②。

第三节 寻求专业帮助

与税务行政争议相关的专业知识包括法学、税收学、会计学等相关知识。能综合掌握相关专业知识并擅长维权的综合型人才有助于纳税人维权。仅擅长其中某个方面的专业知识不足以提供有效帮助,比如徐某是专职律师,当发现税务机关就其购买的房屋多征税款时,选择向多部门申诉举报的方式维权,从而错过提请行政复议的期间。之所以出现这种失误,是因为徐某对《税收征收管理法》不了解,缺乏办理税务行政案件的经验。③

有些争议的产生源于纳税人缺乏专业知识,向税务机关提出的要求不符合法律规定,或者提出的要求税务机关无法满足。以比较常见的信息公开为例,纳税人要求税务机关公开贸易伙伴"某个时间段的纳税情况",税务机关往往以涉及第三方商业秘密为由予以拒绝。因为第三方的发票记载了客户名称、服务内容或者货物品名,某个税种的纳税总额能反映出一个企业的经营状况等,这些都属于企业的商业秘密。实际上,纳税人并不需要贸易伙伴某个时间段的所有纳税信息。作为购买方,仅需要了解销售方是否就与其交易的销售收入申报缴纳了增值税,因为销售方不申报纳税即走逃的话,购买方取得的发票有可能被认定为增值税异常凭证而被税务机关暂不允许抵扣进项税或者暂缓办理出口退税。销售方取得的销售收入、发票所记载的货物或服务名称、数量对交易双方来说都不是秘密。因

---

① 当事人为自然人的,惩戒的对象为当事人本人;当事人为企业的,惩戒的对象为其他经济组织及其负责人、负有直接责任的财务人;当事人为其他经济组织的,惩戒的对象为其他经济及其负责人、负有直接责任的财务人;当事人为负有直接责任的中介机构及从业人员的,惩戒的对象为中介机构及其法定代表人或负责人以及相关从业人员。
② [德]鲁道夫·冯·耶林:《为权利而斗争》,郑永流译,法律出版社2007年版,第2页。
③ 参见河北省承德市中级人民法院行政判决书,(2019)冀08行终8号。

此，假如购买方只要求税务机关公开销售方与其交易所取得的收入是否申报缴纳了税款，税务机关很难以涉及第三方商业秘密作为拒绝信息公开的理由。就销售方而言，只需要了解赊欠货款/服务费的购买方是否有欠税、逃税等税收违法行为即可，以防税务机关行使税收优先权而导致销售方的债权无法实现。购买方的欠税、逃税、虚开发票等税收违法行为，税务机关本应依法及时公开。因此，只要纳税人能向税务机关说明贸易伙伴的某一纳税行为与自己存在利害关系，且能证明所请求公开的信息不属于商业秘密，就能够得到税务机关的理解并获得相关信息，而不至于因为信息公开的要求未能获得满足而陷入行政纠纷。

与税务机关进行深入沟通以专业知识为基础。纳税人一旦与税务机关发生争议，首先想到的是与具体办事人员进行沟通，以求快速、和谐地解决问题，这个想法是正确的。只是部分纳税人错误地将沟通理解为送礼。在一个注重人情关系的社会里，熟人关系确实有利于交流和沟通，但仅凭熟人关系难以将争议彻底解决。在没有足够证据及法规支持的情况下，很少有税务人员愿意冒着终止职业前途的风险包庇违法纳税人。只有当纳税人能提供充足的证据证明税务机关认定事实有误，或者适用法律错误，税务机关才有可能改变已作出的处理处罚决定。而无懈可击的证据链、对法律的精辟解释只有专业人士才能做到。

是否有必要维权需要依靠专业知识作出判断。纳税人拿起法律武器维权，一方面，能保护自己的权利不受税务机关的非法侵犯；另一方面，可以倒逼税务机关反思其执法行为，提升执法水平，有利于税收法治早日实现。因此，纳税人只要认为自己的权利遭受侵犯，即应该坚持依法维权。纳税人维权前需要考虑两个方面：一是事先判断自己的行为是否违法，对于税收违法行为的惩处无权可维，只有存在足够证据证明税务机关执法行为有错误的，才有维权的必要；二是评估维权可能带来的风险与收益，判断是否有必要维权。比如，当纳税人认为涉案的规范性文件不合法时，是否有必要穷尽一切救济手段就该规范性文件的合法性申请附带审查？又如，在税务机关的处理处罚结果没有明显错误的情况下，是否应该就税务机关程序违法坚持诉讼？诸如此类的问题，均需要依靠专业知识作出预测和决定。

采取什么方式维权需要依靠专业知识作出判断。纳税人可以通过行政复议、行政诉讼、调解、和解、信访、控告等方式维权，是使用其中一种维权方式，还是"打一套组合拳"，需要了解各维权方式所需准备的证据材料、时间成本、可能带来的结果等。缺乏专业知识的纳税人无法对组织的材料是否符合证据的要求、需要保留什么证据作出判断,不清楚什么阶段需要做什么准备以及先选择哪种维权方式。以石某丽案为例,石某丽于2015年4月购买房屋一套,因不懂税法,在办理过户手续时缴纳了卖方应缴纳的个人所得税、营业税、教育费附加等共计近5万元。2017年3月7日,石某丽向平某县人民政府提出行政复议申请,平某县人民政府以已超过行政复议期限为由拒绝受理。石某丽提请行政复议即为决策错误,若其以《税收征收管理法》第51条作为依据向税务机关提出退税申请,则税务机关应该退还该笔税款,因为石某丽不是房屋的销售方,即不是个人所得税、营业税、城建税、教育费附加的纳税义务人。①

如何提请行政复议及行政诉讼请求需要专业判断。复议请求及诉讼请求是否能得到审理机关的支持,主要取决于纳税人持有的证据和所依据的法规。比如复议机关以程序违法撤销税务机关作出的行政行为,纳税人担心税务机关重新作出的处理决定对自己更不利,于是决定起诉。这种情况下如何提起诉讼请求?请求法院撤销行政复议决定,判令行政复议机关作出变更行政行为?这一诉求法院显然不会支持,因为《行政复议法》及其实施细则只列举了复议机关有权变更行政行为的情形,没有规定行政复议机关在什么情况下应当或者必须变更行政行为。请求法院撤销行政复议决定?假如法院支持纳税人的诉求,则行政行为生效,纳税人等于搬起石头砸自己的脚。要求法院判决撤销行政行为?法院基本上不会支持,因为行政行为已经被行政复议决定撤销了。请求法院直接变更税务机关作出的行政行为?根据《行政诉讼法》第77条的规定,纳税人得举证证明行政处罚明显不当,或者其他行政行为涉及对款额的确定、认定确有错误,否则法院无权变更税务机关作出的行政行为。

将谁列为行政复议被申请人或者行政诉讼被告需要专业判断。正常情况下纳税人应该以作出税务行政处理决定书、税务行政处罚决定书的稽查局作为行政复议被申请人,但处理处罚决定经过上级税务机关批准作出,或者经重大税务案件审理程序作出的,则批准机关、审理委员会所在税务机关才是被申请人。个别稽查局有时因过于粗心,在处理处罚决定书中将被申请人错列为行政复议机关,纳税人缺乏专业指导的,或者聘请的律师没有丰富的税务行政案件办理经验的,会因此错列复议被申请人或被告,在维权路上浪费宝贵时间。比如,某达卡特公司案中,某达卡特公司错把常州市税务局稽查局列为被申请人,历尽艰难申请再审,再审法院判决

---

① 参见河南省驻马店市中级人民法院行政裁定书,(2017)豫17行终208号。

撤销复议决定书以及二审判决书;要求将行政复议申请移送江苏省税务局处理,因为该案的复议机关应该是江苏省税务局。[①] 某达卡特公司无奈只能再次走行政复议程序,其间所耗用的资金和时间成本实非一般纳税人所能承担。

法庭审理及复议听证需要以专业知识作为支撑。即使纳税人事先掌握了部分专业知识,也会因知识储备不够难以预测复议听证、法庭审理中可能出现的问题,难以及时、准确应对复议听证、法庭审理中税务人员、复议人员、法官提出的质疑,难以作出足以令人信服的解释。对涉案问题一知半解只会引发更多的质疑和争议。

纳税人在维权时易犯的错误是过于相信熟人关系,相对于寻求专业帮助,纳税人愿意付出更大的代价寻求"熟人"帮忙,但是很少有纳税人仅通过熟人关系即维权成功。因为"熟人"不一定有能力也不一定有时间为纳税人理清法律事实、组织相关证据、选择最优维权方式,对法律的理解也不一定到位,难以对纳税人的纳税行为是否合法作出专业判断,正常情况下不敢贸然答应纳税人的请求,即使答应了,通过"和稀泥"的方式也很难实际维护纳税人的利益。纳税人往往在疏通、维护关系的过程中错失最佳维权时机。

第四节 清税前置条件的应对

一、提前做好清税准备

清税前置条件是阻碍纳税人行使法律救济权的主要原因,若纳税人自收到税务机关送达的处理决定书才开始准备补缴税款和缴纳滞纳金或者准备办理担保手续,很难在税务机关要求的时间内完成清税任务,因为贷款、办理担保手续都有一个过程。假如纳税人能够提前做好准备,则清税前置障碍有可能被清除。

税务机关作出处理决定之前,会有为期数月甚至长达数年的稽查过程,拟对公民罚款 2000 元以上,对法人或者其他组织罚款 1 万元以上的,税务机关通常情况下会先送达拟处罚事项通知书,纳税人有申请处罚听证的权利,处罚听证结束后,税务机关根据听证笔录决定是否对纳税人作出处罚。自拟处罚决定书送达之日至最终作出处理决定和处罚决定,会

---

① 参见江苏省高级人民法院行政判决书,(2019)苏行再 7 号。

有一个月左右的时间。在这段时间内,纳税人可提前向税务机关咨询纳税担保等方面的问题,提前准备清税所需资金或者担保物。

二、充分利用从非纳税争议中获得的法律救济权

纳税人对非纳税争议无条件享有法律救济权,可以通过就行政处罚决定起诉推翻行政处理决定书认定的事实,从而实现对处理决定书的否定。

首先,纳税人可以就行政处罚决定书申请行政复议。选择行政复议可以多创造一个与税务机关进行调解、和解的机会。调解、和解时双方可以就处理决定书认定的事实进行全面深入的沟通,税务机关有可能因此发现并认识到自己的执法错误。只要纳税人的证据和法律依据足以证明执法严重违法或者执法明显不当,税务机关即有可能主动纠正其行政行为。作出行政行为的税务机关拒绝自行纠错的,纳税人可以请求上级税务机关督促其改正。

其次,纳税人可以就行政处罚决定书提起行政诉讼。虽然大部分法院会以处理决定书已生效为由不再就处理决定书确定的事实进行审理,①但小部分法院会对行政处罚所基于的事实进行审查。这类法院认为,税务行政处理决定书认定的少缴税额是税务行政处罚的事实根据,在审理税务行政处罚决定时有必要对税务行政处理决定书一并进行审理。比如,在某星公司案中,某稽查局作出处理决定书,认定某星公司 2013 年少缴增值税、消费税共计 2100 余万元,同日作出处罚决定书,对少缴税款处 1 倍罚款。某星公司未能在税务机关指定的期限内清税,针对处理决定书提起的税务行政复议申请被复议机关以超过申请时间为由拒绝受理,其只能就处罚决定书向法院起诉。二审法院认为,某星公司虽就处理决定书丧失了法律救济权,但处理决定系处罚决定书的基础性和关联性行政行为,处理决定认定的某星公司少缴增值税、消费税税额是该案被诉税务处罚决定的事实根据。为了全案的妥善处理,减少当事人的诉累,取得良好的法律效果和社会效果,该税务处理决定所认定的某星公司增值税、消费税偷税金额亦应当在该案中一并判决变更。②

---

① 法院认为,"《税务处理决定书》已发生法律效力,在《税务处理决定书》未被撤销和确认无效的情况下,应当确认被告行政处罚事实清楚"。参见南昌铁路运输中级人民法院行政判决书,(2020)赣 71 行终 189 号。
② 参见贵州省安顺市中级人民法院行政判决书,(2017)黔 04 行终 27 号。

三、突破清税前置屏障

行政复议申请因未能在税务机关指定的时间内清税被拒绝受理的,大部分纳税人会选择放弃维权,任由企业因此倒闭或者陷入举步维艰的境地。作出这类选择的纳税人认为复议决定于法有据,即使起诉到法院,法院也会支持复议决定。但实务中有小部分法官在审理案件时除了会考虑复议决定是否于法有据外,还会考虑裁判结果是否合理、是否具有妥当性,注重个案正义。因此,纳税人若有足够证据证明税务机关执法错误,可以坚持维权,实务中不乏突破清税前置屏障的案例。

乐东农信社成功跨越清税前置障碍,未经行政复议直接进入行政诉讼程序。昌江县税务局认为,乐东农信社已于 2011 年取得 5000 亩土地的使用权,应补缴 2011~2014 年的城镇土地使用税 110 余万元及滞纳金。乐东农信社未在税务机关指定的时间内缴纳税款与滞纳金,也未提起行政复议。在昌江县税务局作出税收强制执行决定书并强行扣划税款和滞纳金后其向昌江黎族自治县人民法院提起行政诉讼。昌江黎族自治县人民法院认为,该案是税收强制征收行政纠纷,双方的争议焦点是乐东农信社是否享有征税土地的使用权以及昌江县税务局的征收行为是否合法,故受理了此案。最终,昌江黎族自治县人民法院认为,乐东农信社没有使用该土地,不是城镇土地使用税的纳税义务人,昌江县税务局作出的责令限期改正通知书、限期缴纳税款通知书、强制执行催告书、税收强制执行决定书的主要证据不足,适用法律错误,依法判决全部撤销,海南省第二中级人民法院维持原判。①

某鸿公司突破了"在税务机关指定时间内清税"的要求。2015 年 1 月 23 日,某鸿公司收到税务处理决定书,于 2015 年 2 月 2 日向杭州市人民政府申请行政复议,杭州市人民政府于 9 月 8 日作出杭政复〔2015〕49 号行政复议决定书,以不满足清税前置条件为由驳回行政复议申请。2016 年 6 月 28 日,某鸿公司再次向杭州市人民政府申请行政复议,杭州市人民政府于同月 30 日受理,2016 年 7 月 12 日,原地税稽查一局出具已办理纳税担保证明,行政复议从 2016 年 7 月 13 日开始计算时间。再审法院于 2020 年支持某鸿公司主张,撤销了税务机关作出的处理处罚决定。② 实现类似突破的还有浙江某泰公司案。③

---

① 参见海南省第二中级人民法院行政判决书,(2016)琼 97 行终 5 号。
② 参见浙江省高级人民法院行政判决书,(2020)浙行再 44 号。
③ 参见浙江省高级人民法院行政判决书,(2020)浙行再 6 号。

某川公司突破了"在税务机关指定的时间内办理完纳税担保"的规定。案涉开发区税务局于2016年1月8日向某川公司送达徐地税开通〔2016〕1号税务事项通知书,要求某川公司于15日内补缴土地增值税1000余万元,并于2016年2月1日送达限期缴纳税款通知书,限某川公司于2016年2月3日前缴纳税款及滞纳金。2016年2月23日,某川公司向开发区税务局提交纳税担保书和纳税担保财产清单,开发区税务局在两份材料上分别盖章并注明"纳税抵押自抵押物登记之日起生效"。次日,徐州市不动产登记局出具了情况说明文件,不能办理抵押登记。2016年2月25日,某川公司向徐州市政府申请行政复议,被以未清税为由驳回。2016年4月1日,某川公司再次申请行政复议,请求责令开发区税务局协助办理抵押物登记,得到复议机关支持,于2016年7月18日办理抵押物登记。某川公司于2016年9月13日申请行政复议,要求撤销徐地税开通〔2016〕1号税务事项通知书。复议机关受理申请但维持原行政行为,某川公司不服起诉到法院。某川公司认为,只要在15日内提出纳税担保,即可取得行政复议权。一审、二审法院认为,"只要纳税人未在税务机关通知的15日内完成抵押担保登记程序即永久性丧失复议和诉讼权利"。再审法院认为,某川公司在税务事项通知书规定的15日缴税期限内提交了担保物和评估报告,因故不能在15日内办理完担保手续,并不因此失去申请行政复议救济的权利。①

除纳税人有冲破清税前置屏障的可能外,税务机关还有可能在纳税人坚持不懈的维权过程中自行纠错。国家税务总局《关于实施进一步支持和服务民营经济发展若干措施的通知》要求对不能完成清税任务、不能取得行政复议权的,复议机关要甄别对待,发现税务机关执法确有错误的,要督促其依法纠正。以南京市税务局为例,复议机关对复议申请作出不予受理决定的,不会甩手不管,而是通过监督的方式,对被申请人发送行政复议建议书和行政复议工作提醒,督促被申请人主动对争议行政行为作自我审查,对错误的执法行为自行纠正。②

四、争取行政复议前调解

为尽量利用调解方式从源头上化解矛盾,各地税机关设立咨询调解中心,有的还设立"枫桥式"税务机关。比如,四川省税务系统在省局、市

---

① 参见江苏省高级人民法院行政裁定书,(2021)苏行再18号。
② 参见夏亚非:《推进行政复议实质性化解争议 实现行政复议"案结事了政和"》,载《中国税务报》2021年12月21日,第7版。

(州)局建立咨询调解中心,在县级局建设"枫桥式"税务分局,2021年4月至2023年10月,共设立"枫桥式"税务所(分局、办税服务厅)188家,就地化解矛盾,累计处理税费争议6726件。①

咨询调解中心和"枫桥式"税务机关都强调采用调解方式解决纳税人与税务机关之间的矛盾。因目前对这些复议前调解没有统一立法,故未对案件受理范围设置门槛,也不要求纳税人满足清税前置条件。纳税人只要主动向咨询调解中心、"枫桥式"税务机关提出调解申请,即有可能通过调解方式最大限度地保护自身利益。

第五节 正确面对维权难点

纳税人在税务行政诉讼中败诉率高的原因众多,其中一个原因是纳税人缺乏应对税务行政争议的经验,对诉讼难点缺乏了解,应对措施不当。下面就税务行政诉讼中经常会遇到的几个难点问题进行探讨。

一、税务规范性文件的合法性审查

税务机关依据不合法的规范性文件作出的行政行为会对纳税人的权益造成不利影响。因此法律赋予纳税人享有附带申请规范性文件合法性审查的权利,即纳税人认为税务机关的行政行为所依据的是不合法的规范性文件,在申请税务行政复议或者提起税务行政诉讼时,有权要求行政复议机关、法院对该规范性文件一并进行审查。行政复议机关、法院可以从规范性文件制定机关是否超越权限或者违反法定程序、作出行政行为所依据的条款以及相关条款等方面进行审查。比如,在某鸿公司诉杭州市地方税务局稽查一局案中,广鸿地产申请对《重大税务案件审理办法(试行)》(国税发〔2001〕21号)、《浙江省地税系统重大税务案件审理暂行办法》等一并进行合法性审查。② 在张某来诉天津市某稽查局案中,张某来申请对天津市地方税务局《关于征收土地增值税问题的通知》(津地税地〔2005〕11号)进行合法性审查。③

从中国裁判文书网公开的裁判文书来看,纳税人针对规范性文件附带审查的请求基本上不能得到满足,因为绝大部分一审税务行政案件由基层

---

① 参见卢慧菲:《"一局一'枫'景:四川创建"枫桥式"税务分局》,载《中国税务报》2023年10月24日,第5版。
② 参见杭州铁路运输法院行政判决书,(2016)浙8601行初225号。
③ 参见天津市高级人民法院再审审查与审判监督行政裁定书,(2018)津行申501号。

法院管辖,基层法院法官很难有勇气和能力作出规范性文件不合法的判决。这种情况不仅发生在税收领域,在其他行政诉讼中也大抵如此。有学者对从中国裁判文书网随机抽取的 947 份行政判决书进行分析,发现启动审查率只有 10%,未启动审查的占 90%。启动审查的 97 份文书中,规范性文件被认定为合法的 72 份,不合法的 21 份,案件被发回重审的 4 份。[1] 以上数据虽然不尽如人意,但相对于税务行政诉讼这一案件类型而言已经相当可观。笔者 2023 年年底在中国裁判文书网共检索到 47 份附带合法性审查的税务行政诉讼裁判文书,其中,启动规范性文件合法性审查的 6 份,被认定为不合法的 0 份。这个结果使纳税人几乎不敢对规范性文件合法性审查的结果寄予太高期望。

基于目前法院对税务规范性文件的审查意愿不高的现状,必要时可以向负责规范性文件备案的人大常委会或者国家税务总局政策法规司提交书面材料,要求进行合法性审查。对于有足够证据证明规范性文件存在不合法问题,且对纳税人造成的不利后果具有普遍性的,国家税务总局有可能废止具体条款,甚至废止整个规范性文件。

二、税务机关的程序违法行为

税务机关程序违法的现象比较普遍,对纳税人造成了不同程度的损害,但税务机关在很多情况下无须对其程序违法行为承担不利后果。首先,税务机关具有自我纠错的机会,复议机关或者法院以程序违法为由撤销税务机关的行政行为的,税务机关可以就同一事实和理由作出与原行政行为相同或者基本相同的行政行为。其次,程序轻微违法,对纳税人权利不产生实际影响的,法院不会撤销税务机关的行政行为。

对于税务机关程序违法却无须承担不利后果的现状,纳税人一般难以接受。因为纳税人可能因为没有及时备案、发票备注栏填写不规范,或者申请表上漏填几个字,即丧失弥补过错的机会,从而遭受巨额的财产损失。倘若立法要求法院撤销税收征管程序上的瑕疵或者轻微违法行为,会导致税务机关重复劳动,增加征管成本。对于是否应该撤销税务机关的程序违法行为,美国采用的也是"无害过错规则",美国《联邦程序法》第 706 条规定,只有行政机关的行政程序错误地对行政相对人产生有害结果时,法院才能撤销该行政行为。[2]

---

[1] 参见江国华、易清清:《行政规范性文件附带审查的实证分析——以 947 份裁判文书为样本》,载《法治现代化研究》2019 年第 5 期。
[2] 参见李烁:《论美国行政程序违法的法律后果》,载《比较法研究》2020 年第 2 期。

最高人民法院《关于适用〈中华人民共和国行政诉讼法〉的解释》第96条对轻微违法采用列举加兜底条款模式，兜底条款使何为程序违法、何为程序轻微违法的标准变得模糊，易出现同案不同判的现象。某迪控股公司案中，一审法院认为，滁税稽强扣〔2018〕1号税收强制执行决定书未写明强制执行的具体法律依据，属于适用法律错误，判决撤销该强制执行决定书，二审法院维持原判。① 王某清案中，法院认为，税务机关虽然在税务事项通知书中列明了所依据的规范性文件的名称，但未准确列明具体的条款，而列明的规范性文件中条款数目众多，纳税人难以确定税务机关作出税务事项通知书所依据的具体条款，导致其难以准确把握税务机关的意思表示，难以有的放矢地寻求救济，属于适用法律、法规错误，判决撤销该税务事项通知书。② 在某盛公司案中，税务机关未在处理决定书中写明适用的法律条款，二审法院认为，只是程序瑕疵，既不属于程序违法，也不属于程序轻微违法。③

有的程序违法会给纳税人带来难以挽回的损失，比如行政复议机关或者法院以程序不合法撤销税务机关的行政行为，税务机关重新作出与原行政行为同一或者类似的行政行为之后，纳税人需要再次申请行政复议、提起诉讼，再次维权不仅会增加诉讼费用（诉讼费、律师费），也会增加纳税人法律救济的时间成本。对于确实影响到纳税人实际权利义务的程序性违法，法院判定为程序轻微违法的，对纳税人造成的损失则更大。

对于税务机关的程序违法，纳税人在维权过程中有必要注意以下几个方面：首先，对于税务机关自认为程序轻微违法的，纳税人应该收集足够的证据，让法官清楚地认识到税务机关的程序违法给纳税人的权利义务带来的实质性损害，不能仅仅论证税务机关有程序性违法行为；其次，纳税人认为税务机关存在程序瑕疵的，则没有必要在起诉书及庭审中提及，④因为程序瑕疵不属于违法范畴，提及程序瑕疵只会冲淡诉讼请求，分散法官注意力；最后，仅通过控告税务人员的方式维权，很难达到预期目标，因为税务人员被处分并不会直接改变税务机关对纳税人的处理处罚决定。控告税务人员存在程序违法行为也很难起到打击税务人员的作用，因为税务人

---

① 参见安徽省滁州市中级人民法院行政判决书,(2019)皖11行终55号。税务机关抗辩：《行政强制法》第37条仅规定作出强制执行决定载明强制执行的依据，但并未规定必须注明具体条款，《行政诉讼法》及其司法解释更没有规定如果行政法律文书未注明适用具体条款，就属于适用法律错误。
② 参见北京市昌平区人民法院行政判决书,(2017)京0114行初118号。
③ 参见安徽省巢湖市人民法院行政判决书,(2017)皖0181行初3号。
④ 参见天津市第二中级人民法院行政判决书,(2020)津02行终359号。

员的行为程序违法可能受到的处分或者处理极轻,比如税务人员不能及时退还纳税人账簿、资料的,或者未按规定程序组织行政处罚听证的,会对纳税人造成较大损失,但涉事税务人员只需要作出书面检查。

三、税务机关执法明显不当

"执法明显不当"不同于《行政诉讼法》第70条规定的行政执法行为"主要证据不足、适用法律法规错误、违反法定程序、超越职权、滥用职权"。对于法律适用问题,不宜使用"不当"进行描述,因为传统理论认为,法律适用只有正确与错误之分,没有适当与不当之说。① 但有些纳税人将明显不当误解为违法,比如在某诚置业公司案中,某诚置业公司认为的"该行政复议决定明显不当,不具有合法性"实际上是指行政复议机关作出了对其更不利的行政复议决定,违反了《行政复议法实施条例》第51条,属于《行政诉讼法》第70条第2项规定的"适用法律、法规错误"。② 在李某波举报案中,李某波认为某税务机关未及时回复其举报查处结果系行政行为明显不当。若李某波有足够证据证明被举报公司有开票义务但未开具,税务机关接到举报材料后,未在法律规定的期限内开展查处工作,实为《行政诉讼法》第70条第3项规定的"违反法定程序",不属于执法明显不当。③

从《行政诉讼法》第70条的规定来看,执法明显不当应该是指执法行为从形式上来看符合法律的规定,但没有考虑相关因素或者考虑了不相关的因素,对相同案件作了不同处理,没有遵循业已形成的裁量基准、行政先例或者法律原则,以致处理结果有失公正。税收执法明显不当的行为主要出现在行政处罚、核定征收、行政强制措施和行政强制执行等场合。④ 比如,《行政强制法》与《税收征收管理法》对滞纳金的规定不一样,按照新法优先于旧法原则,应该适用《行政强制法》;按照特别法优先于普通法原则,应当适用《税收征收管理法》。当税务机关适用《税收征收管理法》要求纳税人缴纳N倍于未缴、少缴税款的滞纳金,法院不支持税务机关的这种处理时,可以认为该行政行为明显不当,但法院不能因此认定税务机关违法,因为很难一言断定税务机关适用《税收征收管理法》第32条要求纳

---

① 参见何海波:《论行政行为"明显不当"》,载《法学研究》2016年第3期。
② 参见福建省莆田市中级人民法院行政判决书,(2020)闽03行终5号。
③ 参见北京市第二中级人民法院行政裁定书,(2020)京02行终1123号。
④ 假如采用实质合法说,则执法明显不当行为也属于违法行为。参见何海波:《论行政行为"明显不当"》,载《法学研究》2016年第3期。

税人缴纳滞纳金系适用法律错误。① 再如,税务机关对纳税人的逃税行为作行政处罚时,因未综合考虑纳税人的过错程度、承受能力、积极弥补给国家税收造成的损失等因素,给予纳税人5倍罚款。虽然5倍罚款在法律允许的范围内,但大部分人会认为明显不当。

对于税务机关明显不当的执法行为,纳税人可以申请行政复议,也可以提起行政诉讼。行政复议机关可以变更内容不适当的行政行为,法院可以判决撤销或者部分撤销税务机关明显不当的行政行为,对于行政处罚明显不当的,法院还可以判决变更税务机关的处罚决定。

针对明显不当的税收征管行为,纳税人维权时要注意以下几点:首先,正确认识并准确界定"明显不当",避免将税务机关的违法行为误认为不当执法行为,否则有可能导致法官对案件误判;其次,可以收集证据,通过比较方法证明税务机关执法"不当",且要强调是"明显"不当。因立法对何为"不当",哪种情形属于"明显"不当没有作出明确规定,是否不当及是否明显的判断权掌握在法官手里,纳税人只有先让法官感受到什么是"正当",通过充分比较和说明才能让法官认识到税务机关的行为明显不当;最后,要证明税务机关执法明显不当给纳税人带来的损失。虽然法律没有将执法不当给纳税人造成实际损失作为撤销明显不当执法行为的必要条件,但纳税人能够证明税务机关的明显不当的执法行为给自己或者他人造成实质性损害的,行政复议机关和法院更有可能变更或者撤销该不当执法行为。

---

① 参见河北省石家庄市中级人民法院行政判决书,(2020)冀01行终476号。

第十四章 税务机关预防及减少税务行政争议的可行性分析

第一节 正确认识执法风险

一、税务人员的执法风险

权力与职责同时存在,税务人员在执法中拥有多大的权力,违反职责义务时则需要承担多大的责任。税务人员的行政责任风险来自《税务人员违法违纪行政处分暂行规定》《税收违法违纪行为处分规定》《税收执法过错责任追究办法》等规定的经济惩戒、行政处理、行政处分;刑事责任风险来自《刑法》第397条规定的滥用职权罪及玩忽职守罪、第402条规定的徇私舞弊不移交刑事案件罪、第404条规定的徇私舞弊不征、少征税款罪以及第405条规定的徇私舞弊发售发票、抵扣税款、出口退税罪。经济惩戒包括扣发奖金、扣发岗位津贴;行政处理包括批评教育、责令作出书面检查、通报批评、责令待岗、取消执法资格;行政处分包括记过、记大过、降级、撤职、开除等;刑事责任包括管制、拘役、有期徒刑。

二、税务人员对执法风险的误解

部分税务人员对执法风险缺乏了解,其对此虽有耳闻,但理解不透,从而对执法风险产生一些误解。这些误解主要表现在以下几个方面:

一是误认为只要足额征税即没有执法风险。部分税务人员在执法中遇到法律没有规定或者规定不明确的情形时,由于对法规政策把握不准、事实认定不清,在面对可征收可不征收、可处罚可不处罚的情形时,更倾向于作出不利于纳税人的处理或者处罚决定,或者拒绝满足纳税人的某些请求,较少作出有利于纳税人的选择。基于这种指导思想作出的执法行为极易产生征纳矛盾。

税务人员滥用职权多征税有可能导致税务机关承担行政赔偿责任。在某氏制革公司案中,某市国家税务局税务人员在税务案件处理过程中违背事实、滥用职权,于2000年7月认定某氏制革公司偷税82万余元,要求其补缴税款 27 万余元,反复 4 次将案件移送公安机关,导致某氏制革公司法定代表人在长达 13 年的时间里被公安机关采取 4 次刑事强制措施,第一次取保候审 5 年、第二次逮捕 20 日、第三次取保候审 1 年、第四次监视居住 1 年。直至 2012 年 2 月,某市公安局作出撤销刑事案件决定,2012 年 3 月,瑞安市人民法院判决确定某市国家税务局 2000 年 7 月所作税务处理决定违法,27 万余元补税款于 2012 年 12 月退还某氏制革公司,被扣押 14 年的财务账簿、记账凭证等全部归还。法院最终判处某市国家税务局赔偿某氏制革公司多缴税款的利息损失共计 9 万余元。①

滥用职权犯罪行为是指国家机关工作人员超越职权,违法决定、处理其无权决定、处理的事项,或者违反规定处理公务,致使公共财产、国家和人民利益遭受重大损失的行为。② 依法征管是税收法治的基本要求之一,若税务人员明知没有法律规定,或者明知没有足够证据证明纳税人违法,却要求纳税人补税、给予纳税人行政处罚,或者将案件移送公安机关追究其刑事责任,给纳税人造成不可挽回的经济损失达 30 万元以上,或者造成恶劣社会影响,依法可以被判处滥用职权罪。

二是误认为没有受贿就不需要承担法律责任。徇私舞弊不移交刑事案件罪,徇私舞弊不征、少征税款罪,以及徇私舞弊发售发票、抵扣税款、出口退税罪都以徇私舞弊作为犯罪构成要件。徇私是指徇私情、私利,私利既包括个人利益,也包括本单位利益、小集体利益,不仅包括金钱利益,还包括非金钱利益,比如吃喝、旅游、娱乐等。因此,徇私不同于个人受贿,其范围大于个人受贿。税务人员受贿,符合受贿罪构成要件,并符合渎职罪构成要件的,数罪并罚。假如税务人员的不作为导致公共财产、国家和人民利益遭受重大损失,即使其没有任何徇私行为,也有可能被追究玩忽职守罪或者滥用职权罪。

三是误认为没有故意违法就没有执法风险。有些人误认为工作越积极,出错的概率越大。于是选择"躺平",凡事消极怠工,对工作能躲则躲,能推就推,并误认为积极追求犯罪结果发生的才属于犯罪故意,消极怠工不属于故意。《刑法》第 14 条第 1 款规定,明知自己的行为会发生危害社会的结果,并且希望或者放任这种结果发生,因而构成犯罪的,是故意犯罪。也就是说,什么都不做,放任危害社会的结果发生,也属于故意。税务人员对故意犯罪的误解可能引发的后果是触犯《刑法》第 397 条规定的玩

---

① 参见浙江省瑞安市人民法院行政判决书,(2013)温瑞行赔初字第 4 号。
② 参见最高人民检察院《关于渎职侵权犯罪案件立案标准的规定》(高检发释字〔2006〕2 号)。

忽职守罪。玩忽职守犯罪行为是指国家机关工作人员严重不负责任,不履行或者不认真履行职责,致使公共财产、国家和人民利益遭受重大损失的行为。① 重大损失是指造成国家经济损失 30 万元以上,若造成国家经济损失 30 万元以下,则不会被追究刑事责任,可能受到的是行政处分。法律对于何为严重不负责任没有作出明确规定,有学者认为严重不负责是主观构成要件,有学者认为是客观构成要件,也有学者认为既是主观要件又是客观要件。② 严重不负责任的"严重"程度如何界定?"不负责任"是指不负法定职责还是单位领导指派的职责?是否包括小组分工的职责?这些都是不明确的,③加之主观方面以过失为要件,不需要行为人主观上有故意,客观方面以不作为为要件,不需要行为人有积极作为,从而导致玩忽职守罪成为一个大"口袋罪",可能主观上具有轻微过失,或者一般过失导致国家税款流失 30 万元以上,或者不符合其他渎职罪条件的行为被装入这个罪,④从而对税务人员产生很大的威慑力,生怕稍有不慎即被判刑入狱。

四是误认为按领导指令行事即没有风险。税务机关是行政机关,相对于遵守法规,个别税务人员在工作中更愿意遵循领导"旨意",对于上级的指令唯命是从,误认为凡事有领导顶着,但事实并非如此。即便是以"集体研究"的形式实施的渎职犯罪,也应当追究负有责任的税务人员的刑事责任。以范某逃税案为例,无锡市税务局以及税务局局长、总会计师、税务分局局长、副局长等都被依法依规问责。⑤

三、错误的执法风险认知给纳税人带来的危害

税务人员对执法风险的错误认知不但会给自己带来麻烦,也会严重影响到对纳税人权益的保护。税务人员可能会因为对执法风险的误解而积极作为,从而对纳税人的合法权益造成侵害。比如,误以为少征税有执法风险,从而选择对纳税人征收"过头税"。在规范性文件与上位法冲突,规范性文件之间相互冲突以及法规不明确时,税务人员往往以对纳税人不利

---

① 参见最高人民检察院《关于渎职侵权犯罪案件立案标准的规定》(高检发释字〔2006〕2 号)。
② 参见李兰英、雷堂:《论严重不负责任》,载《河北师范大学学报(哲学社会科学版)》2000 年第 4 期。
③ 参见《如何准确界定玩忽职守罪》,载中共中央纪委检查委员会官网,https://www.ccdi.gov.cn/hdjln/nwwd/202306/t20230609_268906.html。
④ 参见郭勇平:《对认定税务工作人员玩忽职守罪的几点思考》,载《税务研究》2008 年第 11 期。
⑤ 参见《国家税务总局江苏省税务局对在范某偷逃税案件中有关责任单位和责任人予以问责》,载国家税务总局官网,https://www.chinatax.gov.cn/n810219/n810724/c3792457/content.html。

的规范性文件作为征管依据。对不能确定是否应该征税的情形选择征税;规范性文件违背上位法增加纳税人义务或者限缩纳税人权利的,税务人员选择依据规范性文件。

在税务人员对执法风险的诸多错误认知中,对纳税人危害较大的是误认为没有故意违法就没有执法风险、没有积极追求违法就没有执法风险,这些错误理念导致税务人员选择不作为,税务人员的不作为给纳税人带来的危害包括如下几个方面。

一是税务人员的不作为可能使违法者逍遥法外、守法者陷入困境。税务人员的不作为可能会引发更多税收违法行为,比如税务人员对纳税人注销税务登记前的违法行为不追究,或者以联系不上法定代表人为由不追究违法企业的责任,从而引发更多的人盗用他人身份证注册公司从事违法行为后走逃,或者从事违法活动后即注销税务登记。从这些走逃公司取得增值税专用发票的企业,被以取得异常凭据为由暂缓办理出口退税或者不得抵扣进项税,或者未能取得增值税专用发票而无法抵扣进项税和扣除成本。小部分税务人员既不追究这些非法注销企业、走逃企业的责任,也不查明事实使得购买方抵扣进项税或者办理出口退税,从而导致违法者逍遥法外、守法者因此倒闭的不正常现象时有发生。

二是税务人员的不作为会给违法分子创造条件。比如未经实地查验和约谈纳税人,即审批通过一般纳税人资格,为虚开增值税专用发票创造条件。[①] 开票公司为牟取非法利益四处引诱需要发票的客户。若没有这些开票公司,即使纳税人有让他人为自己虚开发票的非分之想,也会因无票可购而无法完成犯罪,难以对国家税收造成损失。

三是税务人员的不作为有时会导致纳税人误认为自己的行为是合法的,最终给纳税人造成难以挽回的损失。以办理出口退税为例,外贸企业申请出口退税的,主管税务机关应该向生产企业主管税务机关发函了解生产企业的经营情况是否正常。个别税务人员不做实地调查,回函称生产企业为正常业务,待外贸企业办理多笔出口退税后,主管税务机关收到生产企业所在地税务机关送来的已证实虚开通知单,据此认定外贸企业骗取出口退税。国家税务总局的文件要求税务机关对外贸综合服务企业的申报材料进行审核,审核合格后才能给外贸综合服务企业办理出口退税。有的外贸综合服务企业提交的出口退税材料不合格,比如未在申报表上填写"WMZHFW",个别税务人员不做审核即办理了出口退税,导致纳税人误

[①] 参见辽宁省凌源市人民法院刑事判决书,(2013)凌刑初字第00224号。

以为自己申报的材料和申报表没有问题,之后的出口退税申报手续继续如此办理,若干年以后,税务机关却以纳税人申报材料有问题为名,要求纳税人退回出口退税。

四、税务人员规避执法风险的措施

首先,不要有徇私情、徇私利之心。不徇私即不会触犯徇私舞弊不移交刑事案件罪,徇私舞弊不征、少征税款罪以及徇私舞弊发售发票、抵扣税款、出口退税罪。没有故意超越职权,违法决定、处理其无权决定、处理的事项,或者违反规定处理公务,则即使造成国家税收的损失,也不会构成滥用职权罪。

其次,对领导的错误指令要敢于提出反对意见。因税务人员与税务机关领导之间是命令服从关系,要求普通税务人员拒绝听从领导安排、坚决违抗领导命令,存在一定的困难。因此,税务人员只要有证据证明,按领导指令行事之前曾提出过反对意见,领导对反对意见不予听取导致违法后果,则可以免受刑事制裁。

最后,以积极心态对待工作。虽然说玩忽职守罪有"口袋罪"的嫌疑,存在从结果倒推税务人员是否存在严重不负责任情形以及税务人员只是小疏忽却因国家税收损失巨大而被追究刑事责任的可能,但通过对相关案例的研究,笔者发现这种担心是没有必要的。

笔者在中国裁判文书网键入"税务人员""玩忽职守罪""刑事案由",共检索出84份裁判文书,涉及70个案件。其中有2个案件罪名为滥用职权罪,4个案件罪名为徇私舞弊不征、少征税款罪。在被指控玩忽职守罪的64个案件中,被判无罪的3个,占总数的4.7%;免予刑事责任的46个,占总数的71.8%;被判刑并追究刑事责任的15个,占总数的23.5%。被判玩忽职守罪并承担刑事责任的案件中,没有一个是因立法不明确或者立法有冲突导致少征税款,也没有一个是因税务人员过失导致国家税款损失。以祝某案为例,祝某为主管进出口业务的副局长,其接受纳税人渝嘉公司的宴请并收受好处,未对渝嘉公司进行日常检查监督,未认真审查申报退税材料,将函调审批职能交由他人行使,导致未能对渝嘉公司的上游企业进行充分发函,未能发现函调中存在的问题和疑点……从而未能发现渝嘉公司的骗取出口退税行为。从判决书所列证据来看,祝某未能发现渝嘉公司的骗取出口退税行为并非因为过失,而是因为其接受了渝嘉公司的宴请并收取了渝嘉公司给予的好处,违规将空白外汇核销单和报关单给渝嘉公司使用,实则是放任渝嘉公司骗取出口退税。①

第二节 依法征管

税收法规不但约束纳税人,也约束税务机关,依法征管是评价税务机关是否具有公信力的标准,是树立税务机关公信力最有效的手段,也是减少税务行政争议最有效的措施。依法征管不仅指征管结果合法,还包括征管程序合法。虽然税务机关的行政行为不会因为程序瑕疵、程序轻微违法被撤销,但这会影响税务机关的公信力、减少纳税人对税务机关的认同感、增加纳税人对税务机关的抵抗情绪。

从现有的税务行政裁判文书看,个别税务机关的执法行为与实体合法、程序合法的要求还存在一定差距,有的处理决定书甚至对基本事实认定错误。以某铁龙公司案为例,清河区政府与润东公司于2010年7月20日签订《项目合同书》及补充协议,约定清河区政府给润东公司扶持发展资金和奖励,若有税收,由清河区政府负担,与润东公司无关。某铁龙公司是润东公司的全资子公司,清河区政府依约拨付给润东公司的20余万元发展资金由某铁龙公司代收。淮安某税务局认定20余万元为某铁龙公司收入,要求某铁龙公司补缴企业所得税和缴纳滞纳金。② 该案中某税务局混淆了纳税主体,处理决定未考虑清河区负担税款的承诺,有损政府公信力。有的处理决定书适用法律错误,比如某东公司案中,复议机关认为南京某税务局稽查局追缴某项目开发产品营业税及附加系适用法律错误,决定撤销宁地税稽处〔2015〕76号税务处理决定书。随后,稽查局按复议机关的指令作出宁地税稽处〔2016〕19号税务处理决定书,2日后又自行向纳税人送达了撤销该税务处理决定书的决定。当稽查局第三次作出税务处理决定书时,仍然被纳税人质疑其依据的法律不正确。③ 有的行政行为程序违法,以刘某玲案为例,某稽查局作出处罚决定的时间是2019年7月5日,举行听证的时间是2019年7月26日,说明稽查局在作处罚决定时没有考虑纳税人在听证会上的陈述和申辩,听证程序形同虚设,违反了《行政处罚法》关于处罚听证的规定,剥夺了纳税人的陈述权和申辩权。④

---

① 参见安徽省宣城市中级人民法院刑事判决书,(2014)宣中刑终字第00065号。
② 参见江苏省淮安市清江浦区人民法院行政判决书,(2017)苏0812行初222号。
③ 参见南京铁路运输法院行政判决书,(2017)苏8602行初43号。
④ 参见内蒙古自治区呼和浩特市赛罕区人民法院行政判决书,(2019)内0105行初71号。

一、统一公开规章与税务规范性文件

有别于"刑不可知,威不可测,则民畏上也"①的传统观念,《立法法》要求部门规章由部门首长签署命令并予以公布,《税务规范性文件制定管理办法》(国家税务总局令 53 号)要求规范性文件的制定机关应当在政府公报、税务部门公报、本辖区范围内公开发行的报纸或者政府网站、税务机关网站上刊登税务规范性文件。但是,税务规范性文件及规章太多,纳税人甚至个别税务人员都很难找全、找对所需要的规章及规范性文件。基于规章及税务规范性文件是税务机关征管的主要依据,纳税人也有遵从的义务,有必要将规章及税务规范性文件公布在国家税务总局官网,以方便执法者与守法者查询。

规章及税务规范性文件的公开有待从以下几个方面进行完善:一是设计方便纳税人查询的网络系统,在国家税务总局网站全面公布现行有效的规章及规范性文件,包括各级税务机关、各级地方人民政府制定的税务规范性文件。二是将规章及规范性文件中已作废的条款进行清楚标示,并标明作废条款被什么条款所替代,没有替代条文的要说明废止的理由。以《增值税暂行条例实施细则》第 5 条规定的混合销售为例,全面"营改增"应该就混合销售的定义进行修改,但至今未见修改,也未在《营业税改征增值税试点实施办法》(已失效)标明已重新定义。对于非专业人士,很容易被《增值税暂行条例实施细则》第 5 条的规定误导。三是对已作废的规章及规范性文件是否有新的文件出台作出说明,对于没有颁发新文件的,有必要说明废除文件的理由。《2022 年全国税务系统政务公开重点任务清单》(税总办宣传发〔2022〕54 号)要求税务总局及各省税务局集中公开税务规范性文件,各级税务机关只将自行制定的规章及规范性文件上传到网上,未标明已被修改及已作废的条款。

二、税务人员守法

税务人员代表税务机关行使职权,税务人员的法律素养、法治意识决定了税务机关的执法水平。税务人员每年经手数十亿元税金,个别税务人员经不起金钱诱惑,通过给纳税人通风报信、掩盖纳税人非法行为、与纳税人相互勾结,损害法律权威与税务机关公信力,造成国家税款流失。

个别税务人员监守自盗。比如,鞍山市千山区税务人员谢某与房屋销

---

① 《春秋左传正义》卷四十三昭五年,尽六年。

售中介联手,利用其工作中掌握的二手房交易不审核增值税和个人所得税等信息,在非工作时间进入工作区,擅自独立完成房屋交易审核、信息录入、收款并开具契税发票等需要多岗位协同才能完成的工作,将房屋登记年限不满2年的或者超过2年不足5年的改为5年以上,使房屋销售方无须缴纳全额增值税及个人所得税,导致国家税收流失243万余元,谢某从中收受贿赂52万余元。[1] 南皮县某税务分局局长王某密利用职务便利,与纳税人勾结,违法截留税款4万余元,给国家造成税款损失14万余元。[2]

个别税务人员包庇违法纳税人。个别税务人员在税务系统工作数十年,对税收的立法漏洞了如指掌,其非但不向立法部门提交立法完善建议,反而利用税收漏洞与不法分子相互勾结。比如,某纳税人销售数亿元货物,收款后未开具发票,任由购买方举报,主管税务机关对逃税举报视而不见,而且在这个过程中指使销售方将企业法定代表人变更为一名垂死老者,没几日法定代表人去世。在购买方有法院判决书、各种证据能证明交易真实性的情况下,税务机关以被举报企业法定代表人死亡为由拒绝采取任何措施。购买方再提供证据证明销售方实际控制人是某某,要求税务机关督促销售方开票,主管税务机关即认定销售方为走逃企业。即使购买方向税务机关提供证据证明能与销售方企业实控人取得联系,税务机关也视而不见。因销售方被认定为走逃企业,购买方曾经从销售方取得的部分发票,也被税务机关要求做进项税转出处理。又因其争议是由"暂不允许抵扣进项税"引起的,购买方起诉到法院也被拒绝受理,理由是税务机关只是暂不允许抵扣,对纳税人的权利义务不产生实际影响。[3] 采购方因数亿元货款没有发票,不能抵扣进项税,又没有法律救济渠道,最后被迫停产歇业。

个别税务人员的违法行为不仅给国家造成税收损失,而且使不法分子逍遥法外,助长了税收违法者的侥幸心理。

个别税务人员随意变更、撤回已作出的税务行政行为。税务机关作出的处理、处罚决定具有拘束力、确定力(公定力)和执行力。其中"确定力"是对税务机关的约束,处理、处罚决定一经作出并送达到纳税人,没有法定事由并经法定程序不能改变或者撤销。个别税务人员随意从纳税人手中要回处理、处罚决定书进行修改,或者随意撤销已作出的处理、处罚决

---

[1] 参见辽宁省鞍山市中级人民法院刑事裁定书,(2020)辽03刑终67号。
[2] 参见河北省沧州市中级人民法院刑事判决书,(2019)冀09刑再4号。
[3] 参见廖仕梅:《暂缓办理出口退税的可诉性分析》,载《税务研究》2021年第7期。

定,会影响税务机关的公信力,也容易引发税务行政争议,因为有的纳税人会以未经法定程序变更或者撤回原行政行为为由,不认可税务机关重新作出的处理、处罚决定。

三、公平公正执法

税收公平原则是税法的重要原则之一。为落实税收公平原则,《提升行政执法质量三年行动计划(2023~2025年)》要求执法机关"努力让人民群众在每一个执法行为中都能看到风清气正、从每一项执法决定中都能感受到公平正义"。税收公平原则要求税务机关不能选择性执法,因为选择性执法会导致税收公平原则落空,加剧纳税人与税务机关的矛盾。

以石某涛案为例,刘某立、石某涛于2014年以其持有的大连天神公司的股权向北京天神互动公司投资,税务机关于2018年受理了刘某立提交的非货币性资产分期缴纳个人所得税备案表,刘某立享受了纳税递延优惠政策,但税务机关却在缺少合法理由的情况下,拒绝了石某涛于2018年提交的非货币性资产分期缴纳个人所得税备案表,导致石某涛未能享受纳税递延优惠政策。[①] 两人同时使用同一家公司的股权向同一家公司投资,几乎在同一个时间段提交备案材料,结局却完全相反,且没有告知导致被区别对待的正当理由,导致纳税人对执法公正性产生质疑。

四、保护纳税人的合法权益

税收征管的主要目的是保证国家税收及时足额入库,但不能因此忽略纳税人的合法权益。税收来自纳税人辛勤劳动、努力经营所创造的财富,纳税人应该得到基本的尊重并受到法律的保护,只有纳税人的合法权益得到保障,国家才有足够税本。国家大力减税降费以减轻纳税人的税收负担,简政放权以降低纳税人税法遵从成本,是为纳税人的成长创造条件以涵养税源。

(一)减少机械执法对纳税人权益造成的损害

从表面看税务机关机械执法是严格执法,但有时会偏离立法目的,伤害纳税人的权益,影响经济发展。以笔某锋公司案为例,该公司于2010年研究开发了xpPhone(移动版)系统V1.0版、xpPhone(联通版)系统V1.0版、xpPhone(电信版)系统V1.0版软件,并取得计算机软件著作权登记证书及软件产品登记证书。其于2012年10月向益阳市某国税局提交税务

---

① 参见北京市西城区人民法院行政判决书,(2019)京0102行初515号。

认定申请审批表,被益阳市某国税局认定为软件企业,于 2013 年在益阳市某国税局做了"两免三减半"的税收优惠备案,填写了企业所得税税收优惠备案审批表并被益阳市某国税局接收归档。2015 年 5 月 11 日,益阳市某国税局对笔某锋公司作出取消优惠备案通知,理由是笔某锋公司未通过省级工业和信息化部门认定,未取得软件企业证书。因之前笔某锋公司与益阳市某国税局都不了解软件企业享受税收优惠是以工业和信息化部门的认定为前提,故笔某锋公司不服取消优惠备案通知,双方陷入纠纷。①实际上,益阳市某国税局不取消笔某锋公司税收优惠备案,继续让其享受税收优惠政策并不违法。首先,自 2015 年 1 月 1 日起,软件和集成电路企业无须审批,自认为符合条件的企业通过备案即可享受所得税优惠政策。其次,2015 年 1 月 1 日之前笔某锋公司未经工业和信息部门批准,本不应该享受软件企业税收优惠政策,但未经认定的过错不在笔某锋公司,而在于益阳市某国税局,是益阳市某国税局对法规不了解,自行认定笔某锋公司为软件企业。基于信赖利益保护原则,应当允许笔某锋公司在 2015 年 1 月 1 日之前享有"两免三减半"税收优惠政策。最后,国家允许软件企业享受税收优惠政策,是为了促进我国科技的发展。只要企业拥有关键核心技术,研发费用的投入与销售收入的占比符合规定,即应当鼓励,无须因一些非重要的因素影响软件企业做大做强。因此,在笔某锋公司自认为符合软件企业认定条件,只是缺少认定程序的情况下,益阳市某国税局可以要求笔某锋公司向工业和信息部门申请认定软件企业,假如事实证明笔某锋公司不符合软件企业条件,即可依法对其进行惩处。益阳市某国税局在诉讼中不再提及其审批过税务认定申请审批表、企业所得税税收优惠备案审批表,辩护重点集中于笔某锋公司未取得软件企业证书,并强调其作出取消优惠备案通知的时间为 2015 年 5 月 11 日,早于 2016 年 5 月发布的《关于软件和集成电路产业企业所得税优惠政策有关问题的通知》,不能以 2016 年发布的文件作为判断 2015 年的行政行为是否合法的依据等。类似于益阳市某国税局的作法最终会使一个能给国家带来税收利益的高科技企业受到重创,甚至因此破产,违背《税收征收管理法》保护纳税人合法权益、促进经济和社会发展的立法目的。

(二)保护纳税人的信赖利益

诚信是社会主义核心价值观之一,也是行政执法应该遵循的原则之一。《行政许可法》第 8 条及第 69 条认可了行政许可范围内的信赖保护原

---

① 参见湖南省益阳市赫山区人民法院行政判决书,(2017)湘 0903 行初 48 号。

则。《关于规范税务行政裁量权工作的指导意见》及《税务行政处罚裁量权行使规则》(已被修改)规定税务机关不能随意改变已生效的行政决定、行政行为,否则要赔偿因此给纳税人造成的财产损失。

笔者以"信赖""税务局"为关键词,在中国裁判文书网共检索到51份裁判文书,涉及39个案件。其中,1个案件错列税务机关为被告,[1]1个案件与纳税、缴费无关,5个案件事关社保缴费,只有32个案件发生在纳税人与税务机关之间。其中,纳税人主张信赖利益保护的有25个,占总额的78.1%,由法院提出信赖利益的有5个,占总额的15.6%,税务机关提出信赖利益的有2个,占总额的6.3%。这说明信赖利益保护原则得到了各方认可。

目前,立法所保护的信赖利益包括行政许可以及生效的行政决定、行政行为。根据信赖利益保护原则,税务机关作出的行政许可、行政决定或者其他行政行为不符合法律规定的,基于纳税人对税务机关的信任,应当保护纳税人的合法利益,不能随意撤销这些违法行为,且不能因此给纳税人带来损害。比如嘉某佳公司在填写西部开发税收优惠审批表时,如实填写项目范围,但填报项目不属于应当享受税收优惠的范围。四川省某税务局错误地将嘉某佳公司审批为享受税收优惠的企业。法院认为,纳税人基于对该审批的信赖在其后进行的纳税申报中少缴税款并非由其自身过错造成,而是四川省某税务局的错误审批行为所致,应该保护嘉某佳公司的信赖利益。[2]

纳税人认为,信赖利益保护原则涵盖的范围应该大于行政许可以及生效的行政决定、行政行为。以行政指导为例,立法将其排除在人民法院行政诉讼的受案范围之外,不利于保护纳税人的合法权益。税务机关纳税服务部门为纳税人提供辅导、咨询、指导等服务,上述行为是税务机关在其职权范围内实施的,具有权威性,纳税人基于对税务机关的信任,因税务机关的错误指导造成损失的,纳税人的权益应当得到保护。

保护纳税人的信赖利益,能提升税务人员的法治意识,认识到税收征管是执法行为,不正确执法需要承担相应的不利后果。以某诚置业公司案为例,某诚置业公司通过司法拍卖取得中科万邦光电公司的房产,2017年8月24日代中科万邦光电公司缴纳税费时,税务人员将纳税人错写成万邦光电公司。10日后富诚公司向某区国税局提出退税330万元的申

---

[1] 参见贵州省高级人民法院行政判决书,(2019)黔行终1276号。
[2] 参见四川省乐山市市中区人民法院行政判决书,(2018)川1102行初274号。

请,某区国税局作出税务事项通知书(城国税通〔2017〕2303号)和税务事项通知书(补正通知),同意申请并接收了富诚公司的书面说明、声明、退税申请书等相关材料,某区国税局灵某税务分局亦作出税务检查结论,同意退税,但某区国税局一直不予办理退税。2018年,富诚公司申请行政复议,复议机关驳回复议申请,理由是某诚置业公司的财务人员在办理缴税手续时,在纳税人名称为"万邦光电公司"的POS机票据上签字确认,说明某诚置业公司认可票据上的扣款信息,系自愿缴纳该笔税款。①

某区税务局在该案复议中的行为值得商榷:一是某区税务局未意识到发票信息系税务人员在电脑上输入,输入正确的发票信息是税务人员的法定职责,税务人员输入信息错误,一切不利后果应当由税务机关承担;二是发票上的纳税人并未销售房产,没有纳税义务,税务机关应当依据《税收征收管理法》第51条退还其缴纳的税款;三是某区国税局已作出同意退款的税务事项通知书(城国税通〔2017〕2303号)并已生效,②即使某区国税局作出的退税通知书违反法律的规定,根据信赖利益保护原则,也应当将涉案税款退还纳税人某诚置业公司。某区税务局以财务人员在办理缴税手续时,在纳税人名称为"万邦光电公司"的POS机票据上签字确认为由拒绝退还涉案税款,缺乏法律依据,不足以说服纳税人认可其作出的复议决定,从而产生争议。

(三)罚当其过

在法治国家中,行为人只需要就自己的过错承担法律责任,绝无替他人过错承担法律责任之理。个别税务机关往往在以下两种情况下错误地使守法纳税人承担责任:一种情况是无论增值税专用发票的受票方与开票方之间是否有实际业务,也不考虑受票方是否已将增值税税款及货款全部支付给开票方,只要开票方走逃,即要求受票方进项税转出或者退回出口退税款,将国家税款流失的风险转嫁给受票企业。因受票方进项税转出或者退回出口退税款,国家税款不再有损失,于是不再追究出逃企业责任。另一种情况是税务人员违法或者其他第三方违法导致国家税款损失,要求无过错的纳税人缴纳税款。比如,张某销售住房,委托中介办理纳税及过户手续。中介与办理房屋过户手续的税务人员勾结在一起,将不符合税收

---

① 参见福建省莆田市中级人民法院行政判决书,(2020)闽03行终5号。
② 非因法定事由并经法定程序,行政机关不得撤销、变更已经生效的行政决定;因国家利益、社会公共利益或者其他法定事由需要撤回或者变更行政决定的,应当依照法定权限和程序进行,并对行政管理相对人因此而受到的财产损失依法予以补偿。参见《全面推进依法行政实施纲要》(国发〔2004〕10号)、《关于规范税务行政裁量权工作的指导意见》(国税发〔2012〕65号)以及《税务行政处罚裁量权行使规则》(国家税务总局公告2016年第78号)。

优惠条件的交易做成免税,①即未将房屋销售方张某与购买方赵某的税款交给税务机关。张某与赵某作为普通百姓,只关注房屋产权过户是否成功办理,并不关注纳税发票与纳税凭据,更不会怀疑中介与税务人员在税收缴纳中徇私舞弊。事后,税务机关以张某与赵某未纳税为由要求补税及缴纳超税款本金 3 倍的滞纳金。这种做法不合理,因为留存在税务机关的核定资料足以证明该结果是税务人员造假造成的,张某与赵某在该案没有任何过错,税务机关应该通过追究税务人员与中介人员的责任来挽回税收损失,而不应该将税款损失的责任转嫁到房屋的销售方与购买方。

(四)严厉打击违法行为

依法征管除了指依法征税之外,还包括对税收违法行为的精准及有力打击。放纵违法行为实为对守法者权益的侵犯。违法者通过虚开、逃税等违法手段降低产品、服务成本,通过价格优势将守法经营者逐出市场,造成劣币驱逐良币的效应,不利于健康有序经济市场的形成。又由于违法者众多,税务机关无力做到"天网恢恢、疏而不漏",导致税务机关对违法犯罪者的威慑力变小。若纳税人对税务机关缺乏敬畏之心,则税法宣传、税收服务难以提升税务机关的公信力、增强纳税人的法律意识,很难让纳税人自觉规范税务行为。因此,从保护纳税人合法权益角度出发,有必要加大对税收违法行为的打击力度。

个别税务机关放纵违法犯罪行为的主要表现如下:(1)未依法查处被检举的税收违法行为。检举是指单位、个人采用书信、电话、传真、网络、来访等形式,向税务机关提供纳税人、扣缴义务的税收违法行为线索的行为。检举是税务稽查案件来源之一,检举内容详细、税收违法行为线索清楚、证明资料充分的,应当由稽查局立案检查,但个别税务机关将这类案件交由税务所处理。税务所的职责权限不足以追查违法行为,导致对违法行为的打击力度不大,从而引发举报人不满。(2)对于有确凿证据证明有税收违法行为的举报,个别税务机关以纳税人走逃、非正常经营状态、已注销登记、法定代表人死亡等为借口不进行追究。国家税务总局的文件规定,某些情形可以作暂存待查处理,但没有规定不处理。对于没有履行纳税义务即通过伪造材料或者与个别税务人员勾结注销登记的企业,应该恢复企业税务登记,要求其履行纳税义务,并追究相关人员的法律责任。对于走逃

---

① 在税务机关留存的契税核定通知书京(海)地税契核字(2007)第 0876 号显示,"根据:《北京市契税管理规定》第七条第(二)项(市政府第 100 号令)或《关于明确契税政策和执行中有关问题的通知》(京财税〔2004〕16 号)减免税政策规定,核准减免契税(小写):13191 元。事实情况是,交易房屋不符合免税条件"。

企业及非正常经营企业的实控人,涉嫌犯罪的应当将案件移送公安机关追究其刑事责任。对于盗用他人身份证信息登记的公司,有必要找到实际责任人给予必要的惩处。

第三节 保障纳税人的法律救济权

纳税人的法律救济权若能得到充分保障,则税务机关成为行政复议被申请人、行政诉讼被告的概率将增大,税务机关将被迫投入更多的精力应对纳税人维权。从这个角度来讲,税务机关更希望法律限制纳税人的法律救济权,并在纳税人维权的过程中,给纳税人设置更多的维权障碍。但是,税务机关并不能确保其执法的绝对正确性,在无法完全避免执法错误的情况下,剥夺纳税人的法律救济权并不会使征纳矛盾消失或者减少,只会增加纳税人的对立情绪,从长期来看不利于税收征管工作的开展。因此,在清税前置条件已剥夺部分纳税人法律救济权的情形下,税务机关不应当在纳税人维权时人为设置障碍,而应该在法律允许的范围内有效保障纳税人的法律救济权。

一、依法配合纳税人办理纳税担保手续

首先,不要缩短纳税人的清税期限。对于《税收征收管理法实施细则》第73条规定的"不得超过15日"的清税期限,大部分税务机关都会最大限度地要求纳税人15日内清税,但有个别税务机关采用压缩清税期限的手段,使纳税人难以在指定的清税期限内办理完纳税担保。对于纳税人已在努力提供纳税担保,只因为时间太短,不足以办好担保手续的情形,待纳税人办理完纳税担保手续后,税务机关应该受理纳税人的行政复议申请。除非纳税人故意拖延办理纳税担保时间,或者故意拖延不补缴税款和缴纳滞纳金。

其次,依据《民法典》的规定接受纳税人的纳税担保。《纳税担保试行办法》中存在与上位法《民法典》相冲突的条款,极大削弱了纳税人的纳税担保能力。要求纳税人提供纳税担保是为了更好地确保国家税收及时足额入库,因此,只要纳税人提供的是产权没有争议、有价值且能正常交易的不动产、动产、无形资产,以及提供有还债能力的担保人,税务机关没有必要拒绝。比如,国家建设用地使用权、农村建设用地使用权都具有较高的财产价值,比一般财产更能确保税收债权的实现,拒绝纳税人将此作为担保不具有合理理由。实际价值有波动的动产或权利凭证,也不是拒绝担保

的理由。税务机关接受纳税人担保只会更好地确保税收债权的实现,并无不利。

二、保障延期内清税者的法律救济权

对于税务机关已与纳税人达成暂缓缴纳税款与滞纳金合意的,只要纳税人在税务机关允许的延期期限内缴纳了税款和滞纳金,纳税人申请行政复议的,即应该受理。在某事事业公司案中,某事事业公司于2018年11月收到处理决定书与处罚决定书后,向湖州市税务局反映了企业的实际困难,湖州市税务局核实情况后同意某事事业公司先缴纳罚款386万元,缓交税款和滞纳金,某事事业公司于2019年3月提交缴款计划书,湖州市税务局接收并存档,事后未再向纳税人催缴过税款。待某事事业公司四处筹措资金缴纳税款及滞纳金2000余万元后,行政复议机关以其未在税务机关指定期限内清税为由,不受理其行政复议申请。[1] 行政复议机关在该案的处理上不当,因为经过纳税人与税务机关沟通,税务机关指定的纳税期限已发生变化,纳税人在税务机关重新指定的期限内缴纳了税款及滞纳金的,应该保障其法律救济权。

三、保护被限制法律救济权的纳税人

被限制法律救济权的纳税人可以通过信访维权。纳税人被限制法律救济权的,可以通过走访、书信、电子邮件、电话等方式,向有权处理的税务机关反映情况,《全国税务机关信访工作规则》第9条第1款规定,县级以上税务机关都应该向社会公布负责信访工作的机构的联系方式及地址,信访渠道是畅通的,且应当自收到信访事项之日起15日内告知信访人是否受理,自受理之日起60日内办结。这类规定使纳税人认为信访渠道是畅通的,信访是另一条维权途径,在未能获得法律救济权时即有可能选择信访。信访接待部门会要求有关组织和人员说明情况,也有可能向相关组织和人员进行调查、举行听证等,支持信访请求意见时,会督促有关机关或者单位执行。

以徐某远案为例,徐某远于2018年6月27日购买朱某、任某英的房屋并于当日办理相关税款的申报缴纳手续。徐某远认为,税务机关对房屋的买卖双方进行了双重征税,于同年9月27日申请行政复议。复议机关以超过复议申请期间为由拒绝受理徐某远的复议申请,一审、二审法院也

---

[1] 参见浙江省杭州市中级人民法院行政判决书,(2020)浙01行终240号。

驳回了徐某远请求法院指令复议机关受理其复议申请的请求。徐某远坚信税务机关多收税且自认为有充分证据证明，在无法通过法律途径获得救济的情况下，转向河北省住房和城乡建设厅、河北省税务局、河北省公安厅、河北省市场监督管理局等相关部门继续申诉控告。① 假如税务机关多征了税款，即使纳税人没有取得法律救济权，税务机关得知后也应该将税款退还纳税人；假如没有多征税款，即使行政复议机关受理了纳税人复议申请，也不会对税务机关造成损失，实则没有必要使纳税人辗转维权。

税务行政复议机关对于因清税前置条件限制行政复议权的案件，仍然有必要全面了解案情，发现主管税务机关执法存在错误的，应该督促其依法纠正。清税前置条件存在不合理之处，比如某些被税务机关认定逃税的"纳税人"，实际并不是该税种的纳税人，未取得相关收入，或者不拥有某项财产，纳税人即使竭尽所能，也难以在税务机关指定的时间内缴纳税款和滞纳金，因其本身不具有相应的纳税能力。但因是否为涉案"纳税人"的争议属于由纳税引发的争议，即使不是纳税义务人，也要按税务机关的要求清税才能取得行政复议权。若这种情况下税务行政复议机关对不能清税的"纳税人"一拒了之，不利于维护纳税人的合法权益。

---

① 参见河北省承德市中级人民法院行政判决书,(2019)冀 08 行终 8 号。

结　　语

　　税务行政争议的产生有立法、执法、守法等多方面的原因。立法可以在一个相对较短的时间内趋于完善，但执法者的水平以及守法者的法治意识、道德观念、守法能力很难在一朝一夕间得到大幅度提升。因此，即使在法律制度相对完善的国家，税务行政争议也不会比法律制度不完善的国家少。基于此，预防及解决税务行政争议是维护和谐税收关系必不可少的途径。

　　税务约谈是一种非强制性执法行为，有利于纳税人自查自纠，也有利于减少税务机关的执法错误，能起到预防税务行政争议的作用。但目前立法缺失，各地执法口径不统一，导致部分税务机关不适用或者选择性适用该机制，加之适用范围过窄、对纳税人的权益保护不够等制度缺陷，使税务约谈在预防税务行政争议中发挥的作用有限。因此，建议就税务约谈统一立法，使税务约谈常规化、法治化，以充分发挥税务约谈机制的预防作用。

　　相对于税务约谈，税务行政处罚听证制度更加完善；相对于行政复议、行政诉讼，处罚听证制度对纳税人权利的保护更加充分。该制度有利于纳税人行使陈述权、申辩权，有利于税务机关采纳纳税人的意见，也有利于纳税人接受税务机关作出的处理、处罚决定。若立法能扩大税务行政处罚的听证范围，给予纳税人更长的听证准备时间，纳税人能重视并充分利用处罚听证机会，将有助于税务机关作出更加合理合法的处理及处罚决定，有效预防税务行政争议的发生。

　　实质化解税务行政争议的障碍之一来自清税前置条件，大部分纳税人因此丧失行政复议权、行政诉讼权以及和解、调解机会，导致纳税人与税务机关的矛盾无法化解。清税前置条件违背《税收征收管理法》保护纳税人合法权益、规范税收征收行为的立法目的，与《宪法》规定的法律面前人人平等、保护人格权以及《行政诉讼法》规定的立案登记制、《行政复议法》规定的自行纠错、《行政强制法》规定的滞纳金等内容相冲突。清税前置条件限制了纳税人的法律救济权，同时也会冲击纳税人对法律的信仰。法律是公平正义的化身，[①]法律的价值在于公正，公正应成为法律评价的标

---

① 参见刘星：《西窗法雨》，法律出版社2013年版，第67页。

准,清税前置条件不利于实现公平正义,有必要及时废止。

税务行政复议因纳税人申请而启动,主要功能是保护纳税人的权利。但对处于纳税争议中的纳税人来讲,税务行政复议不是自愿选择,而是提起税务行政诉讼的前置程序。税务行政复议机关缺乏独立性,有"自己做自己法官"之嫌,加之税务行政复议机关分散,欠缺经验丰富的综合性复议人才,导致纳税人对复议决定的信任度不高。若税务行政复议机关能独立于税务机关,且能集中税务行政复议权,建立专业化、职业化的行政复议人才队伍,税务行政复议的专业性、公正性都将进一步得到提升,成为化解税务行政争议的主渠道。

司法是维护公平正义的最后一道防线,但法院在实质化解税务行政争议中发挥的作用有限,主要原因是缺乏一支专业的税务法官队伍。"法律借助法官而降临尘世"[1],司法专业化是现代法治和司法发展的必然趋势和客观要求。[2] 设立税务法院、建设一支专业的税务法官队伍将有助于提升税务行政诉讼的公正性。

根据适用阶段的不同,可将调解分为行政复议前调解、行政调解与司法调解。部分"枫桥式"税务所(分局)、咨询调解中心对纳税人提请对行政复议前的税务行政争议进行调解,有利于快速化解部分税务行政争议,促进税收征纳关系和谐,但该类调解缺乏法律规制,还处在试点阶段。行政调解本应该在行政复议阶段发挥较好的作用,但存在适用范围过窄、未能实现调审分离,调解的程序欠完善等问题。司法调解的程序较行政调解更完善,但因适用范围的限制导致可以适用调解机制化解的税务行政争议极少。若能提升调解人员的专业性、扩大调解的适用范围,则能更好地化解税务行政争议。

和解应该是最好的税务行政争议解决机制,但行政复议阶段的和解机制与调解机制一样受到适用范围的限制,且《行政诉讼法》尚未认可和解机制,导致纳税人与税务机关的和解基本上处于司法监督之外。行政诉讼法排斥和解机制的做法不利于法院对和解过程进行引导、监督,有必要对司法阶段的和解机制进行立法规范,而不是放任各地法院自行对和解作出处理。

化解税务行政争议的机制各有其优缺点,如能充分发挥各机制的优

---

[1] 参见[德]拉德布鲁赫:《法学导论》,米健、朱林译,中国大百科全书出版社1997年版,第152页。
[2] 参见范永龙:《从专业法庭到专门法院——论设立环境资源法院的现实考量与机制构建》,载《山东法官培训学院学报》2019年第5期。

点,在程序及内容上做好衔接,则能减少行政、司法资源浪费,更好地化解税务行政争议。税务行政争议的实质化解除依赖良好的制度外,还在一定程度上取决于化解税务行政争议的参与者。

首先,争议能否实质化解与税务机关的自我纠错意愿关系紧密。税务机关在行政复议阶段拥有较大优势,假如税务机关不愿意自行纠错,其被复议机关撤销具体行政行为的可能性相对较小。在行政诉讼阶段,缺少专业税务法官队伍的法院倾向于相信税务机关,更愿意作出有利于税务机关的裁判。

其次,争议能否实质化解与参与者的法治意识有关。纳税人依法纳税与依法维权对税收法治的贡献同等重要。立法虽有不完善之处,但缺乏判案依据的情形不多,偶遇立法漏洞、法规冲突时,审理者可以结合立法目的、法律的基本原则作出公正的行政复议决定及司法判决。公正的行政复议决定及司法判决有助于提升纳税人与税务机关的法治意识,实质化解税务行政争议。

最后,争议能否实质化解与参与者对纳税人权益保护的重视程度有关。纳税人"为权利而斗争是一种权利人对自己的义务"[1],"同时是一种对集体的义务"[2]。假如纳税人都不维权,则权利也将不复存在。纳税人主张权利,实为维护法律,可以促进税收法治的早日实现。阻碍纳税人行使法律救济权将使损害波及政府的公信力、市场经济等领域,影响国家机器的正常运行、不利于社会主义市场经济的发展。因此,只要纳税人将维权视为一项必须履行的社会责任,税务机关、复议机关及法院能从依法治国、依法行政、发展社会主义市场经济等角度看待对纳税人合法权益的保护,将有助于实质化解税务行政争议。

---

[1] [德]鲁道夫·冯·耶林:《为权利而斗争》,郑永流译,法律出版社2007年版,第12页。
[2] [德]鲁道夫·冯·耶林:《为权利而斗争》,郑永流译,法律出版社2007年版,第25页。

参 考 文 献

一、普通图书

1. 蔡小雪:《行政复议与行政诉讼的衔接》,中国法制出版社 2003 年版。
2. 陈伯礼:《授权立法研究》,法律出版社 2000 年版。
3. 陈清秀:《税法总论》,台北,元照出版有限公司 2004 年版。
4. 陈敏译:《德国租税通则》,台北,中国"财政部"财税人员训练所 1985 年版。
5. 陈瑞华:《论法学研究方法》,法律出版社 2017 年版。
6. 池生清译著:《德国美国税务诉讼法》,人民出版社 2020 年版。
7. 崔建远:《物权法》,中国人民大学出版社 2009 年版。
8. 范愉:《纠纷解决的理论与实践》,清华大学出版社 2007 年版。
9. 葛克昌:《税法基本问题(财政宪法篇)》,北京大学出版社 2004 年版。
10. 葛克昌:《行政程序与纳税人基本权》,北京大学出版社 2005 年版。
11. 郭明瑞、房绍坤、张平华编著:《担保法》(第 4 版),中国人民大学出版社 2014 年版。
12. 何兵:《现代社会的纠纷解决》,法律出版社 2003 年版。
13. 何志:《担保法疑难问题阐释》,中国法制出版社 2011 年版。
14. 胡建淼:《行政法学》(第 4 版),法律出版社 2015 年版。
15. 季卫东:《法律程序的意义——对中国法制建设的另一种思考》,中国法制出版社 2004 年版。
16. 江必新、梁凤云:《行政诉讼法理论与实务》,法律出版社 2016 年版。
17. 姜明安:《行政法与行政诉讼法》,高等教育出版社 2002 年版。
18. 蒋惠岭主编、最高人民法院司法改革领导小组办公室编:《域外 ADR:制度·规则·技能》,中国法制出版社 2012 年版。
19. 靳东升主编:《依法治税:税收行政执法争议解决制度的完善》,经济科学出版社 2007 年版。

20. 刘剑文主编:《民主视野下的财政法治》,北京大学出版社 2006年版。

21. 刘剑文、熊伟:《税法基础理论》,北京大学出版社 2004年版。

22. 刘剑文:《财税法专题研究》,北京大学出版社 2007年版。

23. 刘剑文:《走向财税法治——信念与追求》,法律出版社 2009年版。

24. 刘剑文主编:《国际税法学》,北京大学出版社 2013年版。

25. 刘隆亨主编:《国际税法》,法律出版社 2007年版。

26. 梁慧星:《法学学位论文写作方法》,法律出版社 2006年版。

27. 刘星:《西窗法雨》,法律出版社 2013年版。

28. 罗培新:《世界银行营商环境评估:方法·规则·案例》,译林出版社 2020年版。

29. 史尚宽:《民法总论》,中国政法大学出版社 2000年版。

30. 舒国滢、王夏昊、雷磊:《法学方法论》,中国政法大学出版社 2018年版。

31. 汤贡亮:《中国财税改革与法治研究》,中国税务出版社 2014年版。

32. 滕祥志:《税法实务与理论研究》,法律出版社 2008年版。

33. 王泽鉴:《民法概要》,中国政法大学出版社 2003年版。

34. 王利明:《合同法研究》(第1卷),中国人民大学出版社 2002年版。

35. 熊伟:《美国联邦税收程序》,北京大学出版社 2006年版。

36. 信春鹰主编:《中华人民共和国行政诉讼法释义》,法律出版社 2014年版。

37. 徐昕:《迈向社会和谐的纠纷解决》,中国检察出版社 2008年版。

38. 杨解君:《走向法治缺失言说——法理、行政法的思考》,法律出版社 2001年版。

39. 杨志强主编:《税收法治通论》,中国税务出版社 2014年版。

40. 尹田:《物权法》,北京大学出版社 2013年版。

41. 叶必丰:《行政法学》,武汉大学出版社 1996年版。

42. 张文显主编、司法部法学教材编辑部编审:《法理学》,法律出版社 1997年版。

43. 周刚志:《论公共财政与宪政国家》,北京大学出版社 2005年版。

44. [德]迪特尔·梅迪库斯:《德国民法总论》,邵建东译,法律出版社 2001年版。

45. [德]拉德布鲁赫:《法学导论》,米健、朱林译,中国大百科全书出版社 1997年版。

46. [德]鲁道夫·冯·耶林:《为权利而斗争》,郑永流译,法律出版社2017年版。

47. [德]乌茨·施利斯基:《经济公法》,喻文光译,法律出版社2006年版。

48. [法]孟德斯鸠:《论法的精神》,张雁深译,商务印书馆2006年版。

49. [美]丹尼尔·沙维尔:《解密美国公司税法》,许多奇译,北京大学出版社2011年版。

50. [美]罗伯特·S.平狄克、[美]丹尼尔·L.鲁宾费尔德:《微观经济学》(第8版),李彬、高远等译,中国人民大学出版社2013年版。

51. [美]罗伊·罗哈吉:《国际税收基础》,林海宁、范文祥译,北京大学出版社2006年版。

52. [美]史蒂芬·霍尔姆斯、[美]凯斯·R.桑斯坦:《权利的成本:为什么自由依赖于税》,毕竞悦译,北京大学出版社2004年版。

53. [美]V.图若尼主编:《税法的起草与设计》,国际货币基金组织、国家税务总局政策法规司译,中国税务出版社2004年版。

54. [美]博西格诺等:《法律之门》,邓子滨译,华夏出版社2007年版。

55. [美]休·奥尔特、[加]布赖恩·阿诺德:《比较所得税法——结构性分析》,丁一、崔威译,北京大学出版社2013年版。

56. [英]约翰·洛克:《政府论》,世界图书出版公司2011年版。

57. [英]亚当·斯密:《国富论》,孙善春等译,华夏出版社2015年版。

58. [英]弗朗西斯·培根:《培根随笔集》,张和声译,花城出版社2004年版。

59. [日]金子宏:《日本税法》,战宪斌等译,法律出版社2004年版。

60. [日]北野弘久:《税法学原论》(第4版),陈刚等译,中国检察出版社2001年版。

61. [日]中里实等编:《日本税法概论》,西村朝日律师事务所西村高等法务研究所监译,法律出版社2014年版。

二、期刊

1. 曹鎏:《行政复议制度革新的价值立场与核心问题》,载《当代法学》2022年第2期。

2. 曹水萍、冯娇雯:《提升行政复议调解工作质效的实践与思考——以浙江省推行行政复议调解为例》,载《中国司法》2021年第6期。

3. 陈恩泽、肖启明:《当前法官纠纷化解能力的现状及对策》,载《法学评论》2009 年第 2 期。

4. 陈秀清:《行政程序法在税法上运用》,载《月旦法学杂志》2001 年第 5 期。

5. 陈清秀:《行政诉讼上之和解》,载《军法专刊》2010 年第 35 期。

6. 陈光中、张佳华、肖沛权:《论无罪推定原则及其在中国的适用》,载《法学杂志》2013 年第 10 期。

7. 陈瑞华:《无偏私的裁判者——回避与变更管辖制度的反思性考察》,载张江莉主编:《北大法律评论》第 6 卷第 1 辑,法律出版社 2005 年版。

8. 陈少英:《中国高校税法教学改革的思考》,载《云南大学学报》2005 年第 1 期。

9. 程琥:《解决行政争议的制度逻辑与理性构建——从大数据看行政诉讼解决行政争议的制度创新》,载《法律适用》2017 年第 23 期。

10. 崔威:《中国税务行政诉讼实证研究》,载《清华法学》2015 年第 3 期。

11. 戴蓬:《涉税案件中行政处罚与刑事诉讼程序关系》,载《政法学刊》2003 年第 1 期。

12. 邓佑文:《行政复议调解的现实困境、功能定位与制度优化》,载《中国行政管理》2023 年第 1 期。

13. 范文舟:《行政行为变更的特质》,载《法学杂志》2011 年第 11 期。

14. 范永龙:《从专业法庭到专门法院——论设立环境资源法院的现实考量与机制构建》,载《山东法官培训学院学报》2019 年第 5 期。

15. 封丽霞:《制度与能力:备案审查制度的困境与出路》,载《政治与法律》2018 年第 12 期。

16. 付本超:《多元争议解决机制对营商环境法治化的保障》,载《政法论丛》2022 年第 2 期。

17. 付大学:《比例原则视角下税务诉讼"双重前置"之审视》,载《政治与法律》2016 年第 1 期。

18. 龚向田:《论行政听证的实体性人权保障价值》,载《湖南行政学院学报》2020 年第 1 期。

19. 耿宝建:《行政复议法修改的几个基本问题》,载《山东法官培训学院学报》2018 年第 5 期。

20. 郭海蓝:《论营商法治环境评价的理路与指标体系》,载《财经理论与实践》2023 年第 6 期。

21. 关保英：《行政相对人陈述权的适用范围研究》，载《河南社会科学》2010年第2期。

22. 郭修江：《完善〈行政复议法〉充分发挥行政复议化解行政争议主渠道作用》，载《中国司法》2022年第2期。

23. 郭勇平：《对认定税务工作人员玩忽职守罪的几点思考》，载《税务研究》2008年第11期。

24. 关保英：《论行政相对人的陈述权》，载《环球法律评论》2010年第2期。

25. 何海波：《困顿的行政诉讼》，载《华东政法大学学报》2012年第2期。

26. 何海波：《论行政行为"明显不当"》，载《法学研究》2016年第3期。

27. 何海波：《论法院对规范性文件的附带审查》，载《中国法学》2021年第3期。

28. 贺燕：《行政复议前置、税法确定性与税收治理现代化》，载《税务研究》2020年第4期。

29. 胡建淼：《论作为行政执行罚的"加处罚款"——基于〈中华人民共和国行政强制法〉》，载《行政法学研究》2016年第1期。

30. 侯宇：《行政处罚申辩权之检视——以〈行政处罚法〉第四十五条为对象》，载《玉林师范学院学报》2021年第3期。

31. 黄俊杰：《纳税者权利保护法草案之立法评估》，载《月旦法学杂志》2006年第7期。

32. 黄太云：《偷税罪重大修改的背景及解读》，载《中国税务》2009年第4期。

33. 冀保旺：《加拿大税务司法体系的特点及启示》，载《涉外税务》1999年第8期。

34. 季卫东：《法律程序的意义——对中国法制建设的另一种思考》，载《中国社会科学》1993年第1期。

35. 江国华、易清清：《行政规范性文件附带审查的实证分析——以947份裁判文书为样本》，载《法治现代化研究》2019年第5期。

36. 姜明安：《行政法基本原则新探》，载《湖南社会科学》2005年第2期。

37. 金灿、张鸿顺：《税务稽查约谈：解决非对抗性争议的有效途径》，载《中国税务》2007年第1期。

38. 孔繁华：《行政诉讼实质解决争议的反思与修正》，载《法治社会》2022年第1期。

39. 李滨：《法国税收法律争端的解决机制》，载《涉外税务》2006年第4期。

40. 李兰英、雷堂：《论严重不负责任》，载《河北师范大学学报（哲学社会科学版）》2000年第4期。

41. 李永根、徐梦秋：《法律规范的合理性》，载《天津社会科学》2009年第2期。

42. 李少平：《努力构建具有中国特色的多元化纠纷解决体系》，载《人民法院报》2016年7月6日，第5版。

43. 李烁：《论美国行政程序违法的法律后果》，载《比较法研究》2020年第2期。

44. 廖永安、王聪：《我国多元化纠纷解决机制立法论纲——基于地方立法的观察与思考》，载《法治现代化研究》2021年第4期。

45. 廖仕梅：《从民法视角探析核定征收——基于"最高人民法院提审广州德发公司案例"分析》，载《地方财政研究》2015年第10期。

46. 廖仕梅：《刍议漏税行为的法律规制与制度完善》，载《国际税收》2016年第6期。

47. 廖仕梅：《废除税务行政救济前置条件的必要性与可行性》，载《行政法学研究》2017年第1期。

48. 廖仕梅：《关于不动产司法拍卖"纳税义务人"认定争议的分析》，载《税务研究》2020年第10期。

49. 廖仕梅：《暂缓办理出口退税的可诉性分析》，载《税务研究》2021年第7期。

50. 刘增伟：《或有事项会计准则国际比较与借鉴》，载《企业导报》2011年第5期。

51. 刘剑文、李刚：《税收法律关系新论》，载《法学研究》1999年第4期。

52. 刘剑文：《〈税收征收管理法〉修改的几个基本问题——以纳税人权利保护为中心》，载《法学》2015年第6期。

53. 刘剑文、侯卓：《论〈行政强制法〉在税收征管中的适用》，载《税务研究》2012年第4期。

54. 刘洁：《完善我国税收争议诉讼解决机制的研究》，载《税收经济研究》2019年第1期。

55. 刘东亮:《行政诉讼违法推定原则探析》,载《行政法学研究》1999年第3期。

56. 刘莘:《行政复议的定位之争》,载《法学论坛》2011年第5期。

57. 刘赤立:《引进纳税评估手段　强化税务稽查职能》,载《天津财税》2003年第12期。

58. 刘琳琳、周桢:《中小企业融资中动产浮动抵押的主客体评介》,载《法制与社会》2015年第11期。

59. 刘艳婷、吉黎:《"十四五"时期中国保持宏观税负稳定的税制优化路径》,载《财会研究》2022年第4期。

60. 李滨:《法国税收法律争端的解决机制》,载《涉外税务》2006年第4期。

61. 李治军、郭卫华:《税务机关不应随意采用核定征收方式》,载《中国审计信息与方法》2003年第12期。

62. 李传玉:《从税法遵从的视角考量纳税服务工作的优化和完善》,载《税务研究》2011年第3期。

63. 林祥、林雄:《新〈个体工商户税收定期定额管理办法〉有哪些变化》,载《税务研究》2007年第1期。

64. 马超、郑兆祐、何海波:《行政法院的中国试验——基于24万份判决书的研究》,载《清华法学》2021年第5期。

65. 苗连营:《公民司法救济权的入宪问题之研究》,载《中国法学》2004年第5期。

66. 孟春、李晓慧:《我国征税成本现状及其影响因素的实证研究》,载《财政研究》2015年第11期。

67. 孟强龙:《行政约谈法治化研究》,载《行政法学研究》2015年第6期。

68. 马怀德:《行政复议体制改革与〈行政复议法〉修改》,载《中国司法》2022年第2期。

69. 母光栋:《修改〈行政复议法〉在法治轨道上推进行政复议体制与时俱进》,载《中国司法》2022年第2期。

70. 欧阳天健:《纳税人救济权保障分析——兼议〈税收征收管理法〉第八十八条》,载《湖南税务高等专科学校学报》2013年第4期。

71. 彭波:《论行政约谈法治化路径》,载《湖南工业大学学报(社会科学版)》2020年第6期。

72. 钱晓芳:《行政复议调解职能扩张的实践探析——以江苏省南京市

溧水区为调研样本》,载《中国司法》2021 年第 1 期。

73. 施正文:《税收责任适用问题探研》,载《涉外税务》2005 年第 11 期。

74. 施正文:《论税法通则的立法架构》,载《税务研究》2007 年第 1 期。

75. 施正文:《论〈税收征管法〉修订需要重点解决的立法问题》,载《税务研究》2012 年第 10 期。

76. 宋林霖、何成祥:《优化营商环境视阈下放管服改革的逻辑与推进路径——基于世界银行营商环境指标体系的分析》,载《中国行政管理》2018 年第 4 期。

77. 宋华琳、郑琛:《行政法上听取陈述和申辩程序的制度建构》,载《地方立法研究》2021 年第 3 期。

78. 宋智敏:《论以人大为主导的行政规范性文件审查体系的建立》,载《法学论坛》2020 年第 6 期。

79. 孙昊哲、张恺琦:《税务行政复议与行政诉讼衔接问题研究》,载《法律适用》2021 年第 2 期。

80. 孙万胜:《论司法改革观念的定位》,载《人民司法》2000 年第 4 期。

81. 汪全胜:《立法的合理性评估》,载《上海行政学院学报》2008 年第 4 期。

82. 王凌光、宋尧玺:《行政组织法与行政复议法的新发展——东亚行政法学会第十一届国际学术大会综述》,载《行政法学研究》2015 年第 4 期。

83. 王军光:《国家税务总局官员指出——非法避税、漏税都是偷税》,载《时代财会》2002 年第 9 期。

84. 王子晨:《论法国行政立法权的保障机制与多元控制》,载《长春大学学报》2022 年第 1 期。

85. 王岩:《推进多元解纷:实质性解决行政争议》,载《检察风云》2021 年第 24 期。

86. 王霞、陈辉:《税收救济"双重前置"规则的法律经济学解读》,载《税务研究》2015 年第 3 期。

87. 王万华:《行政复议法的修改与完善——以"实质性解决行政争议"为视角》,载《法学研究》2019 年第 5 期。

88. 王万华:《完善行政复议与行政诉讼的衔接机制》,载《中国司法》2019 年第 10 期。

89. 吴英姿:《论诉权的人权属性——以历史演进为视角》,载《中国社会科学》2015 年第 6 期。

90. 吴永生:《有罪推定:权力监督的理论基石》,载《行政论坛》2016 年第 5 期。

91. 漆多俊:《论权力》,载《法学研究》2001 年第 1 期。

92. 熊可鑫:《论税务行政诉讼的"清税前置"条款》,载《哈尔滨学院学报》2022 年第 12 期。

93. 熊伟:《税务争讼制度的反思与重构》,载《中南民族大学学报(人文社会科学版)》2004 年第 5 期。

94. 谢维雁、段鸿斌:《关于行政规范性文件立法备案审查的几个问题》,载《四川师范大学学报(社会科学版)》2018 年第 1 期。

95. 徐运凯:《行政复议法修改对实质性解决行政争议的回应》,载《法学》2021 年第 6 期。

96. 徐昕、黄艳好、卢荣荣:《中国司法改革年度报告(2012)》,载《政法论坛》2013 年第 2 期。

97. 徐鑫:《对税收违法"黑名单"制度的几点思考》,载《税务研究》2021 年第 7 期。

98. 徐向华、郭清梅:《行政处罚中罚款数额的设定方式——以上海市地方性法规为例》,载《法学研究》2006 年第 6 期。

99. 颜运秋:《税务和解的正当性分析》,载《法学杂志》2012 年第 8 期。

100. 颜冬铌:《行政允诺的审查方法——以最高人民法院发布的典型案例为研究对象》,载《华东政法大学学报》2020 年第 6 期。

101. 杨宗平:《论最高额抵押的效力》,载《比较法研究》2004 年第 2 期。

102. 叶必丰:《行政行为确定力研究》,载《中国法学》1996 年第 3 期。

103. 杨伟东:《复议前置抑或自由选择——我国行政复议与行政诉讼关系的处理》,载《行政法学研究》2012 年第 2 期。

104. 叶金育:《税务和解的法律要义:功能、标的与协议要件》,载《云南大学学报(法学版)》2013 年第 5 期。

105. 叶姗:《地方政府以税抵债承诺的法律约束力——基于"汇林置业逃税案"的分析》,载《法学》2011 年第 10 期。

106. 应松年:《把行政复议制度建设成为我国解决行政争议的主渠道》,载《法学论坛》2011 年第 5 期。

107. 应松年:《对〈行政复议法〉修改的意见》,载《行政法研究》2019 年第 2 期。

108. 袁遐:《税务约谈 谈之以礼》,载《扬州大学税务学院学报》2010年第1期。

109. 岳琨:《论行政复议的机构设置——以准司法化为视角》,载《河南科技学院学报》2014年第7期。

110. 于水:《税务中介参与税务争议可减少税务风险》,载《注册税务师》2012年第3期。

111. 章剑生:《现代行政程序的成因和功能分析》,载《中国法学》2001年第1期。

112. 章剑生:《行政争议诉前调解论:法理、构造与评判》,载《求是学刊》2023年第4期。

113. 赵大程:《打造新时代中国特色社会主义行政复议制度体系》,载《中国法律评论》2019年第5期。

114. 赵毅宇:《法院专职调解员制度:根据、实践与完善》,载《法律适用》2019年第5期。

115. 赵万一:《对民法意思自治原则的伦理分析》,载《河南省政法管理干部学院学报》2003年第5期。

116. 张旭光:《落差与纠编:从风险思维视角探解校园欺凌治理之难》,载《内蒙古师范大学学报(教育科学版)》2024年第4期。

117. 邹荣、贾茵:《论我国行政诉讼调解的正当性构建》,载《行政法学研究》2012年第2期。

118. 周佑勇:《行政行为的效力研究》,载《法学评论》1998年第3期。

119. 周学文:《"应调尽调"的限度——从〈行政复议法(修订)(征求意见稿)〉第43条出发》,载《昆明学院报》2022年第1期。

120. 朱雷:《当前我国税法中的核定征收问题研究》,载《新会计》2012年第9期。

121. 朱玉霞:《纳税争议行政诉讼"两个前置"制度的可行性分析》,载《法制博览》2020年第22期。

122. 李志:《美国ADR及其对中国调解制度的启示》,载《山东法学》1994年第4期。

三、学位论文

1. 倪维:《税务约谈法制化建构之研究》,中国政法大学2008年博士学位论文。

2. 史学成:《税收行政争议解决机制研究——比较法的视角》,西南财经大学 2009 年博士学位论文。

四、报纸

1. 胡建淼:《行政执法:从法定程序到正当程序》,载《学习时报》2021年5月26日,第2版。

2. 刘剑文:《将税收法定原则落到实处(热点辨析)》,载《人民日报》2016年7月19日,第7版。

3. 夏亚非:《推进行政复议实质性化解争议 实现行政复议"案结事了政和"》,载《中国税务报》2021年12月21日,第7版。

4. 卢慧菲:《"一局一'枫'景":四川创建"枫桥式"税务分局》,载《中国税务报》2023年10月24日,第5版。

五、会议论文集

1. 朱大旗:《我国税收核定权的理论基础与制度完善》,载《〈税收征收管理法〉修订专题研讨会》,中国人民大学出版社 2015 年版。

六、外文资料

1. Akihiro Hironaka et al., *The Tax Disputes & Litigation Review*, March 2013.

2. Bankman & Joseph, *Who Should Bear Tax Compliance Costs?*, Stanford Law and Economics Olin Working Paper, March 2004.

3. Camilla E. Watson & Brooks D. Billman, Jr. *Federal Tax Practice and Procedure*, West, 2012.

4. Burke & Karen C., *Deconstructing Black & Decker's Contingent Liability Shelter: A Statutory Analysis* (2005), San Diego Legal Studies Paper, July 2005.

5. Cebotari & Aliona, *Contingent Liabilities: Issues and Practice*, IMF Working Papers, October 2008.

6. Daniel J. Lathrope, *Selected Federal Taxation*, West Publishing Corporation, 2014.

7. De Jantscher & Milka Casanegra, *Presumptive Income Taxation: Administrative, Efficiency, and Equity Aspects*, IMF Working Paper, August 1987.

8. Deborah & A. Geier, *U. S. Federal Income Taxation of Individual*,

Call eLangdell Press, 2014.

9. Ehtisham Ahmad & Nicholas Stern, *The Theory and Practice of Tax Reform in Developing Countries*, Cambridge University Press, 1991.

10. Fahey & Diane L. , *Is the United States Tax Court Exempt from Administrative Law Jurisprudence When Acting as a Reviewing Court?*, Cleveland State Law Review, August 2009.

11. Jerold S. Auerbach, *Justice without Law?*, The Journal of American History , 1984.

12. Kenan Bulutoglu, *Presumptive Taxation, in Tax Policy Handbook*, International Montetary Fund, 1995.

13. LiJi, *Dare You Sue the Tax Collector? An Empirical Study of Administrative Lawsuits Against Tax Agencies in China*, Pacific Rim Law & Policy Journal, January 2014.

14. Lederman et al. , *Do Attorneys Do Their Clients Justice? An Empirical Study of Lawyers' Effects on Tax Court Litigation Outcomes*, Wake Forest Law Review, Indiana Legal Studies Research Paper, 2006.

15. Mcmillan J. H. & Schumacher S. , *Resrach in Education: A Conceptual Introducing*, New York:Longman,1997.

16. Micheal W. Dong, *Reasonable Cause can be a Defense to Civil Penalties*, Taxation for Lawyers, 1997.

17. Richard A. Westin, Beverly Moran & Herwig Schlunk, *Basic Federal Income Taxation of Individuals*, Vandeplas Publishing, LLC, 2013.

18. Simon Whitehead, *The Tax Disputes and Litigation Review*, Law Business Research Ltd. ,2015.

19. Seligman & Edwin R. A. , *The Income Tax: A Study of the History, Theory, and Practice of Income Taxation at Home and Abroad*, The Macmillan Company, 1914.

20. Wtodzimierz Nykiel Matgorzata Sek, *Protection of Taxpayer's Rights*, Wolters Kluwer polska sp. zo. o. 2009.

21. Wane Waly, *Tax Evasion, Corruption, and the Remuneration of Heterogeneous Inspectors*, World Bank Policy Research Working Paper, July 2000.